KB098712

아 이 들 이 몰 입 하 는

수업
디자인

아이들이 몰입하는

수업 디자인

발행일 2014년 6월 2일 초판 1쇄 발행
          2018년 5월 11일 초판 5쇄 발행
지은이 남경운, 서동석, 이경은
발행인 방득일
편 집 신윤철, 박현주, 박정화, 문지영
디자인 강수경
마케팅 김지훈

발행처 맘에드림
주 소 서울시 도봉구 노해로 379 대성빌딩 902호
전 화 02-2269-0425
팩 스 02-2269-0426
e-mail nurio1@naver.com

ISBN 978-89-97206-19-3 03370

※ 책값은 뒤표지에 있습니다.

※ 잘못된 책은 구입처에서 교환하여 드립니다.

※ 이 책은 저작권법에 의하여 보호를 받는 저작물이므로 무단 전재와 무단 복제를 금합니다.

아 이 들 이 몰 입 하 는

수업
디자인

남경운•서동석•이경은 지음

맘에드림

　2011년에 서울형 혁신학교로 지정된 한울중학교는 수업 혁신을 가장 큰 목표로 정했다. 교사 중심 수업이 아니라 아이들이 협력하며 배우는 수업을 하는 학교로 만드는 것이었다. 처음에 이를 위해 나섰던 교사는 그리 많지 않았다. 50명에 가까운 전체 교사들 중에서 10명도 채 되지 않았다. 대부분의 교사들은 차분히 따르면서 '어떻게 하는 것일까?' 하는 분위기였다. 특이한 점은 이렇게 나선 교사들 중에는 그 전에 수업을 잘해보기 위해서 매우 특별하게 노력해 온 교사는 거의 없었다는 점이다.

　수업을 너무 힘들어 하던 교사가 있었고, 옛날이야기를 잘해서 아이들을 듣고만 있게 하던 교사도 있었고, 한 명 한 명 가르치느라 정신없이 교실을 누비던 교사도 있었고, 카리스마로 아이들을 꼼짝 못하게 하고 밑줄 긋게 하고 외우게 하던 교사도 있었다. 그런 교사들이 학교 차원의 수업 혁신을 시작했다.

　이 책은 그런 교사들이 주축이 되어 해나간 학교 차원의 수업 혁신 이야기이다. 짧게는 수년, 길게는 수십 년을 강의식으로 수업해 오던 교사들이었으니 처음부터 큰 어려움에 빠지는 것은 당연했다. 모둠 활동을 시켰더니 아이들은 물 만난 고기처럼 떠들기 일쑤였고, 교사들도 점점 '이렇게 해서 되는 거야?' 하는 걱정에 빠졌다. 수업을 바꾸어 보려는 교사들에게 도움이 되고자 이런 이야기까지 자세하게 다루었다.

반년 이상의 이러한 혼란스런 시기를 지난 후에 우리의 수업 혁신은 방향을 찾기 시작했다. 우리가 찾은 것은 학교 내 수업모임이었는데, 국어, 수학, 사회, 과학, 도덕, 기술, 음악 등 다양한 교과의 교사들이 함께 수업을 설계하는 수업모임이었다. 이 모임은 일주일에 한 번씩 모여서 수업을 만들고, 참관하고 수정하기를 반복하면서 공개 수업을 만들었다. 이런 과정 속에서 우리는 아이들이 협력하며 배우는 수업에 적합한 활동지가 어떤 것인지, 수업을 어떻게 진행할 때 아이들이 서로 논의하며 배우게 되는지를 이해하게 되었다.

수업 혁신을 시작한 지 만 3년이 지났다. 그때 함께 시작했던 교사들 중 다수는 다른 학교로 전근을 갔고, 지금은 새로 전근 온 교사들이 더 많다. 그러나 이후에 오신 분들이 이어받아 지금도 수업 혁신이 지속되고 있다. 현재 한울중학교의 많은 교사들은 아이들이 그런 수업에서 더 잘 배우고 있다고 생각하고 있다. 이렇게 수년이 지나도록 꾸준하게 수업 혁신이 이어지고 있는 것은 '교과가 다른 교사들이 주 1회씩 모여서 공동으로 수업을 설계하며 진행'하는 수업 혁신 방법이 학교의 여건에 맞았기 때문일 것이다. 이것이 이 책에서 주로 다루고 있는 내용이다.

수업이 너무 힘들어서 수업 혁신에 나섰던 교사는 이제 다음과 같이 말하고 있다.

> 새로운 경험이었다. 그것이 내 수업을 바꾸었다. 적어도 수업 시간에 아이들이 왜 자는지를 아이들 입장에서 생각하게 되었고, 무엇을 준비하고 어떻게 진행해야 하는지에 대한 나의 생각을 가지게 되었다. 그리고 매시간 들어가기 전에 수업이 어떻게 될지 예상할 수 있게 되었다. 그렇다고 해도 내 수업이 항상 성공하는 것은 아니지만, 이전보다 내 수업에 대한 학생 만족도가 높아졌다. 내가 아이들에게 휘둘릴 때가 아직도 많지만 전보다는 내가 아이들 머리 꼭대기에 있을 때가 많아졌다.
> 또한 내가 알고 있는 대로 준비하고 진행한다고 해도 수업이 제대로 되지 않을 수도 있다는 것도 알게 되었다. 그러나 제

대로 되지 않는 이유도 알 것 같기에 너무 크게 실망하지 않는다. 수업에 대해서 내가 단단해진 것 같다.

교사들 중에는 학교 차원의 수업 혁신 기회를 가진 경우도 있겠지만, 개인적인 노력만 가능한 경우도 있을 것이다. 이를 위해 내용을 구분하여 소개하면, 학교 차원의 수업 혁신에 주로 관련된 것은 수업 혁신을 위한 노력과 시행착오 등 과정을 다룬 2장과 수업 혁신 운영 원리로서 자발성, 업무 경감 등을 다룬 4장이다. 그리고 나머지 여러 장은 아이들이 협력하며 배우는 수업 자체에 대한 것으로 아이들이 협력하며 배우는 수업에 대한 이해(1장), 교사의 역할(3장), 수업모임(4장 일부), 수업설계(5장), 공개 수업(6장, 7장), 아이들에 대한 이해(8장) 등을 다루고 있다. 마지막 9장에서는 공개 수업이 아니라 일상 수업에서 일어난 교사들의 협력과 우리 학교의 이런 사례에 대한 다른 학교 교사들과 우리 학교 아이들의 반응을 주로 다루었다.

이 책의 내용은 매년 교육청으로부터 큰 금액의 운영 지원금을 받았고, '혁신학교'라는 이름으로 인한 심리적인 지원을 받은 혁신학교의 사례이다. 따라서 이런 지원을 받을 수 없는 학교의 교사는 수업을 바꾸려면 다른 경로를 찾을 수밖에 없을 것이지만, 이 책의 내용 중 일부는 도움이 될 것이라고 생각한다. 다른 학교로 전근 간 교사들 중에는 그 학교에서 이런 시도를 하고 있는 교사가 있다.

머리글을 마무리하며 우리에게 이런 경험을 하게 해준 고마운

분들을 생각해본다. 우리에게 감히 수업을 바꿀 꿈을 꾸게 만들어준, 2011년 당시 서울형 혁신학교 사업을 만들고 진행한 서울시교육청에 감사드린다. 그리고 우리 학교의 교사들 마음속에 수업 혁신에 중점을 둔 혁신학교를 심어 주었고, 혁신학교를 추진하도록 만들어준 이병우 선생님께 감사드린다. 또한, 수업 혁신이라는 목표 아래 마음을 열고 많은 논의의 시간을 함께했고, 현재도 함께하고 있는 수업모임 교사들에게 감사드린다.

추천사

노랫말처럼 한울중학교와의 만남은 우연이 아니었다.

수업 관찰을 하고 수업 나눔을 본격적으로 하고자 28년의 현직 생활을 접은 것은 2011년이었다. 소위 수업 컨설턴트 생활의 시작이었다. 나가자마자 만난 동업자는 나보다 6개월 먼저 현직을 떠난 분이었는데, 나를 보고 축하한다며 자기랑 똑같은 '풀타임 수업 연구자'라는 직함을 붙여주었다.

그러나 아직은 어설픈 컨설턴트였을 때 한울중학교를 한 번 만났고, 이듬해인 2012년에는 '풀타임'으로 한울중학교를 볼 수 있었다. 내가 만난 수업연구모임은 나보다 더 고민이 깊었다. 수업을 만들고자 기울이는 노력이 남달랐다. 지금껏 4년째 수업 컨설팅을 해오지만 아직 어떤 학교에서도 이런 모임을 만날 수 없었다.

우선 수업에 대해 나누는 시간이 무한대였다. 퇴근 시간 전에 시작된 모임은 언제 끝날지 몰랐다. 끝맺음은 물리적인 시간이 아니라 그날 수업에서 가지게 된 고민이 해결되는 시점이었다. 또한 컨설턴트인 나를 당황하게 하는 질문이 수시로 오갔다. 이들은 내가 경험하지 못한 세계를 가고 있었다. 이런 요인으로 인해 나는 공개 수업 이전에도 수업모임에 끌려들어 갔다.

나는 아직껏 교과의 벽을 허물고 전 교과의 선생님이 모여 다른 교과의 수업 디자인을 바꿔주고 함께 만들어가는 모임을 본 적이 없다. 있다고 해도 한울중학교를 따라올 수는 없을 것으로 생각한다. 교과의 벽을 허문 데는 여러 가지 의미가 있지만 가장 중요한 핵심은 아이들을 수업의 중심에 놓을 수 있었다는 데에 있다. 다른 교과의 교사는 사실상 아이들과 다름이 없었기 때문이다. 같은 교과의 교사들은 이미 전문가이기 때문에 아이의 역할을 충분히 수행해낼 수 없는 단점을 다른 교과의 교사들이 대신해줄 수 있었다. 그래서 수업에서 아이들의 배움이 더 잘 일어날 수 있도록 만들 수 있었다.

교사가 수업을 디자인할 때 아이들의 반응을 충분히 예상하고 거기에 따른 대비를 하는 것이 수업 준비의 가장 핵심이라고 할 때, 교사 혼자서 예상할 수 있는 비율은 50% 정도라고 생각된다. 나머지 50%는 수업에 들어가서야 비로소 파악할 수 있는데, 급작스럽게 튀어나온 50%의 돌발 변수를 충분하게 처리할 수 있는 엄청난 순발력은 아무나 가지고 있는 것이 아니기 때문에 수업은 항상 미련이 남을 수밖에 없다. 하지만 한울중학교는 90% 정도까지 미리 대비하고 디자인할 수 있었다. 그것은 아이들 역을 충분히 소화해 준 다른 교과의 배우들 덕이었다.

한 시간의 수업을 만들기 위해 이들은 자기 수업이 비는 시간을 이용하여 아무 때나 공개 수업자의 수업을 들어가서 봐주었다. 공개 수업은 한 시간이지만 모든 수업이 한 차시로 끝나는 것이 아니라서 한 단원의 일련의 모든 차시의 수업을 같이 디자인하는 것이 한울중학교의 특징이며 또 다른 강점이기도 했다. 그래서 매 차시의 수업 활동지가 날마다 바뀌고 앞 반과 뒤 반의 활동지도 바뀌어 활동지 버전을 잘 매기지 않으면 헷갈리기도 했다.

이 책의 내용을 배움 중심으로 수업을 바꾸고자 고민하는 교사 개인이나 소그룹, 나아가서는 학교 전체의 운영을 기획하는 분들에게 기꺼이 추천하고 싶다.

서울 교육이 바뀌어 아쉬움이 많다. 교육은 당파가 아니었으면 했지만 오년지대계로 만드는 사람들이 교육을 좌지우지하는 현실이 안타깝다. 왜냐하면 앞으로는 한울중학교와 같은 사례를 볼 기회가 희박해지기 때문이다. 한울중학교를 다닌 3년이 행복했다.

수학교육연구소 소장

최 수 일

차례

1장 ─ 수업에 대한 새로운 이해

2장 ─ 혁신학교를 통해
수업의 새로운 개념을 찾다

8장 수업 참관을 통해 알게 된 아이들 모습

9장 수업 혁신을 통해 우리가 이룬 것들

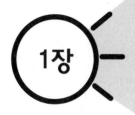

1장 수업에 대한 새로운 이해

우리는 혁신학교 첫해에 '아이들이 협력하며 배우는 수업'을 해 보자고 결정은 했지만 사실 수업을 어떻게 해야 할지는 막연했다. 2011년 3월부터 교실의 학생 좌석을 ㄷ자 모양으로 배열하는 등 외형은 바꿨는데 정작 우리들의 수업 준비는 기존과 얼마나 달라 졌을까? '활동지에 모둠 과제를 넣고, 수업 중에 아이들의 작은 목소리도 귀 기울여 듣고, 정성껏 대응하자.' 정도였다. 제대로 된 모둠 활동을 거의 시도해보지 않은 우리로서는 이것조차도 용기 있는 노력이었다고 본다. 그러나 아이들은 우리의 기대와 달랐다. 모둠 과제에 몰두하기는커녕 그것은 거들떠보지도 않거나 성의 없이 답을 쓸 때가 많았다. 그리고 나서는 저희들끼리 떠들기 일쑤였다. 모둠에서 아이들이 협력하며 배우는 모습은 보기 힘들었다. 왜 이런 현상이 나타났을까?

이제는 그 당시 우리가 하고 싶었던 수업에 대한 이해가 부족했다고 말할 수 있을 것 같다. 아이들이 흥미를 가지고 논의하려면 모둠 과제는 어떤 조건을 갖추고 있어야 하는지, 아이들이 수업 내용에 집중하게 하려면 어떻게 진행해야 하는지, 아이들은 어떻게 진행할 때 잘 배우는지 이런 것들을 당시에는 고려하지 못했으니 당연한 결과였다. 당시 각 교사는 이런 것들에 대해 개인적으로 생각을 가지고 있었을 것이다. 그러나 그것들은 대부분 교사 중심으로 진행한 기존 수업 경험을 바탕으로 한 것이었다. 따라서 그런 각자의 생각과 노력은 실제 수업에서 힘을 쓰지 못했다.

6개월 남짓 지난 그해 10월이 우리에게는 전환점이 되었다. 매달 한 번씩 공개 수업을 했는데, 10월 공개 수업에서 드디어 우리는 아이들이 협력하며 배우는 모습을 볼 수 있었다. 2학기부터 공개 수업을 위해 여러 차례 모임을 했고, 실제 참관도 했는데 그러면서 수업 중 아이들의 모습을 예상하고 관찰하며 수업을 만든 것이 원인인 것 같다. 즉, 10월은 우리의 새로운 수업이 어떤 것인가에 대한 이해가 다소나마 깊어지기 시작한 시기라 할 수 있다.

둘째 해가 되고 매달 한 번씩 있는 공개 수업을 만들어가자 수업모임의 논의는 더 잦아졌고, 내용은 더 정교해졌다. 그러면서 어느 순간 우리가 수업을 만들 때 공통적으로 고려하는 점이 있다는 점을 인식하게 되었다. 그것은 '활동지에 모둠 활동 과제를 넣는다'와 같이 표면적인 것에 그치지 않았다. 그것은 우리가 '학생들이 협력하며 배우는 수업'을 만들 때 기본적으로 고려하는 것이 되었고, 기준이 되기도 했다. 이번 장에서는 우리가 몇 년을 거쳐 알게 된 이 새로운 수업에 대한 이해를 제시하고자 한다.

옥신각신하는 수업에서 배움이 일어난다

열심히 설명을 해주어야 이해한다는 믿음의 실상

강의식 수업에 익숙한 교사들은 한 가지 생각을 가지고 있다. 학습 목표에 해당하는 내용을 반드시 한번은 교사의 입으로 말해야 한다는 생각이다. 다음은 중학교 1학년 과학 '퇴적암과 변성암' 수업 사례이다.

> 퇴적암과 변성암에 대해 설명하는 부분이 있었다.
> 약 10분 정도.
> 그런데 그 10분을 학생들은 조용히 집중하지 못했다.
> 계속 떠드는 아이들도 3~4명 있었다.
> 시장 바닥처럼 소란스러운 가운데…….
> 아무도 내 말을 듣지 않는다는 생각을 하면서 퇴적암의 생성 방법, 변성암의 생성 방법, 퇴적암에 있는 층리와 변성암에 있는 편리의 차이점 등을 설명했다. 쳐다보는 아이들이 10명도 안되었으므로, 아이들이 듣지 않는다고 느끼면서도 나는 기어이 층리와 편리의 차이까지 설명했다.
> 왜 그랬을까?
> 꼭 한번은 내 입으로 층리와 편리에 대한 설명을 말해야 한다는 강박관념 같은 것을 느꼈다. 아이들이 안 듣는 것 같아도 꼭 이야기는 해야 한다는 생각.

수업 혁신 첫해 6월 즈음 남영재 선생님의 수업 일기인데, 아이들이 안 듣고 있다는 것을 뻔히 눈으로 보면서도 기어이 수업 목표에 해당하는 단어를 말하고서야 안도하는 모습이다. 전부터 해오던 습관이 이때까지도 남아 있었던 것이다. 그런데 이렇게 애써서 교사가 설명하면 아이들이 잘 배울까? 남영재 선생님이 수년 전에 겪은 일이다.

> 2학년 과학 '사람의 눈' 부분 수업 시간이었다. 한 시간 내내 열심히 눈의 구조와 기능을 설명했다. 칠판을 지워가면서 눈의 구조를 그리고, 설명하고, 명칭 쓰고, 예를 들고, 근시와 원시까지 설명했다. 교단 앞쪽에 뿌연 분필 가루가 날리고, 내 손은 흰 분필 가루가 묻어 하얗게 변했다. 수업 끝나는 종이 치자 가지고 온 것들을 정리하면서 교탁 바로 앞에 앉아 설명을 잘 듣고 있었던 얌전한 여학생에게 물어보았다.
> "수정체가 뭐예요?"
> 그 여학생은 10초 정도 말이 없더니 작은 소리로 대답했다.
> "상이 맺히는 곳이요."
> 놀랐다. 그렇게나 열심히 설명했는데. 수정체에 대해서 적어도 두 번은 직접 설명을 했고, 안경 설명할 때 또 두어 번은 간접적으로 그 기능을 설명했는데 졸지도 않고 보고 있던 그 여학생은 끝나고 바로 물었는데도 망막의 기능을 말했기 때문이다.

교사가 열심히 설명해도 아이들이 못 알아듣는 상황은 교사들에게 낯설지 않다. 거의 매일 겪는 일이다. 교사가 강의 중심으로 수업할 때는 이 현상을 다음과 같이 해석한다. 설명이 아이들에게 적절하지 않았다거나 아이들이 수업에 집중하지 않았다거나 아이들의 이해력이 떨어져서 그렇다고 한다. 그러면 이런 해석은 얼마나 옳을까? 위 사례에서와 같이 선생님의 '설명을 듣고' 이해하지 못하는 아이들의 경우는 어쩌면 당연할지도 모른다.

얼마 전에 두께가 2cm쯤 되는 원 모양의 빵 때문에 웃은 적이 있다. 그것을 본 수학 선생님은 납작한 원기둥이 떠올랐다고 했고, 역사 선생님은 맷돌이 생각났다고 했고, 과학 선생님은 원유 드럼통을 납작하게 찌그러뜨린 것이 떠올랐다고 했다. 이처럼 사람마다 자기가 가진 배경에 따라서 같은 것을 보고도 다른 것을 떠올린다. '설명'이나 칠판 그림 정도로 생전 처음 듣는 교과의 내용을 아이들이 어떻게 얼마나 이해하겠는가? 하물며 우리 수업의 목표는 이해에 그치지 않고 창의적 적용까지 바라고 있는데, 그것을 교사의 설명만으로 이루려는 것은 너무나 큰 욕심이 아닐까?

체육 선생님이 농구의 슛을 가르칠 때 어떻게 하는가? 이렇게 하는 거야 그러면서 시범을 보여주고, 약간의 이론도 가르쳐 줄 것이다. 그것만으로 아이들이 충분히 슛 동작을 익힐 수 있을까? 그렇지 않다. 아이들이 직접 슛 동작을 해보면서 잘 안되는 부분을 고쳐나가야 한다. 교사는 아이들의 동작을 보면서 계속해서 고칠 점을 찾아주어야 한다. 그런데 강의식으로 수업을 하는 경우는 어떤가? 차시마다 새로운 내용을 설명하고, 또 각 차시도 시간을 토막 내어 새로운 개념을 빼곡하게 제시한다. 그 다음 수업에는 또 새로운 내용으로 계속 그렇게 진행한다. 이것은 아이들에게 연습을 통해 잘못 이해한 부분을 스스로 고쳐나갈 기회를 주지 않는 것과 같다. 교사가 아이들에게 고칠 점을 찾아줄 기회를 갖지 않는 것과 같다. 몸으로 익히지 않으면 농구를 배우지 못하듯이 새로운 개념도 설명을 듣는 것만으로는 배우기 힘들다.

아이들끼리 논의하는 과정에서 배움이 일어난다

일방적인 것이라면 교사의 설명뿐만 아니라 다른 아이의 설명도 아이들이 배우는 데에는 별로 도움이 되지 않는다. 다음은 다른 아이의 정확한 설명보다 저희들끼리 논의하는 과정과 그것을 학급 전체가 공유하는 과정이 더 중요하다는 것을 보여주는 사례이다. 중학교 2학년 과학 '물체가 우리 눈에 보이는 과정'에 대한 수업 시간이었다.

> 오늘 2학년 2반 수업 시간에 있었던 일이다. 레이저 빛을 보기 위해서 주인공이 연기를 만드는 영화 클립을 보여주고는 물어보았다.
> "안 보이던 레이저 빛이 왜 연기가 있으면 보일까요?"
> 질문이 끝나자 몇 초 지나지 않아서 정원이가 앉은 채로 말했다. 이 아이는 이 학급에서 과학을 가장 잘하는 아이 중 한 명이었다.

"공기가 너무 깨끗하면 레이저 빛이 그냥 지나가 버리는데, 연기가 있으면 레이저가 연기에 부딪힌 후에 반사되어 우리 눈으로 들어오기 때문에 보여요."

이 말을 듣는 순간 '아~ 내가 할 설명하고 똑같은 말을 하네. 그런데 다른 애들도 스스로 생각해 봐야 하는데, 그럴 기회도 안 주고 답을 말해 버렸는데 어떡하지?' 이런 생각을 했다.

잠시 망설이다가 아이들이 얼마나 이해했는지 물어보았다.

"정원이 말 이해되는 사람?"

30여 명의 아이들 중에서 딱 두 명이 손들었다. 설명이 완벽했는데 이해하는 아이들이 이렇게 적은 것에 너무 놀랐다.

"이해 못한 아이들이 대부분이네요. 왜 그런지 모둠별로 이야기해 봐요."

아이들은 잠시 동안 모둠별로 이야기를 나누었다. 그런 후 학급 전체를 집중시키고 몇 모둠의 이야기를 들었다. 아이들은 정원이가 말했던 내용보다 불충분한 내용들을 이야기했는데, 서너 명 이야기해가는 과정에서 정답에 거의 근접해갔다. 잠시 이야기하면서 이해하게 되는 내용을 처음 정원이가 말할 때에는 이해하지 못하는 아이들의 배우는 과정이 새롭게 다가왔다.

정원이가 설명했을 때는 두 명만 이해했다. 그런데 수업이 끝날 즈음에는 많은 아이들이 이해했다. 모둠에서 아이들끼리, 그리고 학급 전체가 함께 '서로 이야기한 것' 덕분이었다. 교사는 수업 중에 아이들에게 발표를 시킬 때가 종종 있다. 그때 위 사례의 정원이처럼 평소에 잘하던 아이가 정답을 말하면 더 이상 다른 아이들이 알게 되었는지는 확인하지 않고 넘어가는 경우가 많다. 그런데 그런 아이의 발표는 교사의 '설명'과 같아서 모르는 아이들에게는 큰 효과가 없다. 아이들에게는 자기의 생각을 표현하면서 스스로 깨닫는 과정이 필요하다. 다른 아이들과 내용에 대해 옥신각신하는 과정을 거칠 때 비로소 아이들은 그 내용을 이해하게 된다.

우리는 아이들에게 발표를 많이 시키고, 여러 가지 재미있는 활동을 준비한다고 해서 '아이들이 협력하며 배우는 수업'이 될 수 없다는 것을 알게 되었다. 아이들의 발표라고 하더라도 '설명'의 역할을 하게 되면 겉모습은 활발한 상호작용이 있는 수업 같지만 결국 강의식 수업과 다르지 않기 때문이다.

설명으로 전개되는 수업과 옥신각신하는 수업의 차이

아이들이 옥신각신할 수 있는 과제란 어떤 과제일까? 교사가 설명하기 위한 과제와 아이들이 옥신각신하게 하는 과제를 구별해 보자. 중학교 3학년 과학 '포화 수중기량' 부분 수업 사례이다.

김영미 선생님과 '포화 수중기량'에 대한 활동지를 만들 때였다. 용기의 입구를 막아 놓으면 안에 있던 물이 증발하다가 멈추는데, 그것은 물위 공기에 수중기가 포화되었기 때문이다. 이것을 알게 하는 것이 학습목표였는데, 선생님은 다음과 같은 그림을 주고 차이가 생긴 까닭을 물어보자고 했다.

"같은 양의 물이 든 두 개의 컵인데, 한 개만 랩으로 입구를 막았다. 며칠 지나자 막지 않은 쪽의 수면이 더 낮아졌다. 그 까닭은 무엇일까?" 이렇게 물어보자는 것이었다. 그러면서 다음과 같이 말했다.

"그러면 제가 설명할 수 있어요."

교사가 설명하기 위해서는 아이들에게 위와 같은 문제를 주는 것으로 충분하다. 아이들이 답을 하거나 못 하거나 관계없이 선생님은 설명할 기회를 얻을 수 있기 때문이다. 그런데 교사나 한두 아이의 정확한 설명이 대다수 아이들에게는 도움이 되지 않는다는 것을 앞서 이야기했다. 그러면 이 경우 아이들이 서로 옥신각신하면서 배우는 데 적합한 과제는 무엇일까?

"2~3일 지나면 두 컵의 수면의 높이는 어떻게 될까?"

아이들에게 제시하는 질문을 이렇게 바꾸는 것이다. 시간이 지났을 때 수면의 높이가 달라진다는 것을 처음부터 제시하지 않고, 어떻게 될 것인가를 생각해보도록 하는 것이다. 아이들에게 '왜 이런 질문을 하는 걸까?', '시간이 지나면 수면의 높이가 달라진다는 건가?', '왜 그렇게 되는 거지?'라는 궁금한 마음이 자연스럽게 생기도록 하는 것이었다. 이런 과제를 통해 아이들은 이런저런 결과와 그 이유를 옥신각신하면서 찾아보게 되고, 그 과정에서 '포화 수증기량'이라는 학습목표에 해당하는 얘기들이 나올 수 있게 된다. 이런 과정을 충분히 거친 다음에 이어지는 교사의 정리나 설명은 아이들을 집중하게 만들 수 있다.

우리는 수업을 만들 때마다 아이들이 어떤 행동을 하도록 하는 과제를 넣으려고 애썼고, 그런 행동을 할 수 있도록 수업을 운영하려고 애썼다. 그러면서 아이들이 옥신각신하기를 바랐다. 그러나 매 차시를 아이들이 학습목표의 내용에 대해 옥신각신하게 만드는 것은 쉽지 않았다. 그러자 어느 선생님은 이렇게 말했다.

"그러면 아이들이 학습 목표에 해당하는 내용을 묻게라도 하자." 그 후에는 수업 중 모둠 활동을 시켰을 때, 아이들이 소란스럽게 이야기하는 중에 학습목표에 해당하는 단어가 들려오면 속으로 '그렇지!' 하면서 흐뭇해했다.

수업에는 강약이 있다

수업에서 아이들이 몰입할 수 있는 기회를 주자

기존 수업에서 교사의 '집중하라'는 메시지에 아이들이 집중하지 않으면 교사의 선택은 보통 '봐주기' 아니면 '주의 주기'이다. 그러나 왜 이 둘밖에 없는 것일까? 우리는 TV 뉴스를 보다가 자신이 궁금하다고 생각하는 사건의 원인을 다루지 않는다고 불만을 가질 때가 있다. 집중하지 않았다고 교사에게 주의를 듣는 아이도 이와 비슷한 심정일 수 있다.

교사는 수업 중 아이들 행동을 그 순간 또는 그 시간에 다루는 내용과 관련지어 해석해야 한다. 그리고 아이들이 처음부터 끝까지 수업 시간 내내 집중한다고 생각하기보다 수업의 장에 서서히 들어올 수 있다고 생각해야 한다. 그러면서 아이들이 그런 기회를 얻도록 다루는 내용을 적절히 제시하는 것이 필요하다.

다음은 수업 초반에는 집중하지 않던 아이들이 수업에 집중해가는 과정을 보여주는 사례이다. 중학교 2학년 과학 '소리의 발생과 전달' 부분이다.

> 수업 첫머리에 난타 동영상을 약 5분 동안 보여주었다. 그리고 유리잔을 문질러서 연주하는 동영상도 보여주었다.
> 그런 후 활동지에 무엇에서 소리가 났고, 어떻게 할 때 소리가 났는지를 쓰도록 했다. 개인별로 5개씩 쓰도록 했는

데, 아이들은 시시해서 하기 싫다는 태도들이었다. 하는
둥 마는 둥 하는 걸 보면서 기다렸다가 한 명씩 이름을 불
러서 나와서 칠판에 쓰게 했다.

> 물통이요, 때릴 때
> 도마요, 긁을 때
> 칼이요, 부딪칠 때
> 유리잔이요, 문지를 때
> 양파요, 썰 때

칠판에 약 10가지 정도가 써졌다. 이번에는 또 무심하게
소리가 이렇게 다양한 방법으로 나는데, 모둠에서 이야기
하면서 소리가 날 때 이들의 공통점을 찾으라고 했다. 내
말이 떨어지자마자 정원이가 큰 소리로 말했다.
"부딪칠 때 물체가 진동하고 그것이 공기를 진동시키고
그 진동이 우리 귀에까지 와서 소리가 들리는 거예요."
김샌 것 같았다. 그렇지만 속으로는 한숨을 쉬면서도 내
색하지 않고 모둠별로 논의하게 했다. 전체로 보면 모둠
끼리 이야기를 안 하는 것 같았다. 그렇지만 기다렸다가
모둠별로 나와서 논의 결과를 쓰라고 했다.

> 닿아서 소리가 났다,
> 부딪쳐서 소리가 났다,
> 때릴 때 소리가 났다,
> 부딪쳐서 물체가 진동해서 소리가 났다,
> 때릴 때 진동해서 소리가 났다

'어라 정원이가 진동해서 소리가 난다고 정확히 얘기했는데도 그렇게 쓰지 않은 모둠이 많네. 그렇게 한 번 듣는 건 별 소용이 없나 보다.' 이런 생각을 하면서 다시 질문했다.

"때리든, 부딪치든, 문지르든 닿을 때 소리가 나는 건 맞지요. 봤으니까요. 그런데 일부 모둠은 부딪칠 때 진동해서 소리가 난다고 썼어요. 그래서 부딪치는 것까지는 눈에 보이니까 맞다는 걸 알겠는데, 진동한다는 건 맞아요? 어떻게 증명하지요? 모둠으로 이야기해 봐요."

이번에는 아이들이 여기저기서 논의하는 것이 눈에 많이 보였다. 그리고 "진동" 어쩌고 하는 소리도 들렸다. 그때 효민이와 연희가 교실 뒤편으로 가더니 플라스틱 쓰레기통을 한 아이가 두드리고 다른 아이가 통에 귀를 대 보는 것이었다. 잠시 후 발표를 시켰다.

> **연희** 징 칠 때 진동해서 소리가 나요. 그런데 징 잡아서 진동 못하게 하면 소리가 안 나요.
> **가영** 아! 그렇지.
> **진경** 유리잔 문질러서 소리 낼 때 물이 튀었어요. 그러니까 진동해요.
> **혜린** 진경이와 같아요.
> **가영** 선생님이 얼마 전에 우주공간에서 머리 맞대고 말하면 진동이 전달되어 소리 들린다고 했잖아요.
> **진경** 또 있어요. 말할 때 목에 손대면 진동해요.

혜린이는 계속 잠자던 아이고, 진경이도 수업에 적응을 못하고 딴짓을 많이 하던 아이다. 효민이도 떠들 때가 많았다. 이런 아이들이 스스로 실험하고 발표하고 또 발표했다.

이 수업에서 처음에는 집중하지 않다가 점점 집중하는 아이들을 볼 수 있었다.

아이들에게 모둠 활동 결과를 매번 칠판에 기록하게 했다. 그리고 그 결과를 활용하는 활동을 그 다음 과제로 제시했다. '되돌리기'라고 할 수 있는 이런 것이 아이들을 조금씩 더 몰입시킬 것이라는 생각을 하고 있었기 때문이었다. 결국 이런 판단이 옳았다. 나중에 제시한 활동일수록 더 많은 아이들이 몰입했다. 블록 수업을 제안하는 것도 이와 관련된 맥락이라 생각한다. 학생들이 수업의 장에 서서히 들어올 수 있도록 시간적으로도 여유가 주어진다면 더 좋지 않을까 싶다.

아이들 자신의 응답이 탐구될 때 집중은 높아진다

아이들은 수업에 처음부터 집중하지는 않지만 귓전으로 주변의 흘러가는 말을 듣고 있기는 하다. 다른 아이의 답 또는 활동 결과가 가시화될 때 이것은 '저게 뭐지?' 하는 생각을 갖게 하거나 '저 말이 틀렸다', '맞다' 정도를 직관적으로 판단할 수 있는 기초가 될 수 있다. 다음은 중학교 3학년 과학 '과학에서의 일' 부분 수업 사례이다.

동영상을 보여주면서 '일을 했다'라고 판단되는 상황을
적으라고 했다. 떠들면서 동영상에 집중하지 않던 아이
가 있었다. 눈에 거슬렸지만, 그냥 넘어갔다. 그런데 어
느 순간 보니 그 아이가 눈을 반짝이며 '뭐가 일이야?'라
고 묻는 표정으로 수업에 집중하고 있었다.

교사는 동영상을 보면서 "이건 일하고 있는 것인가요?", "이것은
요?" 이렇게 자꾸만 물었고, 아이들이 거기에 대해서 이렇다 저렇
다 열심히 말을 하니까 그 아이가 자기도 모르게 수업 속으로 들
어온 것이었다.

수업에서 다루는 내용이 아이들이 답한 내용의 심화나 탐구일
때, 아이들의 집중이 높아진다. 아이가 조금이나마 습득한 것을
바탕으로 배울 내용이 들어갈 때, 아이들이 수업에 더 잘 들어온
다는 것이다. 우리는 아이들이 습득한 것을 표현하게 하고, 그것
을 다른 아이들이 모둠에서 판단해 보도록 하는 것은 대부분의 경
우에 유용하다.

모둠 활동에서 짝과 소곤소곤 이야기하는 아이에게는 두 가지
측면이 있다. 학급의 수업 분위기를 흐린다는 것과 개인적으로 집
중을 못하고 있다는 것이다. 교직원 회의 중에 중앙에서 다른 분
이 이야기할 때, 주변 선생님들과 소곤소곤 이야기한 경험이 있을
것이다. 이때 우리는 중앙에서 하는 말을 듣고 있다. 그러다가 필
요한 이야기가 나오면 받아 적기도 한다. 몰입도가 낮은 상태인
것이다. 짝과 소곤소곤하고 있는 아이도 이와 같은 상태라고 할

수 있다. 이러다가 흥미로운 것이나 자신이 아는 것과 관계있는 것이 나오면 높은 집중 상태로 가는 것이다.

수업 중인 아이들의 상태를 집중 정도로 판단하는 이러한 생각은 '되돌리기' 실천으로부터 힌트를 얻었다. 수업 중에 되돌리기를 하면 아이들은 그 전보다 더 관심을 보이며 수업 속으로 더 들어온다. 난타 동영상으로 시작한 수업에서 아이들의 답으로 연달아 되돌리기를 했을 때 앞에서 본 것처럼 더 많은 아이들이 수업 속으로 들어왔다.

이것을 수업 전체에 적용하여 아이들이 수업 중 어느 때는 덜 집중하고 어느 때는 더 집중한다는 생각에 도달했다. 즉 수업의 처음부터 끝까지 계속 집중하기를 바라는 것은 현실적이지 않을 수 있다. 내내 집중할 수 없는 것이 현실이라면 점차 수업에 집중할 수 있도록 수업을 만들어야 하는데, 되돌리기가 하나의 방법이 될 수 있다는 것이다.

처음에 교사가 준비한 것을 제시한 때는 아이들의 현재 관심사가 아니므로 집중도가 낮다. 이 상태에서 아이들이 활동하고 표현하도록 한 후 되돌리기를 하면 되돌리기 후 상태가 되어 처음보다 몰입도가 높아지는 것이다.

그런데 만약 교사가 계속 관계없는 것을 나열하거나 또는 객관적으로는 관계가 있다고 하더라도 조금이라도 아이들에게 관련성이 느껴지지 않도록 제시하면 아이들은 더 몰입되지 않는다. 그저 계속 처음 즉, 수업 초기의 덜 집중한 상태가 유지된다. 이와는 달리 아이들이 알게 된 것, 알고 있는 것을 심화할 수 있도록 과제를 제시하거나 또는 '그것도 해보면 좋겠다'는 느낌이 드는 과제를 제시하면 아이들은 수업에 점점 더 집중할 것이다.

아이들은 또래의 생각에 관심을 갖는다

다른 아이의 답안을 보면서 생각하고 판단한다

학생들은 교사의 말에는 의문을 제기하지 않는 경향이 있다. 활동지를 풀게 한 후 답을 맞출 때를 생각해 보자. 교사가 답이라고 불러 주면 그 답이 자신의 생각과 조금 다르더라도 대부분의 아이들은 그것을 정답으로 인정하고 그대로 채점한다. 그런데 아이들 중 한 명에게 그 아이의 답을 칠판에 쓰도록 하면 나머지 아이들의 반응이 다르다.

"선생님, 저거 맞아요?"
"5번 이상한데?"
"야, 저거 3 아냐?"

채점하는 아이들 사이에서 이런 말들이 나온다. 이때 의문을 제기한 아이에게 이유를 말하라고 하면 말을 한다. 그리고 이 말은 나머지 아이들도 잘 듣는다. 만약 바쁘다면 아이들이 의문을 제기할 때 교사가 설명해도 아이들은 귀를 쫑긋하고 듣는다. 친구가 칠판에 써놓은 답과 자기 답 중에서 어느 것을 옳다고 하는지가 궁금하기 때문이다.

수업 중에 아이들은 무엇을 배워야 할까? 하나는 지식이고 또 하나는 생각하며 판단하고 설득하는 능력이다. 이렇게 생각하면 교사의 설명은 특히 후자를 위해서는 그리 효과적인 방법이 아니다. 아이들의 의견을 활용하는 것이 더 효과적이다. 이렇게 아이들의 활동 결과를 두고 아이들이 사고하며 배우는 과정을 배움의 공동체에서는 '공유'라고 한다.

우리는 수업 혁신에 대한 책과 연수에서 '발표'와 '표현'이 다르며 수업 중에 표현이 더 적합하다고 배웠다. 그런데 시간이 흐르면서 우리는 학생들의 '표현'이 공유를 위한 수단이라는 생각을 하게 되었다. 자기 생각을 나타내는 것으로 그치는 듯한 '표현'보다 나의 생각을 다른 아이들과 함께 나누는 것까지 포함한 '공유'가 아이들의 배움의 과정에 유익하다는 생각을 한 것이다. 그러면서 '공유'를 수업 중에 더 많이 적용하게 되었다.

앞의 예는 학생의 활동 결과의 진위를 판단해 보게 하여 배울 수 있도록 한 것이다. 다음은 중학교 3학년 과학 '뇌' 부분 수업 사례인데, 공유를 통해 배우는 상황이다.

자극의 전달 부분인데, 지식 이해 부분은 빨리 나갔다. 그리고 6분 정도 남았을 때 뒷면 중간에 있는 '위의 5가지 뇌의 내부 구조 중에서 3가지 이상이 관련된 상황을 지어서 써 보자'라는 과제를 하도록 했다.
과제가 무슨 뜻인지 모르겠다는 질문이 여기저기 있었다. 대뇌가 작용하는 상황, 소뇌가 작용하는 상황, 연수가 작용하는 상황 등을 각각 하나씩 적어서 모두 3개 문장을 적는 아이들이 많았다.

교실 앞문 부근에 앉은 태욱이가 간단하지만 내가 의도한 형식의 답을 썼다.

"태욱이가 잘했어요. 써 볼게요." 하면서 칠판에 썼다.

"겨울밤에 운동을 했다."

문장을 보자 "아!" 하는 아이들이 있었다. '저렇게 하는 거구나!'라는 의미 같았다.

이걸 써 놓고, 어제와 다르게 진행했다. 어제는 답 쓴 아이더러 설명해 보라고 했는데, 수업 일기 쓰면서 '아! 다른 아이들더러 설명하게 해 보면 더 낫겠다.' 이렇게 생각했던 것이 생각났다.

"태욱이는 이렇게 썼는데, 누가 설명해 볼 사람? 이게 어느 어느 뇌와 관련된 것인지?"

"저요"

미현이가 손을 들었다.

"말해 봐요."

"간뇌, 소뇌, 중간뇌요"

그걸 적어 놓았다. 아이들이 "와!" 그랬다.

"그러면 왜 이렇게 세 가지 뇌를 말했지요?"

"겨울이니까 체온이 낮아질 수 있는데 간뇌가 활동해서 체온을 조절해요. 그리고 밤이면 빛이 적으니까 중간뇌가 활동해서 동공을 크게 해요. 그리고 운동을 하니까 소뇌예요"

완벽하게 설명했다. 다른 아이들도 조용히 경청했다.

미현이의 설명을 들을 때, 아이들이 입을 달싹이기도 했는데, 그것도 이 수업 내용에 대한 것이었다. 떠들 때가 많았던 희영이, 태욱이, 경진이 등도 떠들지 않고 들었다.
수업 마치고 나오려고 주섬주섬 정리하는데, 상미가 교탁
앞으로 오더니 말했다.

"선생님 연수도 관계있지 않아요?"

"어디 때문에?"

"'운동을 했다'요"

"왜?"

"운동할 때 호흡도 빨라지고, 심장박동도 빨라지잖아요."

"맞아요. 잘 생각해냈네요. 아까 손들고 말했으면 더 좋
았을 텐데."

처음에는 흥미가 없거나 또는 과제를 잘못 이해해서 아이들이
잘 못했다. 그런데 한 아이의 것을 공유하는 과정에서 흥미를 가
지고 배우는 것을 볼 수 있다. 이 사례는 점점 몰입되는 수업의 모
습도 보여주고 있는데, 이처럼 공유를 하면 아이들이 점점 더 몰
입하는 수업이 되는 경우가 많다.

여러 모둠의 의견을 비교하고 종합한다

한 아이의 활동 결과를 공유할 수도 있지만, 모든 모둠의 활동
결과를 전체가 함께 공유하기도 한다. 다음은 중학교 3학년 과학
'피부 감각' 부분의 수업 사례인데, 활동 결과를 전체가 함께 공유
하며 배우는 사례이다.

간격을 조정할 수 있는 두 개의 침이 달린 실험 도구를 모둠별로 하나씩 나누어 주었다.

그리고 신체의 여러 부위를 찔러보면서 각 부위별로 두 군데가 찔렸다고 느껴지는 최소한의 거리를 측정하도록 했다. 아이들이 거의 다 했을 때 결과를 칠판에 적도록 했다. 칠판에는 지문, 손바닥, 손등 등의 부위에 대한 결과가 적혔다.

이번에는 칠판을 보고 알 수 있는 사실을 모둠에서 토의하여 적으라고 했고, 그것도 또 모둠별로 칠판에 적도록 했다.

아이들이 알 수 있는 사실로 적은 것을 보니, 모둠별로 미세한 차이가 있었다.

지문 부위가 가장 '민감'하다는 답이 가장 많았고, 지문 부위에 감각점이 '많다'는 답이 있었고, 지문 부위에 감각점들이 서로 가장 '가까이' 있다는 모둠이 있었다.

나는 이렇게 칠판에 적힌 내용들이 같은 말이냐고 물었다.

아이들이 약간 의아해하면서 '그런 것 같은데……' 이런 반응이었다.

그때 앞쪽에 앉은 여학생이 나에게만 들릴 정도로 말했다.

"민감한 게 감각점이 많아서 그런 거예요."

'민감'하다는 것과 감각점이 '많다'는 것의 관계를 바르게 말한 것이다.

그 아이에게 전체를 향해 이야기하도록 했다.

몇 아이가 고개를 끄덕였다.

그런 다음 또 질문했다.

"'그러면 감각점이 가장 가까이 있다.'와는 무슨 관계인가요?" 그런데 이때 종이 쳤다.

그래서 내가 정리했다. "감각점이 많아서 서로 가까이 있는 것이다."

그리고 아이들이 칠판에 쓴 것 중에서 "사람마다 감각점의 분포가 다르다."는 것을 읽어주었다. 그랬더니 아이들 사이에서 "오!" 하는 감탄사가 들려왔다. 특별하지 않은 것 같은데, 아이들에게는 새로운 분석으로 보였나 보다.

이 사례를 보면 아이들은 실험 결과를 각각 조금씩 다르게 이해하고 있는 것을 알 수 있다. 이때 조금씩 다른 표현들이 서로 어떤 관계인지 묻자 아이들이 생각에 몰입했다. 교사가 강의할 때는 이와 같이 미세한 차이를 다룰 수 없다. 그러나 모든 모둠의 의견을 공유함으로써 미세한 내용까지 다룰 수 있었다. 또한 여러 다른 의견들 사이의 관계를 묻는 질문을 통해 고차원적 사고의 기회를 가질 수 있었다.

'쉬운 것부터 차근차근'이라는
고정관념을 버리자

용어를 암기하는 수업이 아니라 개념을 이해하는 수업

아이들은 교사가 쉬운 문제를 반복적으로 주면서 완벽하게 풀 수 있게 해 주는 것을 좋아할까? 아니면 어렵지만 흥미로운 문제를 주는 것을 좋아할까? 중학교에서 교사들은 보통 전자의 수업 방법을 택하고 있다. 교사들은 아이들이 해결할 수 있는 더 쉬운 문제, 더 정형화된 문제를 반복적으로 제공하고 있다. 어려운 것은 대다수의 아이들이 이해를 못하니 쉬운 것부터 하게 하자, 쉬운 것을 반복하여 정확하게 알게 만들자는 생각을 하고 있는 것 같다. 이런 경향이 심화되면서 개념을 이해하는 것보다 낮은 단계인 용어를 외우게 하는 정도로 수업하는 경우도 있다. 이런 분위기가 넓게 퍼져있는 학교에서 수업 혁신을 시작하면서 알게 된 '도전 과제'는 새로운 것이었다.

> 수학 시간이었고, 교사는 긴 직사각형 종이를 접는 모양을 보여주고 그것과 관련된 문제를 아이들에게 주었다. 아이들은 모둠으로 열심히 풀었다. 그러던 중 어느 아이가 손을 들었다. 그 아이는 다른 아이들이 보는 가운데 칠판에 식을 썼다. 그러다 막혔다. 그러자 다시 아이들이 풀기 시작했다. 그러다 한 아이가 또 손을 들고 나와서 풀었다.

이것은 배움의 공동체 연수에서 '도전 과제'를 소개할 때 보여준, 일본 어느 고등학교 수업 동영상의 내용이다. 도전 과제는 배움의 공동체에서 중요했던 것 같다.

다음해 8월 배움의 공동체 세미나에서도 도전 과제 영상을 볼 수 있었다. 경기도 어느 중학교의 수업이었는데, 이 사례와 마찬가지로 아이들에게 다소 어려운 문제가 제시되었고, 아이들은 한 시간 내내 그 문제를 풀다가 수업이 끝났다. 이 수업에 대해 개인적으로는 교사가 계획했던 내용 중 반 정도밖에 못했으므로 '수업이 잘 안되었네!' 이렇게 생각했다. 그런데 그 동영상을 본 사토 마나부 교수는 이 수업을 칭찬했다. 아이들이 몰두해서 해결하려 했다고 좋은 수업이라고 했다.

두 수업 모두 짜임새 있게 몇 가지 활동을 진행한 것이 아니었다. 그런데 아이들이 협동하며 몰입했다고 좋게 평가했다. 이런 동영상을 보면서 '좋긴 한데, 그래도 이래서 될까?' 하는 의구심을 가졌다.

도전 과제는 기초 지식을 활용하여 해결하는, 흥미롭고 난이도도 높은 과제를 말한다. 이것을 제시하면 난이도가 높으므로 아이들이 협동하게 되고, 흥미롭기 때문에 몰입하게 된다고 한다. 그리고 이런 도전 과제 해결 과정에서 아이들은 서로 이야기하며 기초도 더 잘 배운다는 것이었다. 배움의 공동체를 소개 받을 때 가장 인상적이었던 것 중 하나가 바로 도전 과제였다. '점프 과제'라고도 했는데, 더 쉽게 가르치려고 경쟁이라도 하는 듯한 학교 분위기 속에서 어려운 문제를 제공해야 한다는 주장은 반갑기도 했고, 용기 있다는 생각도 들었다. 그러면서 아이들의 흥미와 몰입은 뒷전으로 밀려 버린 현재의 수업을 바꿀 수 있는 것이라고 생각했다.

그런 과제가 있을지, 그리고 우리가 그런 것을 만들 수 있을지 궁금했다. 그런데 첫해 10월 기술과 공개 수업에서 우리가 그런 과제를 만들었다. 수업을 마치고 수업 연구회 시간에 컨설턴트도 그것이 도전 과제로 훌륭했다고 말했다.

도전 과제를 해결하려는 아이들의 모습은 무척 인상적이었다. 이런 것이 도전 과제이고, 우리가 만들 수도 있다는 것을 알게 되었다. 그리고 아이들이 수업 시간에 이렇게 몰입해서 하기도 한다는 것도 경험했다. 아이들이 도전 과제를 수행할 때 교사는 무척 신나고도 편안하다는 것도 알게 되었다. 아이들이 배우기 위해서 달려들고 있으므로 교사는 아이들이 얼마나 하나 살피면서 아이들끼리 연결해 주기만 하면 되었기 때문이다. 이런 도전 과제를 만드는 수업 준비가 교사에게 수업 시간 못지않게 중요하다는 것도 알게 되었다.

그 후 우리는 공개 수업은 물론이고 일반적인 수업에서도 도전 과제를 만들어 넣었다. 10월 공개 수업 차시는 내용이 그 전 차시나 그 이후 차시와 관계가 없는 내용이었고, 내용도 복잡하지 않아서 그 차시의 내용만으로 도전 과제를 해결하는 것이 가능했다.

그런데 그것은 쉽지 않았다. 대부분의 다른 과목은 상황이 달랐다. 여러 차시에 걸쳐서 한 가지를 배우는 경우가 많았다. 예를 들어 역사 과목에서는 고려 말 대외 관계를 3차시에 걸쳐서 배운다. 국어나 도덕 등 문과 과목일 경우는 개념 간의 위계 구조가 없어서 도전 과제가 어떤 형태일지 감이 오지 않았다.

　물론 한 차시로 끝나는 내용으로도 도전 과제를 만들기는 어려웠다. 그 시간에 배운 내용만으로 해결 가능하고, 그것을 활용하는 것이고, 난이도도 있고, 흥미롭기도 하다는 4가지 조건을 만족하는 것을 만들기가 쉽겠는가? 몇 년 동안 이런 수업을 해왔다면 그동안 해놓은 것이 있으므로 어느 정도 가능할지도 모르겠지만 처음으로 그런 수업을 해나가고 있던 우리로서는 다른 방법을 찾아야 했다.

흥미롭고 도전적인 문제가 아이들의 몰입과 이해를 도와준다

　우리가 공개 수업이 아닌 일상 수업을 위해 만들어본 도전 과제들은 몇 가지 특징을 가지고 있었다. 다음은 과학 시간에 아이들이 도전 과제를 해결하며 배운 사례이다.

　　우리 몸의 호르몬을 공부하는 차시였다. 활동지의 앞면에서는 우리 몸의 각 부분에서 분비되는 각 호르몬의 이름과 역할, 뒷면에서는 '호르몬과 관련된 어느 아주머니의 사례'를 제시했다. 그리고 도전 과제는 사례 중 호르몬과 관련 있는 부분을 찾아 밑줄 긋고 관련된 호르몬을 쓰는 것이었다.

우리 아들이 막 목소리가 변하기 시작할 때 즈음이었으니까, 13살 즈음이었던 것 같아요. 어느 날부터인가 아이가 물을 엄청나게 많이 마시기 시작했어요. 그리고 소변을 자주 보았어요. 그래서 병원에 갔더니 소아당뇨병이라고 했어요. 당뇨병은 못 고치는 병으로 평생 주사를 맞고 식이요법을 해야 한다고 알고 있었는데 어린 아이가 당뇨병이라니, 눈앞이 캄캄하더라구요. 안 그래도 키가 작아서 병원에 가볼까 생각하고 있었는데 그것보다 더 큰 걱정거리가 생긴 거예요. 그 말을 듣자 갑자기 심장이 빠르게 뛰더라구요. 하늘이 무너지는 것 같았어요.

모둠별로 어떻게 하고 있는지 둘러보다가 수민이가 당뇨병에 줄을 긋고 "글루카곤"이라고 써 놓은 것을 발견했다. 오답인데 아이들과 함께 이야기할 만하다고 생각되었다.

모둠 활동을 마쳤을 때, 수민이의 결과를 보여주었다. 그랬더니 예상대로 아이들이 "글루카곤"에 대해서 반응했다. "글루카곤 아닌데!", "인슐린이잖아" 이렇게 말하는 아이들이 보였다.

"수민이는 이렇게 생각했어요. 자기 생각하고 다른 사람?"

"당뇨병에 글루카곤이라고 썼는데, 저는 인슐린이라고 생각합니다."

"둘 중에서 어느 것이 맞아요?"

"글루카곤이요."라고 말하는 아이들이 여럿 있었고, "인슐린이요."라고 말하는 아이들도 있었다.

"그럼 먼저 글루카곤이라고 생각하는 사람 의견을 들어 볼까요? 경림이가 말해 봐요."

"당뇨병은 혈당이 높아서 생기는 거잖아요. 글루카곤이 혈당을 높이는 거니까 글루카곤이 당뇨병과 관계있는 호르몬입니다."

"그럼 이번에는 인슐린이라고 생각하는 사람 의견 들어 볼까요?"

"당뇨병은 혈당이 높아서 생기는 병인데, 그건 혈당을 줄여주는 호르몬인 인슐린이 안 나와서 그런 거잖아요. 그러니까 당뇨병과 관련된 호르몬은 인슐린이라고 생각합니다."

"어느 쪽이 맞나요?"

"인슐린이요"라고 말하는 아이들이 더 많았다.

"네 맞아요. 혈당이 높아서 당뇨병에 걸린다는 건 맞아요. 그런데 그 원인은 인슐린이 없어서 혈당을 알맞게 낮추지 못하기 때문이에요."

교사는 먼저 활동지 앞면에서 우리 몸의 각 부분에서 나오는 몇 가지 호르몬의 이름과 각 호르몬의 역할을 기초 지식으로 제시했다. 그리고 활동지 뒷면에 있는 '어느 아주머니의 사례'를 보고 관련된 호르몬 쓰는 것을 도전 과제로 제시했다. 이것은 도전 과제의 요건 4가지 중에서 3가지를 갖추고 있다. 난이도는 높지 않지만, 그 시간에 배운 것만으로 해결 가능하고, 그 내용을 활용하는 것이고, 홍미로운 내용을 가지고 있다고 판단된다. 그러나 이런 정도의 도전 과제만으로도 수업은 크게 달라졌다. 아이들이 당뇨병이라면 '인슐린'이라고 기계적으로 외우곤 하던 부분인데, 글루카곤을 당뇨병과 연결하면서 서로 옥신각신했다.

이밖에도 과목 특성에 따라서 그리고 차시의 내용에 따라서 도전 과제는 다른 형태로 만들어졌다. 이러는 중에 우리가 만든 도전 과제들은 처음 소개받았던 도전 과제와 유사하면서도 다른 특징을 가지게 되었다.

첫째, 수업 시간에 다룬 기초 지식으로 해결할 수 있는 과제이다. 둘째, 기초 지식을 활용하여 해결하는 응용문제일 수도 있고, 기초 지식을 확인하는 문제일 수도 있다. 셋째, 이것이 가장 중요한데, 문제 상황이 기초 지식을 습득할 때와는 달라야 하고, 그때와는 다른 방향으로 생각해서 해결하는 문제이어야 한다. 넷째, 이러한 도전 과제는 난이도가 높지 않을 수도 있지만, 반드시 홍미로워야 한다. 이런 도전 과제를 제시할 때는 어김없이 눈을 반짝이며 옥신각신하는 아이들을 볼 수 있었다.

교사들은 기초 개념을 여러 번 반복하기보다는 가볍게 넘어갔다. 그리고 도전 과제를 제시하고 그 도전 과제의 해결 과정에서 기초 개념도 확실히 알게 되도록 수업을 운영했다. 이전에는 기초라도 확실하게 알도록 하자는 취지로 기초를 반복하다보니 흥미롭지 않고 도전감이 부족한 것들로 활동지가 채워졌다. 따라서 수업도 흥미롭지 않았다. 아이들의 생기 있는 모습이나 놀라운 성취를 볼 수가 없었다. 그런데 매시간 도전 과제로 만든 것을 제시하자 아이들은 전보다 더 몰입했고, 그러는 가운데 크건 작건 새로운 생각을 해냈다. 그리고 그것이 표현될 때 아이들은 서로 "와!" 하고 감탄했다. 수업 시간은 아이들이 감탄하고 서로 인정해주는 시간이 되었다. 그리고 교사 입장에서는 아이들의 놀라운 성취를 볼 수 있는 시간이 되었다.

기존에는 교사의 설명을 통해서 아이들이 배웠다. 그런데 도전 과제를 제시하면 아이들이 활동하면서 스스로 또는 자기들끼리 배웠다. 또는 다른 아이가 깨달은 것을 듣고 감탄하면서 배웠다. 그러면서 수업 시간이 살아났다.

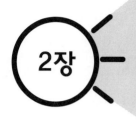

2장 · 혁신학교를 통해 수업의 새로운 개념을 찾다

한울중학교는 서울특별시에 위치한 공립 중학교로서 27개 학급으로 이루어져 있다. 서울형 혁신학교로 지정되기 전에는 전체 학생들 1,000여 명과 정기 전보에 따라서 자연스럽게 모인 50여 명의 교사들이 수업하는 평범한 학교였다. 우리 학교에는 혁신학교에 관심을 가진 교사가 딱 한 명 있었다. 그분은 전교조 서울지부장으로 당선된 이병우 선생님이었는데, 우리 학교의 몇몇 선생님들을 꾸준히 혁신학교 관련 모임에 데려갔다.

그러던 중 2010년 8월 홍덕고등학교에서 있었던 배움의 공동체 세미나에 몇몇 선생님들과 함께 갔다. 그 자리에서 사토 마나부 교수로부터 들은 내용은 우리 학교를 지금과 같은 수업 혁신 중심 혁신학교로 만드는 데 결정적인 동기가 되었다.

수업 시간에 아이들은 저희들끼리 활동할 때 잘 배웁니다. 이런 수업을 하려면 아이들이 활동할 것을 준비해야 합니다. 이것은 학생 중심 수업입니다. 그런데 현재 대부분의 교사들은 학생들에게 보여줄 것과 설명할 내용을 준비하고 있습니다. 아이들을 가만히 앉혀두고 교사 중심 수업을 하고 있는 것입니다.

학생들이 협력하며 배우는 수업에 대한 소개였는데, 이런 수업 준비는 기존 수업 준비와 다르다는 것이었다. 이러한 세미나의 내용은 참석했던 몇 선생님들의 마음을 크게 흔들었다. 지금껏 아이들을 조용히 앉혀두고 일방적으로 수업하며 힘들어하던 상황을 극복할 수 있다는 희망을 주는 자리가 되었다. 우리는 2011년 서울형 혁신학교에 지정될 때부터 특히 수업 혁신에 전념을 기울였다.

우리는 새로운 수업으로 아이들이 협력하며 배우는 수업을 선택했다. 수업 혁신을 위해 매달 공개 수업을 진행했다. 첫해에 총 9회의 공개 수업을 했는데, 수업 혁신은 쉽지 않았다. 많은 노력에도 불구하고 성과는 좀처럼 나타나지 않았다. 그러다 10월에 있었던 일곱 번째 공개 수업에서야 우리가 원하는 수업 혁신의 개념을 찾아가기 시작했다. 이때의 성과를 발전시키며 4년째 새로운 개념의 수업을 더욱 안착시키기 위해 노력하고 있다.

혁신학교로 지정된 이후 수업 혁신을 위해 노력했지만, 당시 모든 교사가 모든 수업에서 한꺼번에 노력하는 상황은 아니었다. 수업 혁신을 위한 노력은 공개 수업을 중심으로 이루어졌는데, 새로운 수업을 만들어 공개 수업을 진행하고, 그런 공개 수업을 참관하며 배우는 방법으로 진행되었다. 이 과정에서 학교의 수업 혁신을 어렵게 하는 요소, 구성원들 사이의 이견에 따른 어려움 등이 드러나기도 했다. 9회에 걸친 공개 수업 중에는 당시의 상황을 잘 나타낸 4개의 공개 수업(3월, 5월, 9월, 10월)이 있다. 이를 잘 살펴보면 우리가 어떤 도전과 혼란, 실패를 겪으면서 수업 혁신의 새로운 개념에 다가갈 수 있었는지 이해할 수 있을 것이다.

첫 공개 수업에서 만난 꿈과 현실

협력적인 배움을 혁신의 비전으로

우리는 2010년 하반기부터 본격적으로 혁신학교를 준비하기 시작했다. 서울시교육청 혁신학교에 지원하는 과정에서 금천구청의 지원을 받을 수 있었다. 이때 배움의 공동체 연수를 받거나 경기도 혁신학교 주관의 공개 수업을 참관했다. 이러한 과정을 통해 혁신학교라고 하면 자연스럽게 학생들이 협력하며 배우는 수업을 시도하는 학교로 생각하게 되었다. 그해 12월 서울시교육청 공모에 지원하여 4년 동안 '서울형 혁신학교'로 운영될 학교로 선정되었다. 혁신학교 공모에 지원하면서 다음과 같은 비전을 제시하여 학교 구성원 약 90%의 지지를 얻었다.

> 새로운 수업을 해보자. 교사의 강의 중심이 아니라 학생들이 협력하며 배우는 수업이다. 이것을 위해서 교사의 행정 업무를 줄이고, 본 수업에 집중할 수 있도록 방과 후 수업을 담당하지 말자. 그리고 부담을 줄이기 위해서 처음에는 1학년만 하고, 공개 수업은 월 1회 실시하되 원하는 사람만 하자.

그리고 이와 같은 변화가 편안히 이루어지도록 학교 운영에서는 '자발성'과 '민주성'을 최우선으로 하자는 데에도 합의가 이루어졌다. 비전과 더불어서 이 두 가지는 매우 중요한 방침이었다. 무엇인가 판단할 일이 생기면 구성원의 자발성을 고취하는 방향을 선택했다. 그리고 민주적인 방향을 선택했다. 첫해에는 특히 이런 방침을 정착시키는 데 힘썼으며 이 원칙은 교사들이 편안하게 수업 혁신에 집중하는 데 큰 역할을 했다.

2010년 겨울방학, 수업 혁신을 위한 학교 시스템을 구축하기 위해 10여 명의 교사들이 매일 학교로 출근했다. 그리고 당장 3월부터 시작할 새로운 수업에 대한 공부도 병행했다. 수업 혁신에 대한 열의가 높은 교사들은 『수업이 바뀌면 학교가 바뀐다』는 책을 함께 읽고 '듣기', '대응', '동학년 협의회'와 같은 말의 의미를 파악해갔다. 1년 먼저 수업 혁신을 진행한 장곡중학교의 선생님을 모셔서 수업 혁신 사례 연수를 듣기도 했다.

어느 날은 기술 선생님의 수업을 함께 논의했다. 선생님은 작년 활동지를 가져왔는데, 내용은 '기술'과 '기능'의 구별이었다. 기술 선생님이 교사가 되고 나머지 선생님들은 학생이 되어 모둠 수업으로 진행해 보았다. 이때 이 모임에 참석한 교사들은 국어, 수학, 사회, 과학, 기술, 음악, 영어 등으로 서로 과목이 달랐는데, 신기하게도 자기 과목이 아닌 기술 과목인데도 함께 이야기할 만했을 뿐만 아니라 재미도 있었다. 이것은 과목이 다른 교사들이 모여서 특정한 한 과목의 수업에 대해 이야기한 것인데, 매우 특별하고 의미 있는 일이었다. 그러나 우리는 그 의미를 6개월이 지난 후에야 깨닫게 되었다.

그런 준비 덕분에 우리는 2월 말 혁신학교 준비를 위한 전 교사 연수에서 수업 시연을 할 수 있었다. 3월부터 근무할 교사들까지 모두 참석한 가운데, 사회 교사가 선생님이 되고 나머지 교사들이 학생이 되어 '문화재'에 대한 수업을 진행했다. 모둠으로 앉은 교사들은 학생들처럼 활동지의 과제에 대하여 토론하며 모둠의 결론을 만들고 발표도 했다. 이때 일부 선생님들은 참관 교사 역할을 하며 참관했고, 수업 후에는 참관 소감을 말했다. 수업 시연이 끝난 후 선생님들은 다음과 같은 말을 했다.

> 배움이란 무엇인가에 대해 생각해 보았습니다. 아이들을 수용해주고 존중해주는 분위기이면, 또한 이렇게 잘 받아주면 아이들이 사고를 자유롭게 확장시킬 수 있겠다는 느낌을 받았습니다.

이처럼 이론을 공부했고, 교사들을 대상으로 수업 시연까지 하면서 우리가 하려는 수업이 어떤 것인지, 어떻게 진행하는지, 이 수업을 할 때 어떤 느낌인지 등을 알아보았다. 이날 참석했던 선생님들은 모두 이러한 형태의 새로운 수업을 해나가는 수업 혁신에 대해 호감을 표시했다. 물론 지난 두 달 동안 함께 준비하지 않았던 선생님들도 호의적이었다.

희망과 우려가 교차한 공개 수업

우리는 공개 수업을 하루라도 빨리 해야 했다. 3월이 되자 새로운 수업을 해본 적도 없고, 거의 본 적도 없는 수십 명의 교사들이 입학식 다음 날부터 교실에서 새로운 수업을 시작했기 때문이었다. 3월 둘째 주 수요일, 수업 혁신 학년인 1학년 한 학급 아이들을 방과 후에 남겼다. 전체 교사들이 한꺼번에 들어와 참관할 만한 교실이 없었다. 그래서 책상 30개를 가져다 놓고 임시로 교실처럼 꾸민 강당에서 공개 수업을 했다. 그리고 그 수업을 40명이 넘는 전체 교사들이 참관했다. 수업 내용은 1학년 과학 교과의 '물질의 세 가지 상태' 단원이었다.

"민서네 조는 같이 이야기 잘했어요?"
"네!"
"안 변하는 거 말해 봐요?"
"성질, 무게, 냄새, 부피"
"다 말했어요?"
"네!"

수업 교사는 물질의 상태가 변할 때 안 변하는 것이 무엇인지를 물었고, 1모둠의 민서가 답한 것을 칠판에 썼다.

"색깔이 다르고, 음~ 부피하고 성질이 다르고. 공통된 거

3월 첫 공개 수업. 수업 교사는 약 10분 동안 쭉 설명했다.

는 무게하고 냄새인데~. 좀 많이 다르네요."

이미 적어 놓은 주성이네 모둠의 의견과 비교했는데, 색깔과 부피, 성질에 대한 의견이 달랐다.

"모둠별로 의견이 다를 수 있어요. 그러면~ 그래도 이건
어떻게 하지? 그냥 넘어갈 순 없잖아요. 이걸 어떻게 하
지?"

교사는 어떻게 할지 몰라서 난감해하고 있고, 아이들은 그런 교
사를 쳐다보고 있었다. 그리고 강당을 가득 매운 40여 명의 참관
교사들은 어떻게 진행될지 유심히 관찰하고 있었다.

"음 …… 음 …… 음 ……"

턱에 손을 괴고 칠판 앞을 왔다 갔다 하면서 생각하던 수업 교사는 결심한 듯 고개를 학생들 쪽으로 돌리면서 말했다.

"선생님이 답을 알려 줄까요?"
"네!"

그리고 수업 교사는 약 10분 동안 쭉 설명했다. 다양한 교과의 참관 교사들은 중학교 때 배운 과학 지식이 떠오르는지 신기한 듯 수업 교사를 쳐다보면서 마치 학생처럼 설명에 몰입했다. 아이들은 빙 둘러싼 교사들 때문인지 꼼짝 않고 앉아 있었다.

이것이 우리 학교의 첫 번째 공개 수업이었다. 2011년 3월, 혁신학교를 시작한 첫 달에 수업 혁신은 이렇게 시작되었다. 수업 교사는 교직 생활 중 거의 해본 적이 없는 모둠 토론 수업을 진행하려 했지만, 이내 강의를 하고 말았다. 그리고 참관 교사들은 참관이라는 본분을 잊고 마치 학생처럼 강의를 열심히 들었고, 이제 막 입학한 1학년 아이들은 그 속에서 얼어 있었다.

공개 수업을 마친 후에는 첫해 1년 동안 공개 수업을 컨설팅하실 외부 전문가와 함께 수업 참관 내용을 나누는 수업 연구회가 이어졌다. 우리는 컨설턴트로부터 칭찬을 들었다. 가까이 가서 세밀하게 관찰한 것과 아이들의 활동에 대한 수업 연구회 시간의 발언에 대한 칭찬이었다. 교사들이 처음 참관하는 것 같지 않게 아이들을 구체적으로 관찰한 것은 사실이었다. 그리고 교사들 중 일부는 컨설턴트와 마찬가지로 아이들에 대해서 희망적인 판단을 하고 있었다.

저는 처음이고 그래서 아이들을 모둠으로 앉혀 놓았을
때, 자기네들끼리 얼마나 논의를 하는지, 그리고 공유하
고 거기서 답을 끌어내는지를 봤어요. 제가 관찰한 모둠
에서는 창훈이하고 현미가 주로 이끌어 갔는데, 창훈이는
얘기를 많이 안 하면서도 나름대로 창의적인 답을 했어
요. 그리고 수민이는 사실 처음부터 끝까지 말을 한마디
도 안 했어요. 그런데 너무 놀란 게 끝 부분에는 손을 들
더니 나가서 칠판에 자기 의견을 썼잖아요. 이런 모습을
보면서 지금은 처음이라서 미비했지만 그래도 나름대로
는 잘됐고, 앞으로는 더 잘될 거라는 생각이 들었어요.

물론 마지막에 컨설턴트가 몇 가지 아쉬운 점을 이야기했지만,
그것은 첫 번째 공개 수업이라는 것으로 다 덮어져서 우리에게는
아무런 부족함도 되지 않았다. 수업 혁신을 위해 방학 동안 준비
한 결과가 이렇게 드러난 것이었다. 우리는 장밋빛 희망을 가지게
되었다.

5월에 맞이한 대혼란

새로운 수업 방식의 부작용 : 잡담과 소란

'흔들리지 않고 피는 꽃이 어디 있으랴'라는 제목의 시가 있다. 이 시를 읽으면서 '바람이 있으니까 당연히 꽃이 흔들리지' 이런 생각을 했던 것 같다. 그런데 우리 학교의 수업 혁신이 흔들렸던 상황을 생각해보면 내가 시를 잘못 이해했던 것 같다. 꽃을 흔든 것은 바람이 아니었다.

일상 업무 때문에 바쁜 와중에도 우리는 결심한 대로 새로운 수업을 시작했다. 아이들끼리 마주 보도록 앉힌 교실에서 교사들은 불충분한 활동지를 던져 주고 미숙하게 진행하면서 모둠에서 협력하며 해결하라고 했다. 3월이라는 학년 초 프리미엄이 사라지자 아이들은 자기들에게 주어지는 모둠 토론 시간을 잡담으로 채우기 시작했다. 당시의 수업 상황을 남영재 선생님은 수업 일기에 이렇게 기록했다.

제목 : 3월 4월보다 후퇴한 모둠별 협력 수업
요즘에는 모둠별 협력 수업을 하지 않고 있다.
전에는 적극적으로 협력 과제를 제시했고, 학생들에게 시간을 주었다.
그런데 최근 거의 2주 동안은 그러지 않고 있다.
모둠 활동을 시키지 않았다.

그 원인은?

같은 학생이 매번 같은 방식으로 소란스럽게 하고 수업에서 도망가기 때문이다.

한두 달 동안 그러다 보니

수업을 안 해도 어느 학생이 어떻게 교실을 시장 바닥으로 만들지,

그래서 수업이 힘들어질지 알 수 있게 되었다.

그러니 피하게 되었다.

그 상황이 버거워서.

학생들의 소란스러움은 줄어든 듯하다.

그런데 학생들에게 공부가 되는지는 확인하지 못하고 있다.

어쩌면 예전의 수업과 비슷한 양상이다.

공부가 되는지를 확인하지 않는 수업.

이건 아니다 싶다.

수업 혁신 학년인 1학년 교실은 거의 동시에 배움보다는 소란스러움으로 가득 찼고, 이런 현상은 중간고사가 가까워질수록 심해졌다. 5월 초에 중간고사가 끝난 후 다시 수업하려 할 때에는 이런 교실의 혼란이 최고조에 다다랐다.

저 같은 경우는 애들에게 모둠 토론을 20분 정도 하게 하는데, 그게 안 이루어지는 거예요. 하는 애는 아까 말씀대로 하고 나서 놀고, 안 하는 애들은 배우려고 안 하고. 그러니까 어떤 우리가 생각한 아름다운 모습이 아니에요. 우리는 이제 새로운 수업을 하려고 말투를 부드럽게 하고

아이들이 하는 말에 귀를 기울이는데, 아이들은 그걸 받아들이는 게 아니라 그 시간을 이용해서 엉뚱한 이야기를 해요. 현실은 잡담이 굉장히 심해지고 점점 반대 효과만 잔뜩 나타나니까 어쩔 수 없이 일방적인 수업을 할 수밖에 없게 되고. 이런 복잡한 상황으로 가고 있어요.

한 교사는 5월 공개 수업을 마친 후 수업 연구회에서 당시의 답답한 상황에 대해 이렇게 말했다. 그리고 우리의 이런 어려움에 대하여 컨설턴트는 우리의 세밀한 성찰을 계속 강조했다.

아이들이 떠들고 있으면 학습 과제는 어떠했으며 나는 그때 무슨 역할을 했는가도 한번 반성을 해보셔야 될 것 같거든요. 아이들 떠드는 건 당연하죠. 그럼 정말 가까이 가 가지고 얘가 왜 이러고 있는지 생각해보고 그 아이도 뭔가 할 수 있게끔 하는 나의 배려가 있었는지도 성찰해 봐야지요. 왜냐면 아이들 입장에서는 교사가 전달해줄 거를 자기들이 해야 되는 방식으로 지금 바뀌는 거고, 그리고 선생님들도 지금 마찬가지거든요.

그러나 이런 컨설팅에도 불구하고 우리들 중 그 누구도 어디에서 어떻게 시작하라는 것인지 정확하게 이해하지 못했다. '수업 연구를 하라는 말인가 보다'라고 이해한 교사도 있었지만, 그런 교사조차 수업 혁신 이외의 학교 업무와 매일 해야 하는 수업에 바빠서 그런 구체적인 실천을 하지 못했다.

돌이켜 보면 3월 공개 수업에서 컨설턴트로부터 받았던 칭찬은 참관하는 태도에 대한 것이었다. 새로운 수업을 잘했다거나 잘할 것 같다는 말은 아니었다. '되돌리기', '점프 과제'와 같이 새로운 수업에 대한 것은 오히려 아쉽다고 말했다. 그런데 우리는 수업에 관련된 그 말은 흘려들었던 것이다. 사실 3월에 교사들은 '학생들이 협력하며 배우는 수업'에 대해 '듣기', '되돌리기', '학생들의 활동과 협동', '표현', '동학년 협의회' 등 약간의 단어를 들어본 정도였다.

소득 없는 공개 수업 참관

5월 공개 수업 후 수업 연구회가 끝나자 4시 30분이 넘어갔다. 참석했던 40여 명 중에서 반 이상이 갔지만, 15명 정도의 교사들이 남았다. 컨설턴트와 질의응답을 갖는다는 명목이었다. 그러나 그 시간까지 그렇게 많은 교사들이 남은 것은 꼭 할 말이 있었기 때문이었다. 학교의 수업 혁신이 심각한 지경에 이르러 더 이상 체면을 차리면서 미룰 수 없는 말이 있었기 때문이었다. 역시나 모든 교사들이 모여 있던 수업 연구회 시간에는 가만있던 나이 지긋하신 선생님이 자발적으로 일어나서 마이크를 잡았다. 손에 든 종이를 얼굴 높이로 올려 보면서 말을 시작했다.

이게 제 수업 참관록인데, 냉정하게 써봤어요. 창피하지만 말씀드려야 할 것 같아서요.

학생들이 어느 부분에 흥미와 관심을 가지고 참여하고 있는가?

― 영상을 볼 때 흥미와 관심을 보였다.

학습자의 점프는 어느 지점에서 이루어지고 있는가?

― 잘 모르겠다.

모둠원 사이에 협력이 어떻게 일어나고 있는가?

― 협력은 일어나고 있지 않았다.

교사의 대응은 적절하게 이루어지고 있는가?

― 부적절했다.

기타 관찰한 것

― A 학생이 모둠 활동을 전혀 잘못된 방향으로 이끌었다.

이렇게 제가 쓰면서도 사실은 난감했어요. 한 학기가 지나고 있는데, 나는 왜 이렇게밖에 쓸 수가 없는가? 내가 문제가 있는가? 나는 관심도 많고 그래서 이렇게 했는데, 벌써 좌절하면 안 되는데……

아이들의 협력이나 지적인 발전을 볼 수 없었고, 교사의 대응도 부적절했다는 솔직한 판단과 "혹시 내가 문제가 있는가?"라는 자조적인 의문을 표현했다. 이런 심정은 당시 교사들의 공통된 느낌이었다. 끝에는 "좌절"이라는 말까지 했다.

5월까지 매월 1회씩 모두 3번의 공개 수업을 빠짐없이 했다. 그리고 대부분의 교사들이 새로운 수업을 배우기 위해 참관하고 수업 연구회까지 했다. 그러나 이런 노력이 새로운 수업을 배우는 데 큰 도움이 되지 않았다. 사실 3월 공개 수업은 선생님들에게

'아! 저렇게도 수업을 할 수 있겠다'라는 신선한 정보를 주었다. 4월 공개 수업은 조금 달랐다. 아이들이 모둠 활동하는 수업은 이미 본 것이었고, 3월과 달리 더 배울 점을 교사들은 발견하지 못했다. 따라서 참관한 교사들은 '글쎄, 3월하고 비슷하네. 이 수업이 내 수업에 도움 되는 건 뭐가 있지?' 이런 정도의 생각을 가졌다. 그런데 5월 공개 수업도 4월과 마찬가지 느낌이자 이번에는 교사들이 그냥 넘어가지 않았던 것이다.

공개 수업만 불만스러웠던 것은 아니었다. 참관한 내용을 발언하며 서로 배우는 시간으로 진행한 수업 연구회 시간도 흡족하지 않기는 마찬가지였다.

> 오늘 관찰한 3모둠은 전에 제가 관찰했던 모둠보다 비교할 수 없을 정도로 활발했어요. 끊임없이 서로 의견을 나누고, 적고 지우고 또 적고 지웠고, 누구 하나 소외되지 않았어요. 진희와 현수는 정말 끊임없이 대화하고 적었고, 희영이도 적극적으로 활동을 했어요. 상현이는 처음에 소극적이다가 나중에는 조금씩 의견을 발표했어요.

모둠에서 논의가 활발했는지, 누가 주도를 했고 누구는 조용했다는 말이었다. 3월부터 계속 이런 발언이 있었지만, 3월에 처음 들을 때는 신선했다. 그러나 4월에도 5월에도 유사한 발언만 반복되자 지루했다. 이런 발언은 듣고 배우기에 부족했다. 전에 관찰했던 모둠과 비교할 때 활발했다면 그 원인은 무엇이라고 생각하는지, 적극적으로 논의한 결과 아이들이 의미 있는 결과를 만들어 냈는지 등과 같이 아이들 행동의 원인에 대한 분석이 있었다면 나았겠지만, 당시에 우리 학교 교사들 중에서 그렇게 참관하는 교사가 없었다. 10명 정도의 교사들이 발언했지만 모두 위와 같이 아이들의 표면적인 행동을 표현할 뿐이었다. 수업 혁신 학년인 1학년 대부분의 교실에서 아이들과 교사들 모두 새로운 수업에 적응하기는커녕 시간이 갈수록 혼란에 빠지고 있었다.

공개 수업 교사는 혼자서 열심히 수업을 설계해서 공개 수업을 했다. 그러나 그것을 참관하는 교사들은 배웠다는 느낌을 얻지 못했다. 이런 상황이 6월과 7월 공개 수업까지 이어졌다. 선생님들은 혁신학교 일에 협조해야지 하는 마음으로 참석했다가 '뭘 보란 거지?'라는 의문만 안고 돌아가는 상황이 반복되었다.

교사들의 의견 대립과 수업을 논의하는 모임

수업 혁신을 월 1회 공개 수업에만 의존할 수 없다는 것을 수업 혁신을 제안하고 준비한 교사들은 알고 있었다. 따라서 이들은 공개 수업과는 별도로 학생들이 협력하며 배우는 수업에 대하여 논의하는 모임을 갖기로 했다. 3월 하순에 이를 전체 교사들에게 공지했을 때, 40%에 달하는 18명이 모였다. 모인 분들 중 다수는 수업 혁신 학년으로 지정된 1학년에 들어가는 선생님들이었다. 그리고 1학년에 들어가지는 않지만 새로운 수업을 배워보려는 선생님들도 있었다.

그런데 이 모임은 한 달여 만에 아주 소수의 사람들만 불편한 마음으로 억지로 모이는 모임으로 변해 버렸다. 매우 뜻밖의 상황으로 전개되었는데, 모임에서 무엇을 논의할 것인가를 두고 교사들 사이에 논란이 있었고, 그것이 좁혀지지 않았기 때문이다. 교육철학 등에 대한 책을 보면서 논의하자는 선생님들이 있었고, 교실 상황이나 수업에 대해 논의하자는 선생님들이 있었다. 당시 학교 일정이 빠듯하여 2주일에 한 번씩 모이기로 했는데, 둘 모두 한다면 각각 한 달에 한 번씩밖에 못하는 상황이었다. 따라서 서로 양보하기가 힘들었다.

이러는 두 달여 동안 교사들은 매우 부족한 지식과 경험을 바탕으로 한 번도 해본 적 없는 학생 중심 수업을 진행하게 되었다. 이런 상황이 5월 중순까지 이어졌다. 이때 교사들의 모습은 숲 너머에 황금의 도시가 있다는 말을 믿고 한 번도 가본 적이 없는 미지의 숲 속을 아무런 도구나 지도도 없이 혼자 들어서서 헤매는 것과 같았다.

그런데 이것에 그치지 않았다. 모임에서 다룰 내용에 대하여 강하게 주장하던 교사들은 급기야 서로 사이가 멀어졌다. 서로가 서로의 꿈을 막고 있다고 생각했기 때문이었다. 새로운 수업에 대해 하루 이틀이 아니라 수개월 또는 수년 이상 가져 온 꿈이므로 두 그룹은 양보하지 않았고, 시간이 흐름에 따라서 갈등은 커져만 갔다.

또한 5월 수업 연구회는 앞서 말한 것처럼 모든 교사들이 가지고 있던 어려움과 불안을 확인하는 자리가 되었다. 그리고 공개 수업이나 컨설턴트에만 의존해서는 새로운 수업이 이루어지기 힘들다는 것을 확인하는 자리가 되었다.

이때 수업 혁신을 제안하고 시작했던 몇 명의 교사들이 나섰다. 모임을 무슨 내용으로 할 것인지는 많은 논란이 있는 사안이었고 정리되지 않은 사안이었다. 그런 점을 정리하지 않은 채 5월 하순 어느 날 "수업에 대한 직접적인 논의를 하는 '수업모임'을 매주 수요일마다 하니 원하는 선생님들 오세요."라는 메시지를 모든 교사들에게 보냈다. 그리고 그대로 진행했다.

그 후 우리는 수요일마다 아침에 수업모임 메시지를 보냈고, 오후 3시 30분이면 회의실에서 오신 분들과 수업에 대하여 논의했다. 어느 때는 4명, 어느 때는 8명 등 6명 안팎의 선생님들이 참석했다. 지난 2월처럼 국어, 수학, 사회, 과학, 음악, 기술 등 다양한 과목의 선생님들이 모였다. 이 모임을 주도한 교사는 혁신학교 첫해 연말에 제작한 자료집에서 당시 상황을 이렇게 기술했다.

> 모이기는 했지만 무엇을 어떻게 해야 할지는 몰랐다. 서로 교과가 달랐으므로, 수업 내용에 관한 것보다는 수업을 하면서 느끼는 어려움을 이야기했다. 자발적으로 써 온 한 두 분의 수업 일기를 함께 읽고 이런저런 수업 이야기를 나누었다. '관계없는 말을 하며 떠드는 모둠을 어떻게 할까요?', '뛰어난 답이지만 손을 들지 않고 발언하는

경우는?', '정답을 한 모둠도 맞히지 못하는 경우는?', '한
차시 분량은?', '수업의 재미와 긴장', '모둠별 협력 학습',
'과제의 특성' 등이 있었다. 그런데 논의해도 해결책을 얻
을 수는 없었다.

　모임에서 논의한 내용을 정리하여 모든 교사들에게 메시지로
보내어 결과를 공유했다. 그러나 서로 바쁜 시간을 쪼개어 참석
했지만, 모임에서 교사들의 논의는 서툴렀고, 따라서 도움이 되지
못했다. 이런 모임을 6~7번 정도 하자 여름방학이 되었다.
　수업 혁신을 중점으로 정한 것에 비추어 볼 때, 1학기 수업 혁
신은 공개 수업을 통해 새로운 수업을 본 것 이외에는 성과가 없
는 것 같았다. 오히려 '이거 되는 거야?', 또는 '힘든데 계속해야 하
나?' 이런 생각을 심어주어 7월은 3월보다 후퇴한 상황처럼 느껴
졌다. 더 치열하게 하지 않으면 수업 혁신이 실패할 것이라는 위
기감에 휩싸였다.

9월에 찾은 수업 혁신의 실마리

'활동지를 어떻게 만들 것인가?'

1학기를 마쳤을 때, 우리는 배수의 진을 치고 임한 전투에서 패배 일보 직전에 몰린 것과 같았다. 따라서 만나서 해결책을 논의할 수밖에 없었다. 희망적이어서 그랬던 것이 아니었다. 수업모임에 참여하던 교사들 몇 명이 방학 중이던 8월 초에 모였다. 이 자리에서는 폭풍 같았던 1학기의 수업 혁신을 돌아보고 2학기 수업 혁신을 위한 실천 내용에 대해 의견을 나누었다. 논의에 참여한 교사들은 모두 활동지를 만드는 것에 어려움을 호소했다.

> "저는 학생들의 배움 중심 활동지를 구성하려고 지난 2월까지는 애썼어요. 그런데 수업을 하면서 학생들이 그 수준이 안되어서 조금 사그라졌어요."
> "저는 이지연 선생님과 계속 이야기하면서 활동지를 만들었어요. 그런데 바쁜 일상 때문에 활동지 만드는 데 급급했던 것 같아요."
> "활동지를 열심히 만들었지만, 아이들이 의논할 과제는 만들지 못했어요. 활동지 만들기가 너무 힘들어요. 그러면서 모둠 활동이 잘 안되었고, 그런 일이 계속 반복되었어요."

모두 비슷한 어려움을 겪고 있었지만, 그 원인을 정확하게 판단하지 못하고 있었다. 한 선생님은 이러한 상황을 돌파하기 위해서 활동지를 공동으로 검토하자는 제안을 했다. 각자의 수업에서 사용하는 활동지를 함께 검토하자는 제안에 선생님들이 기다렸다는 듯 동의했다. 서로 검토해주는 학교 분위기를 만들면 좋겠다는 말도 나왔다.

> "활동지를 검토하면 해결할 수 있지 않을까요? 그걸 못하고 1학기를 보낸 게 아쉬워요. 그러면서 '안되는구나!'라는 생각만 가지게 된 것 같아요."
> "맞아요. 활동지가 잘 안 만들어지는 부분이나 모둠 과제에 대한 좋은 아이디어를 도움 받고 싶어요. 수업할 활동지를 가지고 와서 수정 의견을 받으면 어떨까요? 요즘 맨날 활동지를 들고는 다니는데 혼자 봐서는 어떻게 고쳐야 할지 모르겠어요."
> "활동지 들고 다른 선생님에게 가서 '어떻게 수정하면 좋을까요?'라고 물어보는, 서로 그렇게 활동지를 가지고 가서 의논하는 학교 분위기를 만들었으면 좋겠어요."

그러나 월 1회 진행한 학년 모임은 그런 것을 할 만한 분위기가 아니었다. 학년 모임은 수업 혁신을 위해 만든 것이었지만 수업을 논의하는 모임으로 이끌 만한 역량 있는 교사가 부족했다. 학년 모임에는 수업 혁신에 대한 의지가 강한 교사가 그리 많지도 않았다. 수업 이야기를 할 때도 있었지만, 업무 등 다양한 다른 주제들에 대한 논의가 더 많았다.

그래서 학년 모임 대신에 교과 모임에서 활동지를 함께 검토하도록 하자는 의견이 나왔다.

> "좋아요. 그걸 교과 모임에서 할 수 있지 않을까요?"
> "1학기 때 교과 모임을 했지만 실제 수업 시간에 쓸 만한 것은 드물었어요."
> "저도 교과 모임에 기대를 많이 했어요. 그런데 잘 안되더라고요. 여러 학년이 모이기 때문에 힘든 것 같아요."
> "사실 우리도 이야기는 열심히 했지만, 활동지에 대한 검토는 적었어요."

월 1회 진행한 교과 모임도 학년 모임과 마찬가지였다. 수업 혁신에 대해 논의하도록 만든 것이었으나 학년 모임과 마찬가지로 역할을 하지 못했다. 그러자 '수업모임'에서 활동지를 공동으로 검토하자는 제안이 나왔다.

결국 2학기에는 수업모임에서 활동지를 검토하자고 의견이 모아졌다. 활동지 검토로 의견이 모아진 것은 이때가 처음이었다. 1학기 후반 수업모임에서는 명확한 방향을 잡지 못하고 이런저런 이야기를 나누었는데, 이제는 활동지 검토로 논의 주제를 구체화한 것이었다. 또한 활동지 검토, 즉 수업 혁신 활동은 기존에도 있던 학년 모임이나 교과 모임이 아니라 수업모임이 알맞다는 데 의견이 모아졌다.

이러한 논의 결과를 수업모임에 참여하는 다른 선생님들께 알렸을 때 "수업 혁신을 활동지 검토라는 너무 좁은 것으로 한정하는 것 아닌가?"라는 반응이 있었다. 그러면서 서로의 수업을 보자고 제안했다. 의욕은 있었지만, 경험이 일천하였으므로 의견이 쉽사리 하나로 모아지지 않았다. 누구의 활동지를 검토할 것인가도 애매했으므로, 일단 개학하면 수업을 촬영하고 그것을 보면서 논의하기로 했다. 그러나 활동지 검토를 하건, 수업을 보면서 논의를 하건 그것이 성과가 있을 것이라고 생각하기는 힘들었다. 무엇이든 해야 했으므로 그렇게 정했다. 우리의 이러한 새로운 방향은 마침 9월 초에 예정되었던 공개 수업을 통해 뜻밖에도 자연스럽게 실천되었다.

수업모임을 통한 공개 수업 활동지 공동 검토

9월 공개 수업이 다가왔다. 공개 수업 과목은 과학 교과이었다. 1학기 때와 마찬가지로 수업 교사는 혼자서 힘들게 준비하고 있었고, 수업모임 교사들은 어떻게 함께 할지를 몰라서 옆에서 보고만 있었다. 공개 수업 5일 쯤 전에 지나가다 만난 수업 교사에게 어느 교사가 조심스럽게 말을 걸었다.

"선생님, 공개 수업 준비 잘돼 가요?"
"어렵지, 뭐!"
"활동지는 다 만들었어요?"
"아니, 만들고 있어요."

"그럼 월요일 수업모임에 한번 가져와 보시겠어요?"
"그럴까."

여러 다른 교과 선생님들이 모이는 자리에서 활동지를 함께 보
자는 제안은 무척 조심스러웠다. 지금까지 한 번도 그런 제안을
해본 적도 없었고, 활동지를 여러 교사들과 함께 검토한 적도 없
었기 때문이다. 그런데 수업 교사는 의외로 흔쾌히 수락했다.

수업 교사는 다음과 같은 활동지를 가지고 왔다.

산사태를 막으려면

알아봅시다

1. 아래 사진은 한강의 같은 지역을 1966년과 2005년에 촬
   영한 것이다. 사진을 보고 과거와 현재의 달라진 점을 말
   해보자.

2. 지형변화의 원인을 크게 자연에 의한 변화와 인간에 의한
   변화로 나눈다면 인간이 의도적으로 지형의 변화를 일으
   키는 것을 토목공사라고 하는데, 토목공사의 예를 들어 말
   해보고 그 이유를 설명해보자.
3. 토목공사는 자연을 인간의 생활에 편리하게 이용하기 위
   해 이루어지는데, 또한 끊임없이 환경문제가 되고 있다.
   그런 예를 들어보고 자신의 입장을 나타내보자.

확인해 봅시다.
1. 홍수나 산사태, 해일을 막기 위한 방법에는 무엇이 있는
   지 써 보자.

협력 과제
1. 이번 7월 말에 있었던 우면
   산 주변 산사태에 대하여 알
   아보자. (동영상자료)

   가. 산사태란 무엇인가?
   나. 산사태는 왜 일어날까?
       혹은 언제 일어날까?
   다. 우면산 산사태에 피해가 큰 이유는?

"아이들에게 토목공사라는 소재가 익숙할까요?"
"저는 토목공사의 예로 무엇을 말해야 할지 잘 모르겠어요."
"토목공사가 뭐예요?"
"환경문제에 대한 입장은 상식적인 이야기만 나올 것 같
아요."
"분량이 너무 많아요."
"우면산 사태까지 하기는 힘들 것 같아요."
"주제를 1번의 한강에 국한하는 게 좋을 것 같은데요."

교사들은 학생이나 다름없이 물었다. 그러면 수업 교사는 자신
이 만든 활동지에서 다루는 사항들이 왜 필요한지, 왜 중요한지를
설명했다. 다르게 말하자면 다른 교사들은 활동지에 대한 의문과

의견을 반복해서 말했고, 활동지를 만든 수업 교사는 자신의 생각을 우리에게 계속 전달했다.

이 과정에서 우리는 활동지를 만든 교사가 자신의 생각을 쉽게 바꾸지 않는다는 것을 발견했다. 우리는 토목공사를 다루는 것이 적절하지 않다는 의견을 계속 제시했지만, 수업 교사는 꼭 필요하다고 말하면서 빼지 않았다. 겉으로 보기에 우리는 각자의 생각을 비교적 편하게 이야기했지만, 논의의 내면을 들여다보면 다른 교과 교사들은 자신의 교과가 아니기 때문에 조심스러워했고, 수업 교사는 꼭 지도해야 할 내용이라는 고집을 가지고 있었다.

다음 날 또 한 번 모였는데, 이때는 수업 교사가 산사태 부분을 빼고 또 광범위한 토목공사가 아니라 한강의 변화로 범위를 좁힌 활동지를 가지고 왔다. 수업모임의 검토가 어느 정도 반영된 것이었다. 그리고 이날 논의의 끝에 활동지를 조금 더 수정했다. 우면산 관련 내용을 뺀 것과 전국적인 토목공사를 '한강의 변화'로 한정한 것 등은 매우 중요한 수정이었다. 그리고 이렇게 수업모임 교사들의 논의가 반영된 활동지로 공개 수업이 이루어졌다.

활동지를 잠깐 검토하고 수정한 것만으로도 공개 수업은 1학기 때 했던 공개 수업과 비교할 때 짜임새가 있었다. 교사의 도입이 다소 길었지만, 이어진 모둠 활동은 그 어느 공개 수업보다도 활발했다. 수업을 다 보고 나서 '수업 교사가 처음 가져왔던 활동지로 공개 수업을 했으면 큰일 날 뻔했다.' 이런 아찔한 생각이 들었다.

또한 수업 참관에도 변화가 나타났다. 활동지를 사전에 함께 검토했던 수업모임 교사들의 경우 수업을 참관하는 마음이 이전과는 크게 달랐다. 남영재 선생님은 수업 일기에 이렇게 적었다.

> 1학기 때 있었던 다섯 번의 공개 수업과 달리 이번에는 너무나 흥미진진했다. 학생들과 선생님이 주고받는 말 한 마디 한 마디, 수업 상황에 따라서 달라지는 학생들의 여러 가지 반응들, 같은 수업을 해오면서 잘 풀어내지 못했던 부분들, 이런 것들을 관찰하며 백지에 정신없이 기록했다. 이번 수업은 준비할 때 활동지 검토를 두 번이나 했고, 또 나도 2학기 들어서면서 다시 배움의 공동체 수업을 열심히 준비하며 하고 있고, 또 최근에 나도 이 수업을 했기 때문이었다.

함께 활동지를 검토하자고 제안할 때도 그리고 활동지를 검토할 때도 생각하지 못했던 수확이었다. 활동지를 함께 검토한 것이 공개 수업 참관을 흥미롭게 만들었다. 검토 과정에서 수업 내용을 속속들이 파악하게 된 것이 큰 이유였다. 지난 1학기 공개 수업에서는 수업 내용을 공개 수업을 참관하면서 처음 접했다. 그러다 보니 수업 교사를 바라보면서 학생처럼 수업을 받느라고 아이들이 눈에 충분히 들어오지 않았다. 그런데 이번에는 내용과 진행 방법을 이미 모두 알고 있었다. 그러니까 참관할 때에는 교사와 학생 사이의 상호작용, 학생들 사이의 상호작용이 관심사가 되었고, 또 눈에도 들어오는 것이었다. 그러면서 내심 가지고 있던 수업에 대한 자신의 예상과 실제 아이들의 모습을 비교하면서 흥미롭게 참관할 수 있었다.

활동지 공동 검토가 준 활력과 한계

2학기가 되면서 수업모임은 1학기 때와 달라졌다. 1학기에는 활동지 검토도 적었지만, 검토할 때도 이미 지나간 것이었는데 2학기부터는 앞으로 하게 될 수업의 활동지를 검토하게 되었다. 1학기에는 나누는 수업에 대한 고민이 고민으로 끝났다면 2학기부터는 앞으로 하게 될 수업을 함께 만들면서 고민의 해결책을 모색해보게 되었다. 이제 수업모임에 참여하는 교사들은 공개 수업의 활동지를 공동으로 검토해서 어떻게 수업을 진행하고 참관하면서는 어떤 점을 볼 것인지를 논의하기 시작했다.

9월 공개 수업 후 모든 교사들이 참여하는 수업 연구회에서의 논의가 있었지만 그와는 별도로 수업모임에서 다시 9월 공개 수업에 대해 토론하는 시간을 가졌다. 수업 전에 활동지를 함께 검토했던 분들이라 수업 연구회 때보다 더 솔직하고 깊이 있는 이야기가 오고 갔다.

> "시작하고 24분이 지난 다음에 모둠 활동을 시작했고, 36분에 끝냈어요. 그런데 이건 너무 늦은 것 같아요. 그래서 보다 나은 시간 배분에 대해 생각해봤어요."
> "모둠 칠판을 붙일 때까지는 수업 분위기가 무척 좋았어

요. 그런데 그 후에 선생님의 설명이 길어지니까 아이들이 지루해했어요."

"가장 떠오르는 장면은 7개의 모둠 칠판을 칠판에 붙였을 때였어요. 나도 그런 경우가 여러 번 있었는데, 대부분의 경우 그 다음에 어떻게 진행해야 할지 몰라서 무척 난감했었거든요."

"학생들이 토론을 하고 결과를 모둠 칠판에 기록하여 칠판에 붙이는 겉보기 활동은 나무랄 데 없었어요. 그런데 알맹이가 너무 얕았던 것 같아요. 이것을 극복하려면 붙여진 모둠 칠판의 내용을 검토하면서 심화된 질문을 할 필요가 있겠다 싶었어요."

"이 부분은 국어, 사회, 과학 과목 교사들이 협동하여 통합 교과 수업으로 하면 더 좋을 것 같다고 생각했어요."

"학생들에게 좋은 자료를 준다고 하더라도 그 짧은 시간 안에 그것을 토대로 고차원적인 사고를 유도하여 결과물을 만들어 내기는 쉽지 않겠다는 생각을 했어요."

수업 운영과 과제의 성격, 아이들의 능력 등 여러 가지 이야기가 나왔다. 수업모임에서 수업에 대해 이렇게 구체적으로 토론한 것은 처음이었다. 교사들이 공개 수업 전에 활동지를 함께 검토한 것이 수업 참관과 토론의 깊이를 심화하는 데 큰 도움을 준 것이다.

그리고 수업모임의 이러한 토론에는 새로운 의미가 더 있었다. 기존에는 수업에 대해 컨설턴트의 분석 발언으로부터 배웠다. 그런데 이번에는 위와 같은 논의를 하면서 우리 스스로도 배우게 된 것이었다. '모둠 활동 시작이 너무 늦었다'라든가 '교사의 설명이 길어지면서 지루해졌다'라든가, '모둠 칠판들에 고차원적인 사고 결과가 없었다'라든가, '7개의 모둠 칠판을 동시에 붙일 때 어떻게 진행할까?' 이런 것들이 우리가 체험하며 얻은 지식의 초안들이었다. 이러한 생각들은 수업모임에서 더 자세히 논의되면서 이후에 단단한 지식이 되었다.

9월 공개 수업을 준비하기 위해 활동지를 함께 검토하는 과정에서 '다른 교과 교사의 의견을 선뜻 받아들이지 않으려는 수업 교사'를 발견했다. 우리는 이것을 "교과 교사의 고집"이라고 이름 붙였는데, 이런 현상을 서상영 선생님은 다음과 같이 해석했다.

> 나는 내 교과에 대한 선입견이 있고, 가르쳐야 한다는 중압감도 있다. 진도에 대해서도 그렇다. 그런데 다른 교과 교사는 내가 가지고 있는 이런 것들이 없다. 그렇기 때문에 다른 교과 교사들은 학생들의 입장이 되기가 더 쉽다.

9월에 있었던 일련의 경험들은 교사들에게 의욕을 불어 넣었지만 불안감은 여전했다. 10월 공개 수업 교사가 사전에 활동지를 함께 검토하는 것을 거부하면 우리는 또다시 1학기와 같은 상황으로 돌아갈 수 있었다.

일상적으로 수업을 촬영하고 보는 것에도 어려움이 있었다. 자기 수업을 촬영해도 된다는 교사의 수가 점점 바닥나고 있었고, 촬영한 동영상을 함께 보고 토론하는 것은 시간이 많이 걸리고 집중하기도 힘들었다.

일상 수업은 혼란스럽던 1학기와 같은 상황이었다. 아이들은 활동지를 외면하기 일쑤였고, 모둠 아이들 사이에 의미 있는 토론이나 협력은 요원해 보였다. 9월에 수업모임을 통해 얻은 것들은 일상의 수업을 나아지게 하기에는 부족했다. 수업모임에 열심히 참여한 교사들에게만 '이렇게 하면 좋구나!', '이렇게 하니 배우는 것이 있네!', '다시 한번 해볼까?' 하는 생각을 어렴풋이 주는 정도였다.

9월 공개 수업은 우리가 보고 싶어 하던 '학생들이 협력하며 배우는 수업'에는 못 미치는 부분이 많았다. 수업 시간에 모둠 활동이 활발하긴 했지만, 논의 내용에 깊이가 부족했고 수업 후반부에는 교사가 쭉 설명했고, 그때부터 아이들은 점점 쓰러지고 말았다. 우리는 아이들이 협력하는, 그래서 '저런 수업이야!'라는 느낌을 주는 수업을 반년이 지나도록 직접은커녕 동영상을 통해서도 본 적이 없었다.

따라서 수업모임을 통해 수업 혁신 노력이 지속되도록 하는 무언가가 필요했다. 9월의 수업 혁신 과정은 작으나마 새로운 수업을 배우는 방법을 알려주었다. 공개 수업을 준비하는 수업설계를 수업모임에서 함께 검토하면 흥미롭기도 하고 수업을 참관할 때 아이들의 흥미와 수준, 효과적인 진행 방법 등에 대한 이해도를 높일 수 있다는 생각을 갖게 되었다. 9월이 다 갈 무렵까지 수업모임 교사들은 몇 번의 작은 논의를 더 가졌다. 그러다가 '공개 수업이라도 잘 만들어보자'는 방향을 설정했다.

10월, 수업의 새로운 개념에 다가가다

공동 수업설계를 시작하다

10월 공개 수업은 기술 과목이었는데, 공개 수업을 자원한 교사는 수업의 초기 디자인부터 다른 선생님들과 함께 하려고 했다. 공개 수업 20여 일 전에 교과서의 수업할 부분을 스캔해서 학교 홈페이지에 올리고 "이 부분을 수업할 텐데 아이들이 흥미를 가질 만한 소재가 무엇이 있을까요?"라고 의견을 물었다. 그러던 중간고사 기간이었다. 시험을 마치고 오후가 여유로운 날이었다.

"선생님 공개 수업 이야기 좀 할까요?"
"그래요. 마침 초안을 만들었어요."

수업 교사와 과학 교사, 수학 교사 이렇게 3명이 빈 교실에서 만났다. 수업 교사의 초안은 9월 공개 수업 교사가 가져왔던 활동지처럼 어려웠고 또 내용도 많았다. "어렵다", "내용이 많다", "재미없다" 이런 이야기를 했지만, 마음 상하는 사람 없이 이 활동지를 공부할 아이들을 상상하며 내용에 푹 빠져 논의했다. 모든 것을 열어놓고 대화를 나눌 관계가 형성되어 있었던 것이다.

결국 두 시간여 만에 개념 도입 부분과 학생 활동 부분으로 이루어진 활동지를 구성했고, 학생 활동 부분은 쉬운 난이도의 과제와 도전 과제로 구성했다. 이것은 서로 다른 교과 교사들이 모여서 한 첫 번째 본격적인 공동 수업설계라고 할 수 있다. 수업 교사가 초안을 가지고 왔지만, 다른 교사들이 마치 자기가 그것으로 수업할 교사인 것처럼 의견을 낼 수 있는 자리였다. 공개 수업 교사가 만든 활동지를 어깨너머로 보면서 훈수 두는 듯이 했던 9월 공개 수업 활동지 검토와는 분위기가 달랐다.

이렇게 작성된 활동지는 다음 날 오후에 수업모임에서 정식으로 검토되었다. 수업모임에는 이날 모였던 수학, 과학 등 이과 계열 선생님들뿐만 아니라 국어, 사회, 도덕, 음악 등 더 다양한 과목의 선생님들이 있었다. 따라서 그분들의 의견이 궁금했다.

오전에 갑자기 공지했는데, 방과 후 회의실에 다양한 과목의 교사 7~8명이 모였다. 검토를 어떻게 진행할까 하다가, 다른 교과 교사들에게 별다른 설명 없이 대뜸 어제 논의대로 수정한 활동지를 풀어보도록 했다. 일부 선생님들은 당황하는 것처럼 보였지만, 이내 활동지를 살펴보기 시작했다. 그리고 잠시 후부터는 검토 의견을 제시했다.

> **서상영(기술)** 3각법을 공부하는 차시입니다.
> **이진영(도덕)** 머리 아파요. 이해도 잘 안되요.
> **박수정(국어)** 3각법으로 한 번 그리고, 선생님의 설명을 들은 후 수정해서 다시 그리게 하고 있는데, 굳이 다시 그리게 할 필요가 있을까요?
> **박세훈(과학)** 3각법을 배우는 이유에 대한 설명이 더 필요한 것 같아요.

윤희경(수학) (뒷면 첫 번째 과제를 보고) 3각법으로 그려진 도면을 보고 그것과 일치하는 입체도형 찾기네요. 도형을 올려놓기만 하면 되니까 간편하고 쉬워서 아이들도 흥미를 가질 것 같아요.

박수정(국어) 그런데 한두 학생이 블록을 독점하고 나머지 아이들은 보기만 하면 어떡하죠?

서상영(기술) 저는 아이들이 너무 빨리 맞출까 봐 걱정돼요.

남영재(과학) 그런 걱정은 할 필요가 없다고 생각해요. 오히려 학생들이 잘했으니 좋은 일 아닌가요? 그 다음 문항(마지막 문항)이 난이도가 있으니 그때 시간을 넉넉하게 주면 될 것 같아요.

교사들의 의견은 어느 것 하나 버릴 것이 없었다. 머리가 아프다는 의견도 '아, 이렇게 느끼는 아이도 있겠네. 그런데 어떤 점 때문에 머리가 아프다는 것일까?' 이런 생각을 하게 했다. 다시 그리게 할 필요가 있겠느냐는 의견이 있자, 수업 교사가 그렇게 구성한 이유를 설명했고 동감 또는 수정 의견이 뒤따랐다. 이 내용이 아이들에게 잘 받아들여지기 위해서는 3각법을 배우는 이유가 추가되어야 한다는 의견도 있었다. 또한 과제에 대한 아이들의 흥미 정도와 수행 정도, 그리고 수행할 때의 문제점 등을 예상하는 발언도 있었다. 논의가 진지하지만 구체적이어서 어렵지 않았고 시종일관 흥미로웠다. 그리고 나누는 이야기는 각자의 교육 경험에 바탕을 둔 진솔한 의견이었다.

혼자 해결하기 어려울 만큼 어느 정도의 난이도가 있어서 모둠

구성원들의 협력을 요구하는 도전 과제에 대한 논의도 있었다.

> **이수현(수학)** 도전 과제는 어렵긴 하지만 아이들이 골똘하게 생각할 것 같아요. 그래서 점프를 경험할 수 있을 것 같아요. 전에 했던 공개 수업의 점프 과제는 수업에서 다룬 지식이 아니라 일반적으로 알고 있던 지식을 사용하는 것들이었어요. 그래서 학생들의 점프를 관찰하기 힘들었던 것 같아요. 그런데 이 과제는 이 차시에 배운 것을 활용하는 것이어서 다르게 보여요. 아이들이 어떻게 할지 궁금해요.
>
> **박수정(국어)** 저도 그렇게 생각해요. 마지막 문항이 도전 과제로 적합하다고 생각해요.

다른 선생님들도 도전 과제가 좋다고 했다. 그리고 이것을 아이들이 어떻게 해낼지 궁금하다고 말했다. 사실 궁금한 것은 이 과제뿐만이 아니었다. 수업모임 교사들은 논의 중에 의견 차이가 있었던 것일수록, 그리고 초안을 수정하는 것일수록 아이들이 어떻게 할지를 더 궁금해했다. 내 과목도 아니고 내 수업도 아니었지만, 수업이 어떻게 진행될 것인지에 모두의 관심이 집중되었다. 그만큼 잘된 수업을 만들어보고 싶었던 것이다.

공동 설계한 활동지에 대한 공개 수업 사전 테스트

> **남영재(과학)** 선생님 이 차시 수업을 언제 하나요? 진도

빠른 반 중에서요.

서상영(기술) 다음 주 월요일 3교시에 하는 반이 있어요.

남영재(과학) 그럼 그 수업을 우리가 같이 참관하면 어떨까요?

서상영(기술) 좋아요.

교사들은 함께 만든 활동지로 공개 수업 전에 다른 학급에서 하게 되는 수업을 참관하기로 했다. 공개 수업이 잘되기를 바라는 마음이 바탕에 있었다. 또한 각 과제를 검토하면서 아이들의 반응을 예상했는데, 그것이 맞는지 확인하고 싶은 마음도 있었다. 수업 교사는 마음을 열고 흔쾌히 수락했다.

이렇게 해서 우리는 처음으로 수업을 함께 설계한다는 뚜렷한 목적을 가진 참관을 하게 되었다. 이런 과정은 이후 공개 수업 준비 과정에서 꼭 거치는 절차가 되었다.

서상영 선생님은 수업모임에서 수정한 활동지로 월요일 수업을 했고, 이때 시간이 비는 교사들이 참관하고 동영상도 촬영했다. 그날 오후에 수업모임 교사들은 다시 모였다. 각 활동 과제와 수업 운영 방법에 대한 학생들의 반응을 이야기하면서 수업설계의 타당성을 검증했다. 지난번 공개 수업 참관 이후 토론에서는 각자의 수업 경험을 기준으로 이야기했지만 이번에는 각 과제에 대한 학생들의 반응이 판단 기준이 되었다.

참관 교사들은 마치 재미있는 최신 영화라도 본 듯이 신이 나서 이야기했고, 마칠 때는 몇 개의 활동 과제를 수정했다. 1학기 내내

대단원	II. 제품의 구상과 설계	( )월( )일
중단원	나. 제품의 구상과 설계	1학년 ( )반 ( )번
소단원	(2) 물체를 표현하는 방법 (226~231쪽)	이름 : ( )
학습목표	① 정투상법(제3각법)으로 물체를 표현할 수 있다.	

[과제1] 나누어준 물체 중 5번 물체의 모습을 아래 도면에 그려보자.

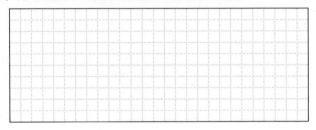

[과제2] 교과서 226쪽의 정투상법(제3각법)을 읽어보고, 2번 물체를 제3각법으로 그려보자.

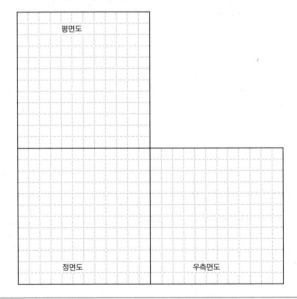

평면도

정면도   우측면도

[과제3] 아래 제3각법으로 그려진 도면을 보고 나누어준 물체 중 어떤 물체인지 찾아보세요.

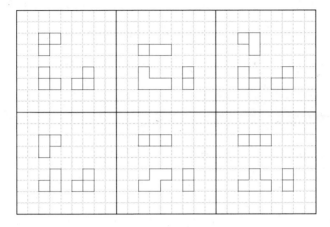

[과제4] 아래에 제3각법으로 표현된 물체가 있다. 이 물체를 입체적인 모습으로 그려보자.

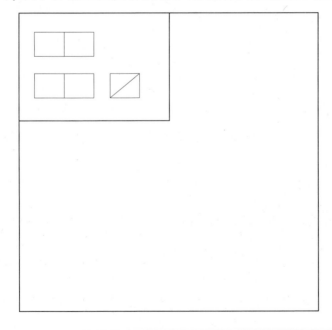

수업을 참관할 때 무엇을 봐야 할지 모르겠다고 말했었는데, 이번에는 그렇지 않았다. 활동지를 만들다 보니 수업 전부터 보고 싶은 것이 있었고, 그것을 확인하는 시간이 되었다. 마치 새로운 가설을 세우고 그에 따라 새로운 실험을 하는 과학자가 결과를 궁금해하는 그런 마음이었다.

수업모임을 통해 여러 번의 수정을 거쳐서 최종 완성된 활동지는 위와 같았다. 이것은 수업 교사가 구상했던 초안과 비교하면 [과제4] 외에는 모두 새로운 것이었다.

먼저 그림과 같은 모양의 입체도형을 사용하자는 아이디어는 수학 교사로부터 나온 것이었다. 수업 도입부에 설명을 2분 이내로 짧게 하는 대신 [과제1]에서 5번과 같은 그리기 힘든 입체도형을 그려보게 하면서, 입체인 물체를 평면에 정확하게 표현하는 방법으로서 3각법의 필요성을 알게 하자는 아이디어는 과학 교사로부터 나온 것이었다. 수업 교사는 설명을 통해 그것이 가능할 것이라고 주장했지만 몇 번의 수업 참관 후 '아이들이 설명을 잘 알아듣지 못하더라'라고 하는 참관 교사의 말을 수업 교사가 받아들인 것이었다.

또한 [과제2]와 같이 친절하게 도면을 제시하되 2번과 같은 단순한 입체도형을 그려보게 하자는 것도 다른 교과 교사의 제안이었다. 수업 교사는 '그러면 아이들이 너무 쉽게 그리지 않을까?' 하는 염려를 했지만 그것은 수업 교사의 생각일 뿐이었다. [과제3]도 국어와 수학 교사의 제안이었는데, 수업 교사는 '그렇게 쉬운 활동을 넣을 필요가 있을까?'라는 생각에 쉽게 동의하지 못했던 것이었다. 그러나 실제 수업에서 아이들은 [과제3]을 하면서 [과제2]에서 부족했던 개념을 보완하는 모습을 보여주었다. 아이들의 입장을 대변하는 면에서는 수업 교사보다 다른 교과 교사들이 훨씬 정확했던 것이다. [과제4]는 수업 교사의 초안에도 있었던 것인데 수업 모임을 거치면서 다른 교과 교사들이 '도전 과제로서 적당하다'라는 의견을 준 것이었다. 이런 의견은 수업 교사에게 '이것으로 하면 되겠구나!'라는 믿음을 주었다.

처음에는 활동지 검토라고 생각했는데, 그것은 자연스럽게 여러 교과 교사들이 함께하는 공동 수업설계가 되었다. 그리고 이 과정이 무척 흥미롭고 실효성이 있다는 것을 알게 되었다. 또한 공동 수업설계는 공개 수업을 앞두고 하게 되는 일상의 수업 공개가 자연스럽게 이루어지도록 했고, 의미 있는 참관이 이루어지도록 했다.

우리가 원하던 공개 수업

한 차례 더 참관과 수정이 있은 후 공개 수업을 했다. 수업 교사는 이때 이미 3~4번 이상 이 수업을 다른 학급에서 해본 상태였다. 그리고 활동지와 수업 진행 방법은 아이들 반응을 토대로 수업모임에서 심도 있게 논의된 것으로 만들어져 있었다. 따라서 공개 수업 당일 수업 교사나 열심히 함께 준비한 수업모임 선생님들은 고생스럽게 만든 영화의 개봉일에 초조해하는 영화감독이나 주연배우 같은 심정이었다.

교사는 제1각법, 제2각법, 제3각법에 대한 이론적인 설명을 생략하고 바로 아이들에게 복잡한 입체도형을 나눠 주고 활동지에 그리도록 했다. 아이들이 어느 정도 그렸을 때 "입체라서 활동지에 그리기가 힘들지요. 물체를 평면에 정확하게 표현하는 방법을 오늘 배울 거예요. 그런 것을 3각법이라고 합니다. 앞에서 본 모습과 위에서 본 모습, 옆에서 본 모습을 따로 그려서 표현합니다." 라고 수업 목표를 소개했다.

잠시 후에는 모둠별로 간단한 2번 입체 도형을 주고 그것을 3각법으로 그리도록 했다. 아이들이 열심히 그리는 동안 교사는 둘러보다가 잘못 그린 아이의 활동지를 실물화상기로 보여주면서 전체 아이들에게 부족한 점을 찾도록 했다. 아이들은 화면에 제시된 도면에서 잘못된 부분을 찾아가면서 3각법에 대한 개념을 잡아갈 수 있었다. 이런 과정을 몇 번 반복하자 3각법으로 처음보다 정확하게 그리는 아이들이 늘어갔다.

뒷면으로 넘어가서 이번에는 [과제3] 3각법으로 그려진 것이 어느 입체도형인지 찾도록 했다. 그러자 아이들이 "이거야, 이거!", "아니야, 이거야!", "아니야, 봐. 여기가 이렇게 튀어 나왔으니까 이거야." 이렇게 옥신각신했다.

마지막 [과제4]는 제3각법으로 표현된 도면을 보고 그 물체의 입체적인 모습을 그려내는 도전 과제였다. 이 과제는 사실 선생님들에게도 만만치 않은 과제였다. 그런데 아이들이 몰입되어 정답을 알아내려고 애쓰는 모습을 여러 모둠에서 볼 수 있었다. 다음은 4모둠의 모습이다.

> **정윤** 일단은 계속 얘기해봐~
> **남웅** 오~ 이거야 그냥.
> **정윤** 야, 남웅, 계속 얘기해봐, 일단.
> **남웅** 아니야, 틀렸어, 아니야.
> **수연** 반쪼가리를 어떻게 그려?
> **남웅** 아~ 이거다, 이거.
> **수연** 그럼, 위에서 봤을 때 두 개여야지.
> **남웅** 아~ 몰라, 아닌 것 같애, 아~ 나 알 것 같은데….
> **정윤** 야~ 니가 설명을 해봐~ 니가 그렸잖아.
> **남웅** 바봐~ 이 모양은 그냥, 이게 한 개 있고, 이게 한 개 있는 거야.
> **정윤** 네가 뭘 설명하는지 제대로 알아듣게 설명을 해봐. 그러면, 여기 세모가 또 하나 있잖아.

남웅이는 뭔가 아이디어가 떠오르는지 알 것 같다는 말을 계속 하고 있고, 정윤이와 수연이는 그런 남웅이에게 자세한 설명을 계속 요구하고 있었다. 서로가 자신의 생각을 설명하기도 하고, 궁금한 것을 적극적으로 질문하면서 정답을 알아내려고 애쓰고 있다. 이런 모습은 2모둠에서도 볼 수 있었다.

동수 삼각형 밑에 이렇게 하나 있고, 이렇게 두 개 있는 거야. 그러면, 정면도면 이렇게 삼각형하고……

혜영 삼각형? 그려봐~

민희 삼각형? 무슨 얘기야?

혜영 근데, 여기 삼각형이잖아.

동수 잘 봐바~ 이렇게 하잖아~

혜영 그렇지.

동수 이게 계속 있으면 어떻게 되겠어?

혜영 계속 있다구?

동수 그럼 정면도 맞잖아.

혜영 웅

동수 그럼, 우측이면 이대로 나타나잖아~ 그리고, 위에서 보면……

동수가 뭔가 해답을 발견한 것처럼 설명하고 있고, 민희와 혜영이는 아직 잘 이해가 안되는 상태에서 진지하게 동수의 설명을 듣고 있다. 이렇게 약 5분 정도의 모둠 활동이 이어지면서 각 모둠에서 정답을 비슷하게 그려내는 아이가 한두 명씩 나타나기 시작하자 선생님은 5모둠의 희준이가 그린 그림을 앞으로 가져와서 실물화상기 위에 올려놓았다.

잠시 후 희준이의 그림이 화면에 클로즈업되었을 때였다. 아이들이 과제 해결에 애쓴 만큼 희준이가 그린 도면을 보자 많은 감탄사가 동시에 여기저기에서 터져 나왔다.

"우와~",

"오~ 오~, 저거야!"

"저런 모양이구나!"

수업 교사는 수업모임에서 나온 다른 교과 선생님들의 제안을 최대한 소화하여 아이들이 흥미의 끈을 놓치지 않도록 진행했다. 아이들의 활동 결과를 선생님이 채점하듯 판단해 주지 않고 아이들에게 되물어서 아이들이 이야기하면서 스스로 답을 알아가도록 진행했다. 도전 과제도 대성공이었다. 수업 교사는 아이들이 협력하며 배우도록 잘 이끌었다.

공개 수업이 끝나고 수업 연구회를 위해 다시 모였을 때, 수업 교사뿐만 아니라 컨설턴트, 수업모임 교사들 그리고 일반 교사들까지 여유롭고 즐거운 표정이었다. 선생님들은 여러 가지 이야기를 했는데, 그중에서 가장 많은 이야기는 도전 과제에 대한 것이었다.

배움의 공동체에서 말하는 점프의 정수가 오늘 수업에서 아이들한테 나타났습니다. 3각법만 가르쳤으면 계속 모르는 아이들이 남아있었을 것입니다. 그런데 점프 과제를 주니까 자기들끼리 이야기하다가 '아, 그것이었구나!' 하는 이야기들이 여기저기서 나오는 것입니다.

도전 과제는 보통 수업의 마지막 부분에 제시하는데, 아이들이 그것을 해결하려다 앞에서 이해하지 못했던 기본 내용도 이해하게 된다고 했었다. 아이들의 모둠 활동을 관찰하면서 그런 모습을 눈으로 직접 확인했다는 수업 컨설턴트의 말이었다.

아이들의 수준보다 높은 과제를 줄 때 협력이 일어나고
옆에 것을 훔쳐보기도 하고, 잘하는 아이가 가르쳐주기도
하는 것 같습니다.

국어 선생님도 도전 과제에 대해서 말했는데, 우리가 그토록 보고 싶어 하던 아이들 사이의 협력이 일어났다는 것이다. 그동안 연수나 책을 통하여 '혼자서 해결하기 힘든 과제를 줄 때 아이들 사이에서 협력이 일어난다.'고 들었는데, 그것을 직접 확인할 수 있었다는 것이다.

6개 입체도형 맞추기 하는 부분에서는 4명의 모둠 아이
들 사이에 토론이 자연스럽게 이상적으로 일어났어요.

과제를 하나씩 뜯어서 소감을 말하는 것도 오랜만이었지만, 칭찬하는 소감을 말하는 것은 처음인 듯했다. 이 과제도 간단해서 아이들이 재밌게 할 것 같다고 수업모임에서 논의했던 과제였다. 컨설턴트는 수업 교사의 수업 운영에 대한 칭찬도 했다.

시작이 깔끔하고 단순했어요. 처음에 설명 없이 블록을

주고 입체적으로 그려보도록 하면서 자연스럽게 아이들
이 수업 목표를 알게 했는데, 오늘 수업에서 이 부분이 가
장 멋진 부분이 아닌가 생각합니다.

수업모임에서 처음에 수업 교사는 수업 시작 부분에 설명을 해
야 된다고 주장했었다. 그러나 공개 수업 이전에 다른 학급에서
그런 수업 방식을 적용했을 때 학생들의 반응을 본 다른 참관 선
생님들이 "어려워서 아이들이 못 알아듣는다."는 의견을 냈고, 수
업 교사는 그 의견에 따라 공개 수업에서 설명을 간단하게 줄인
것이었다.

수업 혁신을 위한 새로운 이정표

10월 공개 수업 과정은 이후 공개 수업을 준비하는 훌륭한 모
델이 되었다. 11월과 12월 공개 수업도 그와 같이 진행했다. 교
과가 다른 선생님들이 공개 수업 10여 일 전부터 모여서 함께 수
업을 만들고, 참관하면서 수정했다. 공개 수업을 자원하는 교사
들은 수업모임 교사들과 함께 공개 수업을 설계한다는 생각을 하
게 되었다.

혁신학교 첫해를 마칠 때 서울시의 여러 혁신학교들이 모여서
사례 발표를 하는 시간을 가졌다. 이 자리에서 수업 혁신을 이루
기 위한, 다른 학교와는 구별되는 우리 학교만의 중요한 특징들을
파악할 수 있었다.

첫째는 공개 수업의 공동 설계였다. 다른 학교들은 공개 수업 횟수가 우리 학교보다 많았지만, 공개 수업을 수업 교사 혼자 설계하는 경우가 대부분이었다. 다른 교사들은 공개 수업을 참관만 했다. 다른 학교에서는 "참관할 때 뭘 봐야 할지 모르겠다"라는 말을 계속하고 있었다. 그러나 우리 학교에서는 공개 수업을 공동으로 설계하면서 다른 교과 교사들이 공개 수업을 참관할 때 무엇을 관찰할 것인지 구체화할 수 있었다. 또한 교사들은 공개 수업을 함께 설계하는 과정에서 다른 학급의 수업을 참관하고 피드백하며 수업설계를 수정하는 경험을 했는데, 이것은 일상 수업까지도 동료 교사의 의견을 들으며 설계하는 것으로 이어졌다. 그리고 가능할 때는 참관과 피드백도 이루어졌다.

둘째는 교과가 다른 선생님들이 모여서 진행하는 수업모임(이하 '범교과 수업모임')이었다. 수업모임에는 새로운 수업을 하려는 교사들이 자발적으로 모였다. 그러다 보니 다양한 교과의 교사들이 모였는데, 그것이 우리가 하려는 수업을 설계하는 데 기존의 교과별 모임보다 알맞았다. 특정 교과의 수업을 만들 때 교과가 다른 교사들은 교실에 있는 다양한 아이들의 흥미와 수준을 반영했다. 다른 교과 교사들은 활동지의 초안을 보고 수업 교사가 예상하지 못한 반응들을 보였는데, 그것은 결국 아이들이 보이게 될 반응과 유사했다. 아이들이 흥미롭게 참여하는 수업을 만들려다 보니 자연스럽게 그런 의견을 충분히 받아들였다. 그리고 우리는 수업 참관을 통해 그렇게 만든 활동지와 수업 운영이 교실에 있는 아이들이 서로 활발하게 논의하며 배워가게 한다는 것을 눈으로 확인했다. 따라서 다른 교과 교사들의 의견을 매우 소중하게 여기는 풍토가 생겼다. 또한 수업 교과 교사들에게 다른 교과 교사들의 의견은 새로운 것이었으므로 논의를 생기 있게 만들었다. 그래서 다른 교과 교사의 의견을 들어보려고 같은 교과 교사는 발언을 최소화하려는 모습까지 보였다.

범교과 수업모임은 '아이들이 협력하며 배우는 수업'을 만들기에 적합한 수업 모임이기도 하지만, 단위 학교에서 현실적으로 만들 수 있는 유일한 수업 모임이기도 하다. 같은 교과 교사끼리만 모이기로 한다면 혁신적인 수업 모임의 구성 자체가 어렵기 때문이다. 도덕, 기술, 가정, 음악, 미술 등의 과목은 같은 교과 교사의 수가 두세 명으로 적어서 힘들다. 국어, 수학 등 같은 교과 교사가 6명 정도 되는 교과라 할지라도 바쁜 시간을 쪼개서 수업 모임에 참여하려는 의욕 있는 교사의 수는 많아야 1~3명에 불과하기 때문에 역시 힘들다. 그런데 범교과로 모인다면 전체 교사로 대상이 넓어지므로 의욕을 가진 4~5명 이상의 교사가 모일 수 있다.

우리가 핵심이라고 정리한 두 가지를 한 구절로 정리하면, 우리 학교 수업 혁신의 핵심은 '범교과 수업모임에서 수업을 공동 설계하는 것'이다.

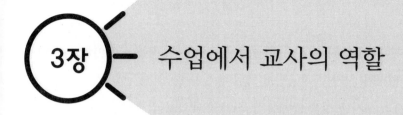

3장 수업에서 교사의 역할

 강의식 수업에서는 아이들이 주로 교사와 소통하며 배운다. 그런데 아이들이 협력하며 배우는 수업에서는 다르다. 아이들은 교사의 안내를 받지만, 주로 활동지 그리고 아이들과 소통하며 배운다. 이때 아이들 사이의 소통은 활동지에 제시된 과제를 통해 이루어지는데, 아이들이 과제를 협력하며 해결하기 때문이다. 활동지는 아이들을 교사, 그리고 다른 아이들과 연결 지어 주는 통로가 되는 것이다. 따라서 새로운 수업을 하고자 할 때 활동지를 검토하는 것은 수업 디자인 전체를 검토하는 것이며, 교사와 과제, 학생 사이에 원활한 소통이 이루어질지를 검토하는 것이다. 또한 이를 통해 학습목표가 달성될 수 있는지를 검토하는 것이다.

 언젠가 교사 연수 자료를 만들기 위해 지난 공개 수업 동영상을 다시 본 적이 있었다. 모둠 활동을 시작했는데, 처음에 아이들은 말이 없다가 시간이 지나면서 조금씩 말을 하기 시작했다. 그렇지만 자기 생각을 살짝 말해볼 뿐 서로의 대화로 연결되지는 못했다. 그러다 간신히 의미 있는 논의가 시작되었다. 어느 아이가 막 떠오른 아이디어를 말하려고 하는데, 그 순간 과제에 대한 부연설명을 하는 교사의 목소리가 크게 들렸다. 그 소리에 아이디어를 말하려던 아이가 깜짝 놀랐고, 선생님의 말이 끝났을 때 그 아이는 말을 하지 않았다. 나뭇잎 끝에 간신히 매달려 있던 이슬방울이 갑자기 날아온 새의 날갯짓에 툭 떨어져 버리는 모습이었다. 우리는 교사의 마음이야 항상 모둠 활동을 돕고자 하는 것이겠지만 실제로는 그렇게 되지 않는 경우가 많다는 것도 알게 되었다. 이 장에서는 구체적으로 수업에서 교사가 어떤 역할을 하는 것이 유익했는지를 다루었다.

또한 교사의 역할은 결국 아이들이 움직이도록 하는 것인데, 그것은 아이들에 따라서 달라진다. 그리고 아이들의 특성은 충분히 탐색되지 않았다. 지속적인 탐색이 필요한데 그것은 수업 참관을 통해 가장 잘 이루어질 수 있다. 따라서 마지막으로 교사의 역할에 대한 시사점을 찾을 수 있도록 수업을 참관하는 방법에 대해서도 다루었다.

아이들의 활동 과제를 정확히 제시해야 한다

아이들이 알아들을 수 있는 단어와 기호로

활동지의 문항은 아이들이 보고 한눈에 이해할 수 있어야 한다. 그렇지 않을 경우 아이들은 아이들대로, 교사는 교사대로 수업 내용과 상관없는 어려움을 겪을 수 있다. 그것은 학습에 방해가 된다. 예를 들어 아이들이 문제를 이해하지 못하여 문제를 설명하다 보면 그 사이에 아이들은 수업에서 멀어질 수 있다.

중학교 1학년 사회 '세계의 기온 분포' 부분의 수업을 만드는 과정에서 그런 경우를 볼 수 있었다.

수업모임에서 논의를 통하여 활동지를 수정했는데, 김수진 선생님은 수정하기 전에 미리 출력해 두었던 활동지가 있어서 그것을 들고 수업에 들어갔다. 김수진 선생님이 사용한 활동지의 문항은 다음과 같다. 작년에 만들었던 활동지 초안과 수업모임에서 논의를 통해 완성된 최종안 사이의 활동지였는데, 아이들은 문제를 잘 이해하지 못했다.

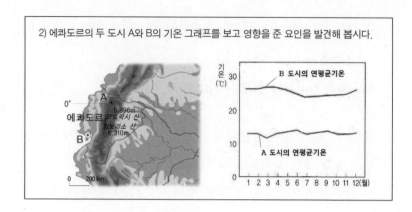

2) 에콰도르의 두 도시 A와 B의 기온 그래프를 보고 영향을 준 요인을 발견해 봅시다.

이 문제는 A 도시와 B 도시의 연평균 기온의 차이를 위도가 아니라 고산 지역와 해안 지역이라는 지역적 특성의 차이로 설명하라는 것이다. 그런데 실제 수업에서 아이들은 왼쪽의 지도보다는 오른쪽의 기온 그래프에 더 집중했고, 지도와 그래프를 연관 지어 생각하지 못했다. 지도에서 A 도시가 B 도시보다 높은 지대라는 정보를, 기온 그래프에서는 적도에 있는 A 도시의 기온이 더 낮다는 정보를 종합해야 했는데, 지도와 그래프는 한꺼번에 너무 많은 정보를 준 격이 되었다. 아이들이 어떻게 접근해야 할지 감을 잡지 못하는 것을 관찰할 수 있었다.

우리가 수정한 최종 활동지의 문항은 다음과 같다. 아이들이 우선 위도가 비슷하지만 두 도시가 기온이 다르다는 것을 이해할 수 있도록 한 후, 그 이유에 대해 추론할 수 있도록 수정하였다.

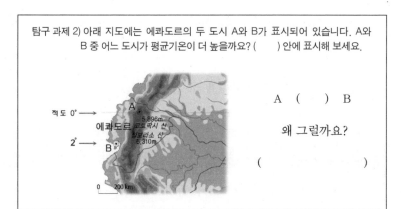

탐구 과제 2) 아래 지도에는 에콰도르의 두 도시 A와 B가 표시되어 있습니다. A와 B 중 어느 도시가 평균기온이 더 높을까요? (   ) 안에 표시해 보세요.

A (   ) B

왜 그럴까요?

(   )

　두 도시의 기온을 비교하는 문항을 간결하게 표현하여 학생들이 바로 문제에 '덤벼볼 수' 있도록 하였고, 지도를 통해 그 이유를 추론하는 것에 집중할 수 있도록 한 것이다.

　활동지의 문항이 이해 안될 때 아이들이 적극적으로 물어보면서 해나가면 좋을 것이다. 그러나 그렇게 행동하는 아이는 매우 드물다. 많은 아이들은 이해가 안될 경우 바로 잡담을 한다. 교사가 그런 모둠에 가서 "왜 안 해요?"라고 물으면 그때서야 "무슨 뜻인지 모르겠어요." 이렇게 말한다. 이런 모둠들을 모두 이해시키다 보면 교실은 소란스러워진다. 시간은 흘러가고, 교사는 힘들어진다.

　따라서 위와 같이 아이들에게 자연스러운 사고 흐름이 생길 수 있도록 과제를 명확하게 수정하는 과정이 필요하다. 나도 모르게 그럴싸한 과제를 내고 싶을 때가 있지만, 필요한 사고를 할 수 있도록 선별적, 순차적으로 정보를 주지 않는다면 아이들은 자연스럽게 수업 밖으로 나가기 때문이다.

답안 표현이 간결하게 정리될 수 있도록

활동지에 제시한 과제에 답안을 표현하는 방법에 따라서 아이들의 과제 수행은 크게 달라진다. 활동이 달라지면 아이들의 학습 목표 도달 여부도 달라진다. 다음은 2학년 과학 '이온'에 대한 수업 사례이다.

---

13. 우리 주변의 이온

1. 참고자료 "이온이 사용되는 사례"에서 이온을 찾아서 다음 표에 한글 또는 화학식으로 써 보자.

칼슘이온 (Ca^{2+})			

2. 찾은 이온을 주기율표에 스티커로 붙여 표시해 보자. 여러 번 나오는 것은 중복해서 붙이자.
3. 주기율표에 스티커들이 붙여진 모습을 통해서 알 수 있는 것을 <u>5가지 써 보자.</u>

자료를 읽고 거기에 나오는 이온을 주기율표의 해당 원소에 스티커를 붙여 표시하도록 했다. 다 한 후에는 주기율표에 붙여진 스티커를 보고 알 수 있는 사실을 써보도록 했는데, 아이들의 분석이 만족스럽지 않았다. 고민하다가 이 활동지를 다음과 같이 바

꾸었더니 분석이 놀라울 정도로 달라졌다.

---

13. 우리 주변의 이온

1. 참고자료 "이온이 사용되는 사례"에서 이온을 찾아서 다음 표에 한글 또는 화학식으로 써 보자.

칼슘이온 (Ca^{2+})			

2. 찾은 이온을 주기율표에 표시해 보자. 주기율표의 원소 이름에 +, 2+, -, 2- 처럼 이온 표시를 함께하자.
3. 위의 결과를 통해서 알 수 있는 것을 <u>5가지</u> 써 보자.

자료에 나오는 이온을 주기율표의 해당 원소에 "첨자를 써서 표시"하게 했다. 다음 사진과 같이 자료에서 Ca^{2+}를 발견했다면 주기율표의 Ca 칸에 "2+" 만 쓰는 것이었다.

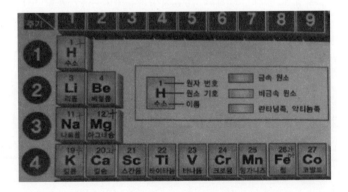

이렇게 했더니 일단 스티커를 주지 않아도 되니 편안했고, 아이들도 읽기 자료에 나오는 이온을 주기율표에 잘 표시했다. 그리고 3번 문제도 잘 적었다. 마지막에 모둠별로 찾은 규칙성을 하나씩 말하도록 했다. 그랬더니 신기하게도 학습목표에 해당하는 내용이 아이들 발언 속에서 다 나왔다.

> "금속은 양이온이고, 비금속은 음이온이다."
> "1족은 +이고, 2족은 2+이고, 17족은 - 이다."
> "+는 1+인데 1이 생략된 거예요. 그럼 3족 원소가 이온이 된다면 어떻게 될까요?"
> "3+요"
> "16족은 2- 이다. 그럼 18족은 어떻게 될까요?"
> "0이요."
> "맞아요. 0이니까 쓸게 없고, 이온이 안되는 거예요. 18족 원소들을 무슨 원소라고 했지요?"
> "비활성 기체요."
> "그래요. 자기 자체로 안정해서 이온이 되는 등의 어떤 변화도 없는 원소들이에요."

스티커를 붙이도록 했을 때는 2족 원소가 이온이 될 때에 위첨자 '2+'가 붙는다는 것을 아이들이 말하지 못했다. 그런데 활동지의 과제 수행 방법을 바꾸자 아이들이 그런 말을 다 했고, 활동에서 나오지 않은 '3+'도 맞히었다. 그리고 18족은 이온이 되지 않는다는 것도 다룰 수 있었다. 이처럼 활동지의 답안 표현 양식과 지시문 수정이 학습목표 달성에 결정적인 영향을 미쳤다.

활동지 지시문은 학습목표를 정확히 표현해야 한다

아이들의 활동이 중요하다고 해도 모든 활동이 수업에 도움이 되는 것은 아니다. 활동은 학습목표를 달성하는 데 알맞은 것이어야 한다. 여러 가지 활동을 계획하다 보면 수업 시간에 학습목표가 아닌 다른 활동을 하는 경우도 생긴다. 첫해 5월 공개 수업이 그런 사례였다. 1학년 국어 수업이었고, 수업 목표는 '창의적인 광고 만들기'였다. 그날 사용한 활동지는 다음과 같았다.

■ 모둠 과제 (모둠원이 협력하여 과제를 해결합니다)

대단원	4. 매체 언어와 광고	공부한 날	
소단원	(2) 광고의 이해-창의적인 광고 만들기	모둠	( ) 모둠

모둠 활동2.
여러분이 쓰는 학용품 중에서 하나를 선택하여 창의적인 생각을 가지고 인쇄 광고를 하여 대박 상품을 만들려고 합니다.
− 모둠원들의 다양한 생각을 존중하여 우리 모둠이 가장 자신 있게 팔 수 있는 상품을 만들어 봅시다.
★ 대박 상품 광고 만들기
 − 학용품에는 필통, 가방, 샤프, 지우개, 컴퓨터용펜, 신발주머니. 풀, 가위, 자. 등

학용품 이름	
학용품 광고 문구	
상품 광고 아이디어 (상품의 특징)	
가.	
나.	
다.	

모둠 칠판에 그림까지 넣어 완성합니다.

이날 수업에서 아이들은 모둠별로 열심히 발명을 했다. 시계가 달린 자, 눈금 달린 가위와 같은 것을 생각해내서는 모둠 칠판에 그림도 그리고 설명도 했다. 아이들은 무척 분주하게 활동했는데, 이 수업 후 수업 연구회에서 컨설턴트는 다음과 같이 말했다.

지금 이 국어 수업은 창의적인 광고를 만들어보는 것이었어요. 별거 아닌 거 같은 것에 사람들이 관심을 가지도록 솔깃하도록 만들어내는 거잖아요. 그런데 오늘 애들이 혼란스러웠어요. 선생님이 제품도 개발하고 광고도 만들고 그리고 개발한 제품의 이미지도 만들라고 했기 때문입니다. 별거 아닌 제품을 하나 보여주면서 '어떤 식으로 이걸 광고를 만들어 볼래?'라고 했으면 어땠을까요?

'광고 만들기'가 학습목표였는데, 발명을 시켰다는 분석이었다. 기술 시간에도 발명이 있는데, 그거랑 뭐가 다르지 이런 생각을 하는 교사도 있었는데, 그런 의문을 해결해주는 분석이었다. 이런 혼란이 발생한 것은 활동지의 지시문 때문이었다.

우리 모둠이 가장 자신 있게 팔 수 있는 상품을 만들어 봅시다.

'광고를 만들어 봅시다.'가 아니었다. 활동지를 이렇게 만든 교사는 활동지대로 진행했다. 따라서 아이들은 광고보다 발명하는 데 대부분의 시간을 보내는 수업이 되고 말았다. 교사의 의도가 활동지에 제대로 표현되지 않았고, 이에 따라서 아이들이 학습목표에 알맞은 활동을 하지 못했던 것이다.

아이들이 활동하면서 배우는 수업에서는 아이들이 수행해야 할 과제를 정확하게 전달해야 한다. 모둠 활동이 시작된 후에 뒤늦게 보충 설명을 하면 활동 중인 아이들에게 잘 전달되지 않는다. 또한 그런 행동이 아이들의 활동을 방해하기도 한다. 따라서 활동지의 과제는 아이들이 빠르고 정확하게 이해할 수 있도록 구성해야 한다. 또한 수업 목표에 알맞은 것이어야 한다. 그리고 활동지의 과제들은 수업 목표를 향해서 알맞은 흐름으로 연결된 것들이어야 한다.

교사의 역할은 모둠 활동을 돕는 것이다

모둠 활동을 방해하는 교사의 힌트

아이들이 모둠 활동을 하고 있는 동안 교사는 각 모둠을 둘러보면서 아이들이 어떻게 하고 있는지를 살펴보게 된다. 그러나 앞으로 나아가지 못하고 헤매는 듯한 모둠을 보면 안타까운 마음에 힌트를 주기도 한다. 2학년 과학과 공개 수업에서 사람과 자동차를 구성하는 원소를 스마트폰으로 찾아보고 공통점을 발견하는 활동을 참관한 이후 나온 발언을 보자.

> 제가 관찰한 모둠에서는 활동이 원활하게 잘되었어요. 찾고 의문을 던지고 논의하고 결론 내는 과정을 자기들끼리 잘 진행했던 것 같아요. 찾은 것들의 공통점을 쓰라고 했을 때, 혁진이가 활동지 뒷면에 "사람은 뭐뭐뭐가 있고 자동차는 뭐뭐뭐가 있다"와 같이 모둠원 4명의 의견을 모아서 적고 있었어요.
>
> 그때 선생님이 오셔서 "자, 너희 모둠도 찾은 것들의 패턴을 보고 생각해 봐요." 이러신 거예요. 그 "패턴"이라는 말이 결정적인 힌트가 되었어요. 굉장히 똑똑하고 눈치가 빠른 수영이가 눈치를 확 채버렸어요. 이에 따라서 수영이가 정확한 답을 말했어요. 그러니까 지금까지 해오던 아이들의 논의가 딱 멈추고 말았어요. 가만히 기다렸으면 이 4명이 논의를 통해 결론에 도달할 수 있었을 것

같았는데 아쉬웠어요.

'힌트'가 주어지자 논의가 멈추었다고 한다. 왜 그런 일이 벌어
졌을까? 모둠에서의 논의는 낮은 단계에서의 검토를 거쳤고, 이제
한 두 단계를 더 거치면 결론에 도달할 것이었다. 아마도 이때 주
어진 힌트는 아이들의 논의에서 앞으로 거칠 어느 단계이거나 또
는 "패턴"이라는 말로 표현되진 않았지만 아이들이 지금 거치고
있는 것이었을 것이다. 아이들의 머릿속에 안개처럼 희미하게 개
념이 형성되고 있었는데, 교사의 힌트로 인해 그 안개가 갑자기
걷혀버렸고 그 순간 빨리 이해한 한 명이 결론을 정리해 버렸다.
교사의 의도와는 달리 힌트가 모둠 활동에 방해가 된 것이다. 참
관 교사는 이어서 자기의 수업 경험도 이야기했다.

> 저도 매번 그렇게 하거든요. 한 시간 안에 주어진 과제를
> 끝내야 하기 때문에 매번 활동 중인 모둠에 가서 힌트를
> 주었는데, 오늘 그 순간에 '아, 내가 했던 게 그런 거였겠
> 구나.' 하는 것을 확 느꼈어요.

아무것도 못하고 있던 모둠이라면 교사의 힌트를 실마리 삼을
수도 있다. 그렇다고 하더라도 힌트는 모둠 활동의 초반에 주어
야 한다. 그러면 모둠에서 힌트를 소화하면서 과제를 스스로 해결
해나갈 수 있기 때문이다. 그런데 위의 경우에는 활동의 막바지에
모둠의 논의가 얼마나 진척되었는지 파악하지 않고 힌트를 주었

다. 그것은 나름의 속력과 방법, 방향을 가지고 나아가고 있던 모둠의 논의를 무위로 만들어 버렸다. 교사의 입장에서는 곧 이어진 발표 시간에 근사한 발표를 들을 수 있었으니 얻는 것이 있었지만, 아이들이 협력하며 배우는 데에는 오히려 방해가 되었다.

모둠 활동에 최대한 시간을 주어야 한다

모둠 과제를 제시하고 나서도 "얼마나 했어요?", "이렇게 해야지", 또는 "빨리 해요"라고 하면서 교사가 모둠 활동에 계속 개입하면 그 수업은 교사 중심 수업과 다를 바가 없다. 아이들은 또 다시 수동적으로 된다. 그러므로 일단 모둠 과제를 제시했으면 예정했던 시간까지는 아이들에게 맡겨 두어야 한다. 모둠에 자율성을 주는 것이다. 그런데, 예정한 시간이 지날 때 즈음에서야 아이들 사이의 논의가 시작되는 경우도 있다. 그럴 때는 모둠에 시간을 더 주면 좋겠는데, 그것은 45분이라는 제한된 시간 동안 준비한 내용을 모두 다루어야 하는 교사의 진행과 충돌하기 쉽다. 이런 사례는 모둠 과제를 제시하는 수업에서는 거의 매번 볼 수 있다. 이럴 때는 어떻게 하는 것이 좋을까? 다음은 1학년 사회 수업에서 그런 충돌이 드러난 사례이다.

저는 5모둠을 봤는데요. 처음에는 서로 얘기 안 하고 각자 자기 활동지만 채우는 것 같았어요. 시간이 얼마 지난 후 제일 먼저 다 한 지민이가 "돌려서 보자" 그러면서 동연이와 활동지를 바꿔서 봤어요. 이 모둠에서는 윤미가 제일 늦게 했는데, 이 애들이 아무 말도 안 하고 윤미가 다 할 때까지 계속 기다리는 거예요. 그러다가 윤미가 다 하니까 그때서야 지민이가 윤미에게 활동지를 달라고 하더니 바꿔서 보았어요.

그런 다음에 아이들이 돌려 본 것을 바탕으로 같이 얘기를 시작하려는데 선생님이 "다 쓰셨죠? 이제 다 같이 이야기해봅시다."라고 말했어요. 그래서 이 아이들은 서로 이야기를 못했어요. 윤미가 굉장히 늦게 했기 때문에 당연히 시간상으로는 선생님이 그 즈음에 그렇게 진행하는 것이 맞는 것 같았는데 그래도 아쉬웠어요.

우여곡절 끝에 논의를 시작하려는데 교사가 그것을 끊었다. 어느 수업 컨설턴트는 8개 모둠 중에서 5개 모둠 정도가 했으면 활동 정리를 시작하는 것이 적절하다고 말하기도 했다. 그러나 이런 경우 기계적으로 대처할 수는 없다. 교사는 상황을 보아 가면서 최선의 선택을 해야 한다. 그러면 무엇이 최선일까? 먼저 각 모둠이 어느 정도 했는지 파악해야 한다. 만약 핵심 논의에 근접하여 긴장된 순간에 있는 모둠이 있다면 잠시 시간을 더 줄 수도 있다. 또는 아직 못한 모둠들에게는 양해를 구하는 눈짓이라도 하면서 다음으로 넘어갈 수도 있겠다. 미완성인 모둠의 결과를 전체와 공유하여 각 모둠이 그 결과를 되돌리기해 봄으로써 논의 진도가 느린 모둠이 속도를 낼 수 있도록 할 수도 있겠다.

모둠의 자율성과 교사의 수업 진행

모둠 활동을 할 때에 아이들은 과제 수행 절차나 진행 방식에 대해 내부적으로 결정하는 것이 있다. 그런데 교사의 수업 진행이 그 결정과 다를 수가 있다. 그런 경우 모둠 활동 자체만으로 보면 부정적인 영향을 받는다. 다음은 2학년 국어 '시 고치기' 수업에서 있었던 일이다.

> 정수는 자기 시가 없었어요. 그래서 모둠 아이들이 발표자를 정수로 정했어요. 그런데 평소에는 소극적이던 정수가 발표하는 것을 거부하지 않았어요. 그런데 시 고치기 모둠 활동이 끝날 즈음에 선생님이 이 모둠으로 오셔서는 민섭이가 쓴 시를 가져가셨어요. 그리고는 "민섭아, 이리 나와서 네 것을 발표해 보자."라고 말했어요. 민섭이는 선생님이 그렇게 말씀하시니 별다른 반응 없이 나가서 발표했어요. 그래서 정수가 발표를 못하게 되었어요.

모처럼 정수가 발표하기로 했다. 정수는 아마도 마음의 준비를 했을 것이다. 그런데 선생님이 민섭이의 시가 전체에게 들려줄 만하다고 판단하여 민섭이에게 발표를 시켰다. 그래서 정수가 발표를 못했다. 물론 이런 일이 정수에게 그리고 그 모둠의 활동에 얼마나 영향을 주었는지는 판단하기 힘들다. 그러나 발표는 활동의 마무리인데 그것이 선생님의 개입에 의해 아이들 뜻대로 이루어지지 못했다.

활동 과제는 모둠에 주어지지만, 그 수업 시간에 다룰 내용과 시간 계획에 대한 주도권은 전적으로 교사가 가지고 있으므로 이런 상황이 발생한다. 짧은 모둠 활동 시간에 7~8개의 모둠에서 이루어지는 세세한 것들까지 교사가 파악한다면 이런 상황을 피할 수도 있을 것이다. 그렇지만 그것은 불가능하다. 다만, 교사가 모둠 활동 중의 아이들 모습을 최대한 살펴보면서 진행하는 것만이 현재로서는 최선일 듯하다.

아무것도 안 했는데 발표시켜서 난감한 아이들

보통 발표를 통해 모둠 활동 결과를 전체가 함께 공유하는 시간을 갖는다. 그것은 모둠 내에서 협력하며 배우는 것의 확장이기 때문이다. 이때 발표할 모둠을 선정하게 되는데, 무작위적으로 선정하면 교사와 그 모둠 아이들이 모두 난감한 상황이 발생하기도 한다. 다음은 1학년 사회 공개 수업을 준비할 때 관찰한 사례이다.

수업을 시작하고 잠시 후에 선생님이 모둠 과제를 제시했어요. 그런데 제가 관찰한 3모둠 아이들은 그 모둠 과제를 안 했어요. 그 시간 동안 수업과 관계없는 이야기를 하며 계속 놀았거든요. 10분쯤 지났을 때 선생님이 "다 했나요? 그럼 이제 어떻게 했는지 들어 볼게요."라고 말했어요. 그러더니 3모둠으로 다가와서 말했어요.

"자! 이 모둠에서 한번 이야기해 볼까요?"

그러자 과제도 제대로 확인하지 않은 아이들은 아무런 말도 못하고 우물쭈물했어요. 그런 사정을 모르는 선생님은 재차 친절하게 발표를 권했어요.

"자! 누가 이야기할까요?"

그러자 아이들은 서로 미루다가 가위바위보를 했어요. 그때까지 선생님은 참을성 있게 기다렸어요. 몇 번의 가위바위보 끝에 어느 남학생이 졌어요.

"자, 이제 네가 이야기해 보자."

선생님이 진 학생에게 말했어요. 그러나 그 아이는 어쩔 줄 몰라하면서 아무 말도 못했어요. 한참을 웃는 낯으로 기다리던 선생님은 "이 모둠은 발표 준비가 안되었나 봐요. 그럼 다른 모둠의 의견을 들어 볼게요."라고 말하며 다른 모둠으로 갔어요.

모둠 아이들이 발표도 안 하면서 시간을 끄는 바람에 수업의 흐름이 끊어졌다. 사실 흥미로운 과제라고 하더라도 모둠 활동을 수행하지 않고 놀기만 하는 모둠은 항상 있다. 아이들은 그렇다. 그러나 이 아이들이 한 시간 내내 놀기만 하지는 않는다. 그러다 어느 순간 수업에 쏙 들어오기도 하는 것이다. 만약, 모둠의 활동을 평가할 목적이거나 모둠 활동에 집중하도록 주의를 주는 목적이라면 이 사례에서처럼 아무것도 안 한 모둠에게 발표를 시켜보는 것도 가능하겠다.

그러나 모둠 활동 결과를 전체가 공유하면서 배우려는 목적이라면 아이들이 모둠 활동을 하는 동안 교사는 발표할 만한 모둠을 미리 보아 두는 것이 좋다. 그랬다가 시간이 되었을 때 그 모둠에게 발표를 요구하는 것이다. 그러면 요구하는 교사나 발표하는 아이들이나 부담이 없고, 교사가 가치 있다고 생각한 내용을 교실 전체가 공유하는 의미 있는 시간을 가질 수 있을 것이다.

수업 참관에서
무엇을, 어떻게 관찰해야 하는가?

수업 혁신을 위해 반드시 넘어야 할 '수업 참관'

첫해에 학교 차원의 수업 혁신으로 '아이들이 협력하며 배우는 수업'을 시작했지만, 대부분의 교사들은 한 발짝 물러나 있었다. 어떤 것인지 알아보고 괜찮으면 하겠다는 심정으로 대부분 교사들은 수업 혁신 학년인 1학년에서 빠져 있었다. 그들이 새로운 수업을 배울 수 있는 자리는 단 하나였다. 바로 공개 수업에서 수업 참관과 수업 연구회 시간에 참관 내용을 공유하는 때였다.

수업을 참관하는 것은 아이들에 대한 교사의 이해를 높이므로, 아이들이 활동하며 배우기에 적합한 수업을 설계하기 위해 꼭 필요한 것이다. 그런데 수업 혁신을 처음 시작했을 때에는 수업 참관을 통해 이러한 의미를 발견하는 것이 힘들었다. 공개 수업을 참관했지만 아이들이 모둠에서 어떻게 의견을 만들어가는지를 보지 못했다. 모둠 활동 중 아이들의 특징도, '수업에 들어오거나 나가는' 모습도 발견하지 못했다. 따라서 공개 수업 후 수업 연구회를 진행했지만 귀에 쏙 들어오는 참관 발언은 없었다. 이처럼 수업 참관을 해도 아이들의 모습을 의미 있게 관찰하지 못하는 상황은 시간이 지나도 좀처럼 나아지지 않았다.

공개 수업에서 참관을 의미 있게 하지 못한다면 새로운 수업을 배울 기회가 없게 된다. 한 발짝 물러나 있던 대부분의 교사들이 이렇게 잘 배우지 못한다면 누가 선뜻 뛰어 들겠는가? 결국 수업 혁신은 확산되지 못하고 매우 소수의 사람들만 하는 것이 되어, 학교 차원의 수업 혁신은 실패할 것이다. 공개 수업에서 참관을 어떻게 의미 있게 하느냐는 수업 혁신을 지속시키고 확산시키는 데 반드시 넘어야 할 산이었다.

수업 혁신 둘째 해가 되자 범교과 수업모임이 점점 자리를 잡아가면서 깊이 있는 수업 참관에 대한 해법이 조금씩 보이는 듯했다. 그 이유는 바로 수업모임에서 수업을 공동 설계하는 과정을 거치기 때문이었다. 수업을 공동으로 설계하였기에 참관 교사는 수업 교사가 어떻게 수업을 진행할 것인지를 이미 다 알고 있었다. 또한, 활동지의 모둠 과제에서 어떤 지점에 포인트를 두고 아이들을 지켜봐야 할지를 비롯해서 예상되는 아이들의 반응까지 이미 참관 교사의 머릿속에는 그림이 다 그려져 있었다. 그래서 아주 편안한 마음으로 아이들 옆에 붙어 앉아서 주어진 모둠 과제에 대하여 아이들이 어떻게 받아들이고 있는지, 아이들의 학습에 방해가 되는 요소는 무엇인지, 아이들이 학습목표에 얼마나 도달하고 있는지 등을 세세하게 관찰할 수 있었다.

아이들의 말과 행동의 의미를 분석해야 한다

2학년 과학 공개 수업에서였다. 스마트폰을 이용해서 사람과

자동차에 포함된 원소를 찾아 모둠 활동지에 쓰고, 크게 출력해
준 주기율표에 스티커를 붙여 표시하는 모둠 과제가 주어졌다.

저희는 2모둠을 봤어요. 모둠원은 조경희, 문승재, 정석
영 학생이었어요. 이 아이들은 활동 중에 대화를 거의 안
했어요. 승재는 처음에 사람의 구성 원소를 찾았는데 잘
나오지 않았어요. 그러니까 핸드폰을 꺼버리더라구요.
석영이는 모둠 활동지를 자기 앞에 두고는 자기가 혼자
찾아 쓰면서 나머지 두 명에게는 보여주지 않았어요. 나
머지 두 명도 그다지 보려는 의지도 없었지만요.
아이들 사이에 잠시 침묵이 깨진 건 경희 때문이었어요.
아무도 스티커를 붙이지 않으니까 경희가 붙이기 시작했
어요. 그런데 다 빨간색으로 붙인 거예요. 그러니까 석영
이가 마지못해서 "그거, 자동차는 빨강이고, 사람은 파랑
인데" 그랬더니 "어, 정말!" 경희가 그랬어요. 그러자 승
재가 석영이 앞에 있던 활동지를 휙 들고 와서는 경희의
눈앞에 갖다 대는 거예요. 다시 붙이라는 뜻이었어요. 말
없이. 그러면서 "스티커 안 떼어지니까 덮어 씌워!"라고
말했고, 경희가 덧붙이면서 수정하니까 승재가 그제서야
약간 움직이기 시작했어요.
승재는 "이"의 구성 원소를 찾아보았는데 다른 게 나왔어
요. 그러니까 그걸 활동지에 썼고, 그러면서 셋이 약간 대
화를 했어요. 이때 선생님이 주기율표에 붙인 스티커를
보고 공통점을 찾아 쓰라고 하셨잖아요. 그러니까 스티
커 붙인 주기율표를 석영이가 다시 가져갔어요. 그러면

서 셋의 대화가 끝났어요.

참관 발언은 위와 같이 길었지만, 내용을 자세히 보면 15분 정도 진행된 모둠 활동 동안 아이들이 나눈 대화는 몇 마디 안 되는 것을 알 수 있다. 그런데 참관 교사는 모둠에서 활동이 어떻게, 얼마나 이루어졌고, 누가 어떤 역할을 했는지를 파악해서 말했다. 승재가 처음에는 찾았는데 잘 안 나오니까 핸드폰을 꺼버렸다거나 석영이는 나머지 두 명에게 보여주지 않았다는 등 말이 아니라 행동을 관찰하며 파악했다. 또한 "나머지 두 명도 그다지 보려는 의지가 없었다."라고 정황을 고려하여 파악하기도 했다. 결국 참관 발언을 듣고 있으면 아이들의 활동 모습이 눈에 보이는 듯하여 '아! 그 모둠 아이들이 그렇게 활동했구나.'라는 생각이 들었다.

참관 교사는 모둠 활동 묘사에 그치지 않았다. 발언의 말미에는 이 모둠 아이들 사이에 협력이 더 잘 일어나게 하는 방안도 제시했다.

만약 교사가 석영이 앞에 있던 모둠 활동지를 경희 앞으로 옮겨주면서 하라고 했다면 아이들 사이의 협력이 더 많이 일어나지 않았을까 생각해요. 그리고 공부를 잘하는 석영이는 평소에도 자기 것만 하는 성향을 보였어요. 이 아이에게는 협력하며 배울 때 더 잘 배울 수 있다는 이야기와 체험을 제공하는 것이 필요하다는 생각이 들었어요.

이 교사의 참관 발언을 보면 활동이 미숙한 모둠이라도 참관할 것이 있으며, 참관을 통해 교사들이 배울 것이 있음을 알 수 있다. 의미 있는 참관은 아이들의 모둠 활동이 아니라 참관하는 교사에게 달려 있다.

의미 있는 관찰을 위한 수업 참관 방법

의미 있는 관찰을 하기 위해서는 수업 참관을 어떻게 해야 할까? 수업 참관이 나아지는 속도가 더딘 것은 좋은 참관을 위해 필요한 방법을 잘 모르기 때문인 경우가 많다. 우리는 계속되는 수업 연구회에서 참관 발언들을 들으면서 좋은 참관 발언이 나올 때마다 그 교사가 참관하는 방법을 눈여겨보았다. 이렇게 해서 몇 가지 좋은 참관 방법을 찾았다.

첫째, 참관 교사는 관찰하려는 모둠에 최대한 가까이 접근해서 관찰해야 한다. 수업 장소가 좁은 것도 있지만, 어찌 되었든 많은 교사들은 교실 뒤편에서 강의들을 때와 같은 자세로 앉아 있다. 이렇게 해서는 모둠 아이들이 어떻게 해나가는지를 관찰할 수가 없다. 그런데도 많은 교사들은 공개 수업 교실에 들어가서 이렇게 한다. 때때로 옆자리 교사와 이야기를 나누기도 한다. 좌우측 벽에 붙어 서서 참관하는 교사들도 많다. 좁은 공개 수업 장소에서 그나마 아이들을 가까이서 관찰하려고 애쓰는 자세이긴 하다. 그러나 아이들 등을 보고 있어 이것도 의미 있는 관찰을 하기에는 턱없이 부족하다. 일단 아이들의 자연스런 대화를 거의 듣지 못하기 때문이다. 또한 등을 보이며 앉아있는 아이들의 표정이나 미세한 행동을 보지 못하기 때문이다. 말과 행동, 표정을 못 보면 모둠활동, 즉 아이들이 의사소통을 어떻게 하며 배우고 있는지에 대한 세밀한 관찰은 불가능하다.

참관을 위해서는 모둠 아이들의 얼굴이 보이는 방향에, 그들의 모든 말이 들리는 거리에 안정적으로 자리를 잡아야 한다. 시선의 높이도 아이들과 비슷하도록 하는 것이 좋다. 그러면서 드라마를 보듯이 한시도 한눈팔지 않으면서 행동과 표정을 관찰해야 하고, 하는 말을 들어야 한다. 그리고 마치 스포츠 중계방송을 하듯이 관찰한 것을 그때마다 기록하면 더 좋다. 기록하는 말 중에는 참관 교사의 해석이나 기대, 궁금함 이런 것도 들어가야 한다.

둘째, 참관하는 수업에 빠져들지 않아야 한다. 교사가 설명할 때 참관 교사들 중 많은 수는 교사를 쳐다보고 있다. 옛날에 배웠던 내용이 새록새록 떠오르는지 교사들에 둘러싸여 긴장하고 있는 학생들보다 더 열심히 수업을 듣고 있다. 참관 교사는 수업을 들으러 간 것이 아니다. 아이들이 어떻게 배우는지를 관찰하면서 새로운 수업을 배우러 간 것이다. 따라서 교사가 아니라 아이들을 보아야 한다. 교사의 그런 설명에 아이들이 어떻게 반응하지를 관찰하고 해석하는 것이 참관 교사가 할 일이고, 참관을 통해 수업을 배우는 방법이다.

어느 순간에는 수업을 받는 아이들을 비롯해서 참관 교사들까지 모두 칠판을 바라보고 있는 경우도 있었다. 만약, 아이들의 관심이 집중되는 순간이 있다면 참관 교사는 같이 관심을 가질 게 아니라, 그 순간에 어떤 아이들이 어떻게 변화하는가를 보아야 한다. 참관 교사는 칠판을 볼 게 아니라 칠판을 보는 아이들을 보아야 한다. 또, 과제가 흥미로울 때는 참관 교사들이 학생처럼 그것을 해결하려고 활동지만 쳐다보고 있는 경우도 있다. 심지어는 아이들의 발표를 들으면서 마치 학생인 것처럼 감탄하기도 한다. 이 때도 마찬가지이다. 교사가 흥미롭다고 느끼는 문제를 아이들은 어떻게 생각하는지, 그리고 어떻게 해결해 나가는지를 끈기 있게 그리고 세밀하게 관찰해야 한다. 참관 교사는 활동지를 볼 것이 아니라 활동지를 보는 아이들을 보아야 한다.

셋째, 모둠 활동에 관여하지 않는다. 참관 교사가 모둠 활동을 관찰하다가 참지 못하고 아이들을 가르치는 경우도 많다. "내가 설명해 줄게요. 들어 봐요." 이렇게 노골적으로 가르치는 경우도 있고, "이건 어떻게 될까?" 이렇게 물어가면서 아이들이 해결할 수 있도록 돕는 경우도 있다. 둘 중 어느 것도 바람직하지 않다. 무엇에서 막히는지, 그리고 막힐 때 아이들이 어떻게 반응하는지 또 어떻게 해결하려고 노력하는지를 묵묵히 관찰해야 한다. 그런 모습을 모두 기록해 두었다가 수업 연구회 시간에 발언하면서 아이들의 특성을 파악하고, 또 아이들이 더 잘 수행할 수 있는 수업을 만들 때 참고할 수 있도록 해야 한다.

TV 드라마를 볼 때 우리는 어떻게 보는가? TV에서 눈을 떼지 않으면서 등장인물의 행동뿐만 아니라 표정까지도 세밀하게 본다. 그리고 소리 크기를 조절해서 한마디도 놓치지 않고 듣는다. 그러면서 지난 줄거리에 비추어서 지금 어떻게 진행되고 있는지, 앞으로는 어떻게 될지도 상상한다. 그리고 자기 가치관에 비추어서 '저러면 되나?' 이런 생각도 하면서 즐긴다. 수업 참관도 모둠 활동하는 아이들에 대해서 이렇게 해야 한다. 그러면 드라마를 보고 나서 할 말이 생기듯이 수업을 보고 나서도 아이들에 대해 할 말이 생긴다.

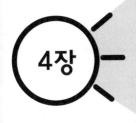

4장 범교과 수업모임을 위한 환경 조성

이 장은 범교과 수업모임의 일상적인 모습과 그것을 가능하게 해주는 외형적인 환경을 다루고 있다.

담임 업무와 생활지도, 잡다한 공문서 처리, 방과 후 학교 업무, 각종 학교 행사들로 늘 분주하기만 한 학교생활 중 언제 시간이 있어서 수업모임을 할 수 있을까?

수업을 하는 것이 학교에 출근하는 주된 이유이면서도 교사들끼리 나누는 이야기들 중에 수업은 쏙 빠져있는 것이 오늘날 보통 학교의 모습인데, 어떻게 우리 학교 수업모임에서는 교과가 서로 다른 교사들끼리 서로의 수업을 이야기하는 문화가 자리를 잡았을까?

수업모임에는 어떤 교사들이 얼마나 참여하고 그것을 지원해주는 학교의 시스템은 어떠할까?

수업모임을 유지하고 운영해나가기 위해서 필요한 것은 무엇일까?

이 장을 읽으면서 이런 생각들에 대한 답을 찾아볼 수 있을 것이다.

왜 범교과 수업모임인가?

공동 수업설계를 위한 범교과 수업모임

우리가 배움의 공동체 이론을 주로 습득한 책인 『수업이 바뀌면 학교가 바뀐다』에서는 '동학년 협의회'를 강조했다. 공개 수업을 동학년 협의회에서 함께 보면서 수업에 대해 성찰하라고 했다. 우리도 동학년 협의회를 만들었다. 매월 1회씩 할 수 있도록 시간을 학사 일정에 넣고 진행했다.

그러나 동학년 협의회는 모든 학년에서 똑같이 학급 운영 이야기나 학교 업무 이야기로 흐르고 말았다. 이론과 실천은 엄연한 차이가 있었다. 책의 내용을 적용하려고 했지만, 어느 것도 쉽게 책에서와 같은 결과를 얻을 수 없었고, 효과를 볼 수 없었다.

책에서는 주로 공개 수업을 하고, 그 수업을 참관하면서 새로운 수업을 배운다고 했다. 그래서 열심히 참관했고, 공개 수업 직후에 이어진 수업 연구회 시간에 서로 이야기하며 배우려고 했다. 그러나 2장에서 언급했듯이 세 번째 공개 수업 만에 '무엇을 봐야 할지 모르겠다'는 혼란에 빠지고 말았다.

수업을 배우는 방법에서도 공개 수업을 하는 것과 그 수업을 참관하고 이야기하는 것이 아닌 다소 다른 것을 찾아냈다. 우리는 '함께 수업을 만들고', '그 수업을 참관하고', '수업을 수정하고', '참관하고', '수정하고' 이런 과정을 반복하면서 수업을 배웠다. 우리에게 맞는 수업을 배우는 방법은 공개 수업과 참관에만 집중하는 것이 아니라 위와 같이 '수업을 함께 만들어 가는 과정'이었다.

또한 돌이켜 보면 '듣기'와 '대응'은 일반적인 말일뿐더러 탄탄하게 설계된 수업일 때 의미가 있었다. 그리고 대응은 되돌리기나 연결 짓기 이런 것들을 말하는 것이었다. 이를 위해서는 아이들에 대한 지식이 필요했다. 그런데 처음에 우리는 이런 세밀한 것을 알지 못하고 헤맸던 것이다.

비록 이론과 실천 사이가 이처럼 멀었지만, 배움의 공동체는 우리 수업 혁신의 가장 중요한 뼈대이다. 학생 중심 수업으로서 '아이들이 활동하며 배우게 한다.', '아이들이 서로 협력하며 배우게 한다.'는 배움의 공동체의 기본적인 교육 방법은 우리가 지금까지 전혀 바꾸지 않고 있기 때문이다. 난이도가 높아 아이들끼리 협력해야 해결할 수 있는 도전 과제를 제시하는 것도 마찬가지이다. 그리고 '공개 수업', '되돌리기', '공유' 등 배움의 공동체의 핵심 개념들도 대부분 그 가치를 느끼고 있다. 또한, 배움의 공동체 이론은 아이들에 대한 믿음을 바탕으로 하고 있다. 기다려주면 또는 흥미를 느낄 만한 것을 제시하면 아이들은 함께 활동하며 배울 것이라는 믿음이다. 우리는 이것에 동의했다. 따라서 아이들을 수업에 집중시키기 위해 보상을 주겠다고 말하지 않으려 했고, 모둠을 구성할 때 굳이 잘하는 아이와 못하는 아이를 계획적으로 섞어 놓으려고 하지 않았다.

그런데 그런 수업을 교사들이 배우는 방식은 앞서 말한 바와 같이 '수업을 함께 만들어 가는 과정'으로 우리 스스로 찾았다. 수업 혁신을 시작한지 4년째인 지금 우리 학교에는 수업모임이 탄탄하게 정착되었다. 매주 과목이 다른 교사들이 모여서 수업에 대해 논의한다. 교무실에서 교과가 다른 교사들이 서로 도움을 주고받는 경우도 있다. 수업에 대한 이야기가 일상적으로 이루어지고 있다. 아이들도 다른 특징을 보이고 있다. 스스럼없이 자기 의견을 말하는 아이들이 많다. 의견을 말하는 아이가 없을까 봐 질문하기를 걱정할 필요가 없는 수업 분위기이다.

한 학교의 1/3 정도의 교사들 사이에서 나타나고 있는 일이지만, 배움의 공동체 이론을 보면서 시작한 수업 혁신이 학교의 수업에 변화를 가져왔다. 따라서 우리 학교의 사례는 배움의 공동체 이론의 실천 사례라고 할 수 있다. 이 이론을 실천하려고 할 때 참고할 수 있는 하나의 사례이다.

우리 나름의 지혜를 모아 판단하고

수업모임에서 논의하다 보면 판단이 필요할 때가 있었다. 그럴 때에 "배움의 공동체 이론에서는 어떻게 하라고 하고 있지?"라는 식으로 말하며 해결책을 찾으려 하지는 않았다. 논의를 통해 서로 합의한 대로 판단하고 실천했다. 이론과 실천 사이에는 큰 빈틈이 있기 때문이었다. 또한 이러한 해결의 시도는 당초 우리의 목표가 배움의 공동체 이론을 적용하여 검증하는 것이 아니었으므로 타당한 것이었다.

> 혁신학교들에서 배움의 공동체, 그 모델을 가지고 오니까
> 불편한 거예요. 그 틀 안에 들어가야 되는 게 너무 불편하
> 고 부담스럽더라구요. 다른 사람들도 그런 불편함을 좀
> 느끼겠다는 생각을 했어요.

혁신학교 첫해를 마칠 때 즈음 서울형 혁신학교 발표회가 있었다. 이때 혁신학교가 아닌 학교의 교사가 배움의 공동체 수업을 하는 학교에 갔다가 받은 느낌을 위와 같이 표현했다. 우리 학교 교사들 중에도 이와 같은 불편한 감정을 가지는 분들이 처음부터 있었다. 배움의 공동체가 아닌 다른 방식의 수업을 열심히 해오던 교사들에게 이런 마음은 더욱 컸다. 따라서 "배움의 공동체"라는 표현을 사용하는 것이 오히려 역효과를 내기도 하는 것 같았다. 따라서 우리는 이론 공부와 강의 듣기, 수업 컨설턴트 초청 등 배움의 공동체에 대한 직접적인 연수는 수업 혁신 첫해까지만 진행했다. 둘째 해를 시작할 즈음에는 수업 모임이 어느 정도 탄탄해졌으므로 이것이 가능했다. 그리고 그때부터는 "배움의 공동체"라는 말을 수업모임뿐만 아니라 학교 내에서도 되도록이면 사용하지 않기로 하기도 했다.

그러면서 우리의 수업 혁신을 무엇이라고 이름 붙일 수 있을까 생각해 보았다. 그러다가 "아이들이 협력하며 배우는 수업"이라는 표현을 선택했다. 이것도 또한 배움의 공동체 연수에서 들은 것

이었다. 그러나 우리가 하려는 수업을 이보다 더 정확하게 표현하는 말을 찾지 못했다. 그리고 이 표현에 거부감을 나타내는 분들은 없었기 때문이었다.

만약 독자들의 학교에서 배움의 공동체 이론을 바탕으로 한 수업 혁신을 하고자 한다면 우리 학교의 실천 방법을 추천한다. 그러나 우리가 그랬듯이 독자는 그 학교의 실정에 맞는 실천 방법을 찾는 것이 중요함을 잊지 말아야 한다.

범교과 수업모임의 일상

수업모임 스케치

한울중학교의 수업모임에서는 교사들의 담당 과목이 서로 다르더라도 함께 모여 수업을 만든다. 그래서 우리는 이 모임을 범교과 수업모임이라 이름 붙였다. 매주 수요일 오후 3시 30분에 회의실에서 모임을 열었고, 수요일 아침마다 항상 전체 교사들에게 다음과 같은 메시지를 보내면서 모임을 안내했다.

오늘 수업모임 합니다.
— 시간 : 15시 30분 ~
— 장소 : 회의실
— 내용 : 9월 전체 공개 수업 준비(이지연 선생님),
　　　　요즘 수업 이야기
이지연 선생님께서 활동지를 만들어 왔습니다. 그것을
검토하려 합니다. 그리고 수업모임은 모든 선생님들께
열려 있습니다. 관심 있으신 분들의 참석을 바랍니다.
감사합니다.

물론 회의에 참석하는 분들은 주로 수업모임 교사들이었다. 그렇지만 모든 교사들에게 정기적으로 수업모임을 알린 것은 수업 혁신을 위한 노력을 함께하자는 차원에서 모임이 누구에게나 열려있다는 의미였고, 공개 수업이 다가올 때는 공개 수업을 홍보하는 과정이기도 했다.

모임은 3시 30분부터 시작되어 4시쯤 되어야 본격적인 논의로 들어간다. 이 시간에 선생님들은 마치 대학원 세미나실에 온 듯 학교의 업무와 단절된다. 수업, 수업 중 아이들의 흥미와 반응, 학습목표, 활동지 과제 이런 말들 속에 푹 파묻힌다. 펑펑 내리는 함박눈에 운동장과 화단의 나무, 주변의 집들이 모두 푹신하게 덮히는 것과 같다. 학교의 어느 공간에서도 느끼기 힘든, 업무에서 벗어난 분위기이다.

논의의 진행 속도는 매우 느리다. 느끼는 대로 솔직하게 전부 이야기를 나눈다. 내일 당장 필요한 활동지와 수업일지라도 "그런 이야기할 시간 없어요."라고 재촉하는 사람은 없다. 활동지 초안을 검토할 때는 다른 교과 선생님들이 과제에 답을 써보면서 내용도 물어보고 답도 확인하는데, 그러다 보면 중학교 수준을 넘어서는 내용을 이야기하고 있을 때도 많다. 그래도 "그건 중학교 수준을 넘어가는 내용이니까 이야기할 필요 없어요."라는 말은 절대 나오지 않는다. 한참을 우왕좌왕하다가 갑자기 학습목표가 뭐냐고 묻기도 한다.

이러다 보면 5시가 되고, 대부분의 경우는 더 필요한 수업 준비, 만들던 모둠 과제 등을 정리하며 수업모임을 마무리한다. 그러나 가끔 5시를 넘겨가며 계속 논의를 할 때도 있다. 내일 당장 필요한 활동지가 만들어지지 않으면 몇몇은 가고, 네다섯 명은 남아서 논의를 계속한다. 급할 때는 저녁을 먹어가며 늦게까지 회의를 하기도 한다.

이런 과정을 거쳐 과제를 만들어 활동지를 완성한다. 그리고 아이들이 무엇인가 해볼 수 있는, 배울 수 있는 수업 운영 방법도 구상한다. 수업에 필요한 자료가 있다면 수업 교사뿐만 아니라 다른 교과 교사가 도와서 같이 만들기도 한다.

모임에서 단순히 수업 한 차시만 설계하는 것은 아니다. 일상 수업에 대한 논의를 할 때는, 단원을 시작하는 교사가 단원의 차시들을 무슨 주제로 또 어떤 소재로 하는 것이 좋을지를 묻는 경우가 많다. 자유롭게 의견을 교환하면서 대단원의 흐름을 잡고, 각 차시의 얼개를 구성하기도 한다.

공개 수업을 준비할 때는 보다 꼼꼼하게 피드백을 하며 수업을 구체적으로 만든다. 이때는 만든 활동지로 실제 이루어지는 수업을 참관하며 지속적인 수정을 한다. 보통 첫날은 수업 교사의 의견을 듣고 수업 내용에 대해 질의하는 시간을 주로 갖는다. 그리고 다른 교과 교사들이 수업에 대한 의견을 제시하지만 그것은 수업 교사의 마음에 들지 않는 경우가 많다. 그러면 그 단원에 대한 학습목표를 공유할 때까지 몇 번이고 모인다. 평소에는 일주일에 한 번만 모이지만, 공개 수업을 준비할 때는 공개 수업 2주쯤 전부터 수업설계를 완성할 때까지 일주일에 약 3~4회씩 모인다.

그렇게 집중적으로 논의하여 얼개 정도가 아니라 구체적인 활동지를 만든다. 이제는 누군가가 아이디어를 제안하면 그것을 실제적으로 검토하고 보완하여 활동지를 완성한다. 그리고 대부분의 경우 공개 수업 한 차시가 아니라 그 앞뒤 차시까지 몇 개가 만들어진다. '이 활동지로 이렇게 수업을 하면 아이들이 어떻게 반응할까?' 하는 궁금한 마음이 저절로 생긴다. 참관은 '어떤 한 교사'의 수업을 평가하는 것이 아니라 '우리 모두가 함께 만든 수업'이 어떻게 진행될지 궁금한 마음을 확인하는 수단이 된다. 이렇게 수업을 여는, 수업을 참관하려는 분위기가 자연스럽게 형성된다.

공동 설계한 수업을 미리 참관하기 위한 시간표 조정

새로 만든 여러 차시의 활동지는 그것으로 하는 수업을 실제로 보아야 구체적으로 수정할 수 있다. 따라서 공개 차시를 다른 반에서 미리 해 볼 수 있도록, 그리고 수업 모임 교사들이 그 수업을 참관할 수 있도록 시간표 조정이 꼭 필요했다.

> **수업계 선생님께**
> 9.12(수) 전체 공개 수업과 관련하여 시간표 변동을 요청
> 드립니다.
> 9.10(월) 1교시 최○○선생님(가정) ⇒ 9.13(목) 2교시로
> 9.13(목) 2교시 이지연선생님(사회) ⇒ 9.10(월) 1교시로
> 감사합니다.

학교에서 시간표를 변동한다는 것은 경우에 따라서는 매우 어려운 일이다. 많게는 수백 명의 학생들과 여러 명의 교사들 수업

이 영향을 받기 때문이다. 우리 학교에서는 모두가 협조해주기로 마음을 모았기에 공개 수업과 수업 참관을 위한 시간표 변동에서 큰 어려움은 없었다.

이렇게 시간표 조정이 받아들여져서 공개 수업일 이전에 미리 수업을 해보는 날짜와 시간이 정해지면, 수업 시간표와 참관을 알리는 메시지를 모든 교사들에게 보낸다.

수업 참관 안내

일주일 후인 9월 12일(수)에 전체 공개 수업이 있습니다.

이지연 선생님께서 1학년 사회 과목 수업을 준비 중입니다.

— '다양한 기후 지역과 주민 생활' 단원의 세번째 차시를 공개하게 되었습니다. 그래서 지난주부터 수업모임에서 만나 1차시, 2차시, 3차시를 만들었습니다.

내일(9월 6일, 목) 1차시부터 아래 표와 같이 함께 만든 수업을 실제로 진행하고 피드백을 받으려 합니다.

	월(10)	화(11)	수(12)	목(6)	금(7)
1	1-9(1차시)	1-9(2차시)			
2					
3	1-10(2차시) 1-10(3차시)				
4					
5	1-8(2차시)				1-8(1차시)
6	1-8(3차시)		전체 공개 수업(1-9)	1-10(1차시)	

많은 선생님들께서 참관하시고 서로 배우는 자리가 되면

좋겠습니다. 그리고 공개 수업하시는 이지연 선생님께서
힘내시도록 좋은 말씀 많이 해주세요.
감사합니다.

교육혁신부 드림.

  이렇게 수업 시간표가 공지되면 수업을 참관하려는 교사는 누구나 필요할 경우 시간표 변동을 신청할 수 있었고, 대부분 받아들여졌다. 실제로 수업 참관을 하겠다는 교사의 수가 많지 않았으므로 학교 운영에 그리 무리가 되지 않았다. 그리고 꼭 참관하고 싶은 사람들은 참관할 수 있었다.

  공개 수업 교사 이외에 같은 내용을 수업하는 다른 교사도 함께 만든 수업을 하며 공개했고, 그 수업도 참관할 수 있었다. 이것은 특히, 공개 수업을 하게 될 교사에게 도움이 많이 되었다. 직접 수업을 할 때는 못 보는 아이들의 반응을 다른 동료 교사의 수업을 참관하면서 볼 수 있기 때문이었다. 실제로 위와 같은 메시지를 보내면, 같은 교과 교사들은 물론이고 수업모임에 잘 안 오시던 분들도 수업을 참관하면서 수업에 대한 의견을 주기도 했다. 공개 수업 이전에 이루어지는 이런 수업 참관과 피드백은 비록 모든 교사들은 아니지만 참여하는 교사들에게는 수업을 참관하면서 서로 배울 수 있는 좋은 기회가 되었다.

수업모임을 가능하게 해주는 학교의 지원

"모든 행정 업무는 행정 보조사에게 넘기세요."

교사들이 학교에서 바쁜 것은 제일 중요한 업무인 교과 수업 때문이 아니다. 아이들 생활지도, 늘 빨리 보고하라는 공문서, 방과 후 수업, 학력 향상 업무 이런 것들로 분주하다. 따라서 매주 한 번씩 모인다는 우리 학교의 수업모임 사례를 다른 학교에 소개하면, "바쁜데 어떻게 그것이 가능한가요?"라는 질문을 받곤 했다. 우리 학교가 서울시교육청 혁신학교를 신청한 이유 중에는 교사로서 수업에 집중하지 못하면서 항상 바쁘기만 한 상황을 개선하고 싶다는 의지도 있었다.

우리는 수업 혁신에 중점을 둔 혁신학교를 계획했다. 이를 위해 초기에 우리는 교사들이 수업에 대해 돌아볼 수 있는 시간을 가질 수 있도록 하는 데 가장 큰 공을 들였다. 그래서 행정 보조사 두 명을 채용하여 경기도의 장곡중학교 사례를 바탕으로 행정 문서 처리 방법을 바꾸었다. 행정 보조사 한 명은 공문과 에듀파인 기안을 하도록 했다. 다른 한 명은 설문지, 방과 후 학교 신청서, 사진 촬영, 행사 준비, 각종 통계 처리 등 교사들의 시간을 많이 빼앗는 잡무를 담당하도록 했다.

"수업과 생활지도를 제외한 모든 업무는 일단 행정 보조사에게 넘기세요. 그리고 그분들이 처리할 수 없는 일만 교사들이 다시 가져오세요."라며 교장 선생님도 교사들이 업무 부담을 줄일 수 있도록 지원해 주었다.

혁신학교 첫해에는 이에 대한 우려의 목소리도 있었다. 교육청의 장학사는 "행정 보조사가 기안을 해도 될까요?"라는 우려를 표명했고, "예산을 집행하는 에듀파인 기안을 행정 보조사에게 넘길 수는 없는 것 아닌가요?"라고 걱정하는 교사들도 있었다.

그러나 학기가 시작되고 얼마 지나지 않아 이런 염려는 사라졌고 아무런 문제도 발생하지 않았다. 교사들이 공문서 처리를 위해 전자 문서 시스템이나 에듀파인에 로그인하는 일이 거의 없어졌다. 또 시간이 많이 걸리는 단순 반복 작업과 자료 정리 등을 두 번째 행정 보조사가 담당하여 교사들의 공문서 외 업무 부담도 많이 줄었다. 이 모든 일들이 얼마 지나지 않아 학교에 자연스럽게 자리 잡았다.

방과 후 학교 수업은 본교 교사가 담당하지 않는다

혁신학교 지정을 신청한 2010년은 학교가 특히 더 바쁜 시기였다. 지역교육청에서는 교사들에게 방과 후 학교와 학력 향상 중점 학교를 위한 별도의 수업을 하도록 요구했다. 정규 수업과 생활지도와 행정 업무만으로도 버거운 상황에서 교사들은 방과 후에도 이런저런 수업을 해야 했던 것이다. 그래서 교사들은 누구나 일주일에 적게는 2일, 많게는 4일 방과 후 수업을 했다. 따라서 교사들은 교직원 회의를 하기도 힘들었다. 방과 후에 아무 일도 없는 요일이 일주일에 하루도 없었기 때문이었다.

그래서 학기 중에는 방과 후 수업을 가급적 본교 교사가 담당하지 않기로 하고 이를 실천했다. 보통 오후 3시 30분 정도부터 시작되는 방과 후 수업을 하게 되면 그 교사는 수업모임에 참석할 수 없기 때문이었다. 이런 방침은 혁신학교를 계획할 때부터 교사들이 함께 결정한 것이었으므로 무리 없이 실천되었다. 또한 그래도 여전히 교사가 담당하게 된 학력 향상 중점 학교에 따른 수업은 수업모임 날짜와 겹치지 않도록 협조를 구했다.

매주 수요일 오후는 수업모임 하는 날로 정한다

첫해 중반 즈음 수업모임을 열심히 하면서 곤란함이 생겼다. 우리가 수업모임을 하는 수요일 오후에 교직원 회의나 각종 교과 회의, 학년 회의, 그 밖의 행사가 겹쳐서 수업모임에 참석하고 싶어도 참석하지 못하는 교사들이 생겼기 때문이다.

따라서 교육혁신부에서는 '수요일 오후'는 수업모임을 하는 시간으로 정하고 그 외의 다른 학교 행사는 하지 않으면 좋겠다는 제안을 했다. 우리는 '수업'이 학교에서 가장 중요한 일라고 생각했다. 아이들이 학교에서 보내는 시간들 중 가장 많은 비중을 차지하는 것이 수업 시간이다. 그 시간들을 통해 아이들이 자신의 생각을 표현해보고 친구의 이야기에 귀를 기울여보며 서로 협력하는 경험을 해볼 수 있다면 그 교육적 효과가 어떤 행사보다 클 것이라고 생각했다. 우리는 '정규 수업 시간'에 아이들 하나하나와 즐겁게 소통함으로써 생활지도, 민주 시민 교육, 인성 교육도 할 수 있다고 생각했다. 일회적, 관례적으로 진행하는 행사와 방과 후의 활동들보다 교사든 학생이든 해야만 하는 수업 시간에 이런 것들을 담아내고 싶었고, 수업모임의 활동에서 그 가능성을 보여주었다.

교장 선생님을 포함한 부장 회의에서는 이 제안이 어렵지 않게 받아들여졌다. 혁신학교 둘째 해부터는 학교의 1년 계획을 세울 때 수요일에는 처음부터 아무런 행사를 잡지 않았다. 교사들이 편안하게 수업모임에 참석할 수 있도록 지원해주는 것이었다. 이렇게 해서 비로소 원하는 교사들은 모두 수요일 오후에 안정적으로 수업모임에 참석할 수 있게 되었다.

수업모임 운영 원리

자발적 참여

시간표 조정, 행정 업무 지원, 수업모임 시간 확보 등의 시스템은 수업모임에 큰 힘이 된다. 그러나 그것이 수업모임을 지속할 수 있는 근원적인 힘은 아니다. 관심 있는 교사들이 수업모임에 참여하게 하고, 한 번 참여한 교사들을 꾸준히 수업모임에 나오게 하며, 수업모임에서 추구하는 수업 혁신의 길을 함께 갈 수 있도록 수업모임을 운영하는 것이 무엇보다 중요하다. 많은 교사들이 이 과정의 의미를 인정하고 받아들일 때 비로소 수업모임은 힘을 가질 수 있다.

가장 중요한 것은 교사들이 자발적으로 수업모임에 참여할 때까지 기다리는 것이다. 어쩌면 자발적으로 참여를 선택할 때까지 기다리는 것이 먼저다. 교사들에게는 수년에서 수십 년 동안 각자 만들어온 학생관, 수업관이 있다. 그런데 어떤 이유를 들면서 그것을 갑자기 바꿔보자고 한다면 선뜻 받아들여질 리가 없다. 수업 혁신이 진정으로 교사들과 학생들에게 필요하고 유익한 것이라면 그것은 점차 힘을 얻어가며 주위로 퍼져나갈 것이다. 이러한 생각으로 언젠가는 많은 교사들이 참여할 것이라는 믿음을 가지고 기다려야 한다. 무리하게 요구하거나 밀어 붙여서는 안 된다.

기다릴 때에는 그냥 기다리는 것이 아니라, 지속적으로 수업 혁신에 관심을 가지고 배울 수 있는 기회를 제공해야 한다. 대부분의 교사들은 발령 직후부터 지금까지 수업은 개인에게 맡겨진 것이고 다른 교사의 수업에 관심을 가지는 일은 서로 부담을 주는 일이라고 생각해 왔을 것이다. 그런 교사들에게 이제는 서로의 수업을 열어놓고 함께 대화를 자연스럽게 나눌 수도 있다는 것을 계속 보여주어야 한다. 그리고 공개 수업 등을 통하여 새로운 수업 연구 과정을 접해볼 수 있는 기회를 제공해 주어야 한다.

우리학교에서는 수업 혁신에 부담을 느끼는 교사들을 고려하여 혁신학교 첫해에는 1학년만 수업 혁신 학년으로 정했다. 2학년과 3학년 담당 교사들은 1학년의 수업 혁신을 보고 배우기만 해도 되도록 계획했다. 그리고 연차적으로 한 학년씩 확대하기로 했다. 그래서 90%에 가까운 교사들이 수업 혁신에 중점을 둔 혁신학교 신청에 동의했다고 본다.

그리고 공개 수업도 자원하는 교사가 하기로 정했다. 1학년 담당 교사라고 하더라도 본인이 자발적으로 원하는 교사 공개 수업을 하는 것으로 정했다. 이와 동시에 새로운 수업을 배울 수 있는 연수와 다른 혁신학교의 공개 수업 참관을 적극적으로 지원하기로 했다. 수업모임이 만들어진 후에는 수업모임에서 논의한 내용을 항상 전체 교사들에게 알렸다. 그리고 둘째 해부터는 공개 수업을 마칠 때마다 그 과정을 정리하여 수업 신문을 만들어 모든 교사들에게 배포하였다. 이 모든 것들이 교사들의 자발성을 믿고 기다리는 과정이었다. 이렇게 진행하자 교사들 사이에 수업 혁신을 하느냐 마느냐가 이슈가 되는 다툼은 전혀 생기지 않았다. 많은 교사들이 수업 혁신 중점 혁신학교임에도 불구하고 부담 없이 생활하며, 수업 혁신에 대해 지속적으로 관심을 가지고 접해볼 수 있었다.

이렇게 자발성을 존중하는 방법은 어느 정도 성공을 거두었다고 할 수 있다. 자발적으로 수업모임에 참여한 교사들은 성의를 다해 더 나은 수업을 위한 논의에 참여하였고, 이러한 노력들이 쌓여가자 교실의 아이들에게도 변화가 나타나기 시작했다. 해가 지남에 따라 학년이 올라갈수록 모둠의 논의와 발표에 익숙해진 아이들이 늘어났고 이런 아이들 때문에 수업 방식을 조금씩 바꾸게 된다는 동료 교사들의 얘기를 들을 수 있었다.

수업모임에 헌신하는 몇 사람

수업 혁신에 헌신적인 교사 몇 명의 역할은 필수적이다. 그 몇 사람이 새로운 수업에 대한 경험이 많다면 좋겠지만 현실적으로 그런 교사는 매우 드물다. 공립학교에서 단위 학교 규모의 수업 혁신은 최근의 혁신학교 사업에서 거의 처음으로 시도되기 때문이다. 따라서 현 시점에서는 잘하지 못하더라도 정성을 가지고 이론적으로 또는 실천적으로 노력하는 사람이 있어야 한다.

우리 학교에서는 혁신학교를 주도한 교사들 중 몇 명이 수업 혁신에 헌신적이었다. 이들은 수업모임을 시작한 초기 멤버였는데 수업모임이 내실 있게 진행되도록 외부의 어떤 행사보다도 매주 하는 수업모임을 가장 우선시했다. 그리고 수업모임에 한 번도 안 빠지면서 모임을 꾸려가는 리더의 역할과 경계선에서 기웃거리며 고민하는 동료 교사를 설득해서 데려오는 역할, 모든 논의와 과정을 정리해서 모든 교사에게 공유하는 역할, 모임의 논의를 현실화하여 실행되도록 만드는 역할, 공개 수업이 가능하도록 학교의 교사들을 격려하고 지원하는 역할 등을 각자의 성격에 따라서 자연스럽게 나누어 맡아 '자기 일'처럼 했다. 이런 노력이 있었기에 수업모임이 성과를 거둘 수 있었다.

만약 대부분의 교사들이 '학교의 누군가가 수업 혁신을 해주겠지! 왜 나만 고생해야 돼?'라고 생각한다면 수업 혁신은 힘들 것이다. 서로 떠밀기도 하는 노력 정도로는 수업은 바뀌지 않는다. 단위 학교 규모의 수업 혁신을 위해서는 모든 것을 쏟아 붓듯이 노력하는 헌신적인 교사들이 필요한데, 우리 학교에는 그런 교사들이 있었다. 수업모임의 활동이 조금씩 효과를 나타내면서 이들을 중심으로 다른 교사들이 매년 새롭게 모일 수 있었다.

공개 수업은 매번 새로운 교사가 한다

혁신학교 둘째 해에도 첫해와 같이 매월 한 번씩 공개 수업 날짜만 정해 두고 학기를 시작했다. 공개 수업을 자원자가 하기로 한 것이다. 그러나 둘째 해에는 공개 수업을 하겠다고 자원하는 교사를 찾기가 힘들었다. '작년에 공개 수업을 한 교사는 제외하고, 새로운 사람이 방향'으로 진행했기 때문이다.

이 방침은 둘째 해가 시작되기 전에 결정한 것은 아니었다. 4월에 누군가 공개 수업을 자원해 주기를 기다리다가 그렇게 결정했다. 공개 수업은 새로운 수업을 접하고 배우는 가장 좋은 기회인데 이런 기회를 일부 교사들이 계속 점유한다면 학교 전체의 수업 혁신이라는 목표에 도움이 되지 않는다고 생각했기 때문이다. 어려움이 있더라도 '이렇게 가보자'라는 결심이기도 했다. 만약, 그것이 현실적으로 잘 안 된다고 하더라도 최선을 다하고 기다린다는 마음이었다.

그런데 수업모임에 열심히 나오는 교사들은 이미 지난해에 공개 수업을 한 교사들이 많았다. 따라서 이 방침대로 매월 공개 수업을 빠짐없이 진행하는 것은 쉽지 않았다.

그러자 이제는 새삼스럽게 수업모임에 잘 나오지 않는 교사들이 무척이나 소중해졌다. 공개 수업 날짜가 가까워지는데 자원하는 교사가 없을 때에는 공개 수업의 의미와 수업모임에서 공개 수업을 함께 만들어간다는 것을 더 적극적으로 홍보했다. 그리고 수업모임에 가끔씩 나오는 것으로 볼 때 수업 혁신에 관심은 있지만 선뜻 나서지는 못하고 있는 교사들을 찾아가서 공개 수업을 권유하기도 했다. 결과적으로 수업모임에서는 거의 매번 새로운 자원자들을 찾았다. 이들은 수업모임의 연구 과정이 어떤 것이며, 모임에서 지향하는 수업이 어떤 것이라는 것을 구체적으로 알게 되어 그 이후에도 가능한 만큼 수업모임에 참여했다. 결국 이 방침을 유지하면서 그해 일곱 번의 공개 수업을 모두 무사히 치루었는데, 이런 진행은 수업 혁신을 지지하는 층과 수업 혁신에 참여하는 층을 넓히는 계기가 되었다.

수업모임 열어 놓기

수업모임이나 공개 수업의 과정을 모든 교사들에게 알리는 것은 모임에 나오지 않는 교사들과 같이 갈 수 있는 방법이기도 하다. 새로운 수업의 의미를 더욱 세밀하게 고민하며 정리한 글도 함께 나누는 것이 좋겠다. 우리는 이를 위해서 혁신학교 둘째 해부터 수업모임을 통해 '수업 만들기 신문'을 제작했다. 모든 교사들이 자료를 수집해 주거나 자료 수집에 적극적으로 협조했다. 이를 바탕으로 공개 수업이 끝날 때마다 그 과정을 담은 '수업 만들기 신문'을 제작해서 모든 교사들에게 인쇄하여 배포하였다.

신문에는 공개 수업 장면, 수업 교사 후기, 수업모임에서 공개 수업을 함께 설계하는 과정, 수업 연구회에서의 참관 발언과 컨설턴트의 발언, 공개 수업에 대한 학생 설문 결과, 수업 일기 등을 실었다. A4 용지 약 20면 정도로 7회 발간했다.

신문이 전체 교사들에게 얼마나 영향을 주었는지는 정확히 알 수 없지만 아마도 모임의 교사들이 어떤 수업을 지향하고 만들어가고

한울중 수업 만들기

제2호 2012.4.25. 서울시 금천구 남부순환로 128길 42 한울중학교 www.hanwool.ms.kr 발행인 김○○

4월 전체공개수업

▶ 일시 : 2012.04.04(수) 6교시
▶ 장소 : 2-8반 교실
▶ 수업교사 : 전서영
▶ 수업단원 : 과학(물질의 구성)

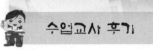

수업교사 후기

과학과 전서영

공개수업을 하기로 마음을 먹은 것은 막 주기율표 단원을 시작해야 할 때였습니다.

학원에서 먼저 배운 아이들은 외우느라 이미 질려버려 있고, 교과서를 보면 저도 잘 이해가 되질 않는 부분이 많았지요.

왜 교육과정이 이렇게 된 걸까? 교과서는 왜 이렇게 쓸 수밖에 없었을까? 마냥 답답하기만 했었는데, 공개수업을 한다고 하면 뭔가 해결되지 않을까 하는 막연한 느낌이 들었습니다. (2면에 계속~)

01

있는지, 어느 정도 나아지고 있는지는 지켜볼 수 있었다고 생각한다.

그리고 신문을 매번 함께 만든 수업모임 교사들은 그 과정에서 새로운 수업에 대해 더 세밀하고 깊이 있게 배울 수 있었다.

또한 수업모임은 참석하지 않는 교사나, 가끔씩 참석하는 교사, 매번 나오는 교사들 사이에 자연스러운 관계가 되기를 지향했다. 이를 위해 모임을 할 때마다 모든 교사들에게 "수업모임은 모든 선생님들께 열려 있습니다. 관심 있으신 분들의 참석을 바랍니다."라는 메시지를 보냈는데, 이것은 형식적으로 보내는 것이 아니었다.

혁신학교 둘째 해 초반에는 첫해와 달리 새로운 선생님들이 수업모임에 참여하기 시작했다. 첫해부터 학교에 있었지만 수업모임에 참여하지 않던 선생님들과 새로 전근을 온 선생님들이었다. 이들 중 일부는 지속적으로 수업모임에 참여했지만, 일부는 한두 번만 나왔고, 띄엄띄엄 나오는 교사들도 있었다. 그래서 수업모임에 참석하는 교사는 매주 조금씩 달랐다. 이런 분위기 속에 수업모임은 항상 논의 결과를 모든 교사들에게 공지함으로서 새로운 수업에 대한 관심을 학교 전체로 확산시키려고 했다.

5장 범교과 수업모임의 공동 수업설계

중학교는 초등학교와는 달리 각 교사들이 서로 다른 교과를 담당하고 있다. 그리고 오늘날 우리나라 학교 교사들에게는 서로 다른 교과의 수업에 대해 이야기를 나누지 않는 풍토가 굳어져 있다. 이런 상황은 한울중학교에서도 예외가 아니었다. 그런데 한울중학교가 혁신학교로 지정되고 범교과 수업모임이 이루어지면서 이런 상황이 바뀌었다.

예를 들어 국어 수업은 국어 교사가 가장 잘할 수 있다. 그러나 다른 교과 선생님들과 함께 만들면 더 나은 국어 수업을 할 수 있다. 다른 교과 선생님은 국어 과목에 대한 흥미가 덜하고, 지식도 적다. 이런 점 때문에 다른 교과 선생님들은 오히려 국어에 대한 흥미 수준이 다양하고 지식이 부족한 아이들의 의견을 잘 반영해

줄 수 있다. 또한 국어 교사가 가지고 있는 고정관념에서 자유로울 수 있다는 장점도 있다.

이 장에서는 범교과 수업모임에서 하는 이러한 특징이 잘 드러난 공동 수업설계 과정을 소개한다. 이를 통해 교과가 다른 교사들이 함께 이야기하며 서로의 수업을 돕고 있는 선생님들을 이해할 수 있을 것이다.

'이건 어렵다'는 솔직한 의견에서 시작하기

"단원 내용이 너무 어려워요."

중학교 2학년 과학 교과 1학기 '물질의 구성' 단원으로 공개 수업을 하기로 하고, 공개 수업 열흘 전쯤부터 수업모임에서 함께 논의를 시작했다. 주기율표는 원래 고등학교 과정에 있었는데 처음으로 중학교 과정에 도입된 내용이었다. 그 때문인지 수업 교사는 중학교 아이들에게 주기율표를 소개할 만한 적절한 수업 방법을 찾기가 만만치 않다고 했다.

다른 교과 교사들도 '물질의 구성' 단원 내용을 보고 어렵다는 반응을 바로 보였다. 자기 과목만 10년 넘게 가르치다 보니 이제는 다른 교과 교과서는 무척 낯설었다. 그러다 보니 학생들처럼 보자마자 "어렵다"라는 말을 할 수 있었다. 그리고 다른 교과 교사들은 논리적으로 왜 어렵게 느껴지는지, 무엇이 궁금한지를 적극적으로 말해줄 수 있었다.

> **박수정(국어)** 교과서를 딱 보니까 숨이 막혔어요.
> **박지영(국어)** 어휴! 이래서 과학이 싫구나! 과학이 너무 어려워. 수학보다 과학이 더 싫어.
> **남영재(과학)** 선생님, 뭐가 어려워요? 어떤 부분이?
> **박지영(국어)** 뭔가 발견이라는 자체가 '금속 원소의 발견' 이런 말 자체가 어려워요. '금속', '원소', '금속의 원소' 이

런 용어 자체가 어려운 거예요. '금속'도 어려워 죽겠는데
그 안에 든 '원소'도 알아야 되는 거잖아요.

박수정(국어) 물질을 구성하는 원소?

박지영(국어) 그렇게 정의는 알지만 그 자체가 감이 오질
않아요.

방유진(과학) 용어 자체가 그런 건 알겠는데, 내면화가 안
되어서 느낌이 안 온다는 거지요?

다른 교과 교사들은 금속, 원소 등의 용어에 익숙하지 않아서
어렵다고 말했다. 그러면서, 자신의 중학교 시절을 회상하듯이
이야기를 이어갔다.

"그렇죠. 이거 외우기로 공부하니까 발견의 기쁨을 못 누
린 거네요."
"그렇게 하고나서 문과로 진학하면서 안 해버린 거지요.
'그거 괜히 외웠구나! 이 정도만 알면 되는 거였구나!'"

중학교 때도 그런 것이 어려워서 그냥 암기식으로 공부했다고
말했다. 그러면서 과학 교과에 재미를 못 느끼고 점점 멀어지게
되었다는 것이다. 과학 교사들은 이런 얘기를 유심히 들으며 현재
의 학생들도 그럴지 모른다고 생각했다. 또 다른 선생님은 '원소
라는 것이 내 삶과 무슨 관계가 있을까?'라는 의문을 제기했다.

"그러니까 저는 '이렇게 원소를 알아서 뭘 하느냐?'가 궁금했어요. 집에 가서도 궁금했어요."

"저도 마찬가지예요. 지식을 알아냈다는 기쁨보다는 시험을 치렀다는 기쁨으로 끝났잖아요. 그래서 계속 의문이 드는 거예요. 원소가 지금의 나의 삶과 무슨 관계가 있을까? '물질에 질소가 포함되어 있다.' 그런데 질소가 뭔지를 모르잖아요. 어떤 역할을 하는지를."

다른 과학 교사는 이런 점들에 대해 "아이들도 그렇겠지요."라고 동감을 표시하고 이것을 수업설계와 연결해야 되겠다는 생각을 했다.

고등학교 화학 과목으로 배울 때에도 쉽지 않은 내용이 중학교로 내려온 것이라 과학 교사들도 수업을 해보지 않은 단원이었다. 중학교 학생들에게 고등학교에 있던 내용을 이해시키려면 어떻게 해야 할까?

남영재(과학) 저는 어제 책을 봤는데, 내용이 애매하더라고요. 산소도 그렇고, 금속도 그렇고, 그 뒤에 이어지는 내용도 모두 다. 그래서 '단원 전체를 재구성을 하면 어떨까?' 하는 생각이 들었어요.

전서영(과학) 예, 저도 교과서의 순서가 잘 이해되지 않았어요. 단원이 많이 잘못 구성되어 있어요. 단원 전체를 뒤엎어야 공개 수업 차시뿐만 아니라 다른 차시를 가르칠 때 정상적인 수업이 진행될 것 같아요.

과학 교사들은 '물질의 구성' 단원 교과서의 내용과 순서가 적절하지 않다고 판단하여 단원을 재구성하는 데 의견을 모았다. 다른 교과 교사의 이야기를 들으며 '어렵고 딱딱한 내용을 하나하나씩 제시하면서 설명하는 방식은 아이들의 반응을 끌어낼 수 없겠구나!'라고 생각하게 된 과학 교사들은 이 단원의 8개 차시를 다음과 같이 재구성하였다.

1. 자동차와 사람을 구성하는 원소는?
2. 물질은 어떤 원소로 되어있을까?
3. 주기율표는 어떻게 만들어졌을까?
4. 산소는 어떻게 발견되었는가?
5. 원소기호 보드게임
6. 분광기와 빛의 스펙트럼
7. 불꽃반응
8. 주기율표 꼼꼼히 살펴보기

"설명하기 시작하면 '원소'가 싫어집니다."

교과 교사들은 수업을 설계할 때 보통 학습목표보다 학습할 내용에 대한 고민을 먼저 한다. 그런데 다른 교과 교사들은 학습 내용보다 학습목표에 먼저 접근한다. 책에 있으니 가르치려고 덤비기보다는 이 단원이 왜 필요한지, 무엇을 배우는 과정에서 나오는 것인지와 같은 학습목표를 먼저 살피게 된다. 목표에 우선순

위를 두면 학습할 내용을 갈무리할 수 있다. 많은 내용을 다 가르치기에 앞서 핵심적인 내용이 무엇인지 가지를 쳐내듯이 쳐낼 수 있다.

예를 들어 1차시의 경우 '어렵다', '딱딱하다', '재미없다', '왜 배우는지 모르겠다', '무조건 외우기만 했다'라는 다른 교과 교사들의 얘기로 인해 '원소의 발견'이나 '원소 개념의 변천사' 등의 부수적인 내용을 다 쳐내고, 아이들이 '원소라는 용어에 친숙해지도록 하고 원소가 물질의 기본 구성 요소라는 것을 알게 한다'는 것을 학습목표로 잡게 되었다.

학습목표가 정해지자 활동 내용에 대한 새로운 아이디어가 자연스럽게 나오기 시작했다.

> **박지영(국어)** 원소가 나온 읽을거리를 아이들에게 주고 자동차가 무슨 원소로 이루어졌는지 찾아보게 하면 아이들이 자동차에는 관심을 가질 것 같은데 '자동차가 이런저런 원소로 되어 있구나!'를 아는 것은 좋아할 것 같아요.
> **전서영(과학)** 활동 전에 원소가 뭔지 설명해줄 필요가 있지 않을까요?
> **박지영(국어)** 아니에요. 설명하기 시작하면 원소가 싫어집니다. 그냥, 처음부터 볼펜이나 책상 등 주변의 물체들을 구성하는 원소를 찾아 보게 해요.
> **서상영(기술)** 스마트폰으로 찾게 하자!
> **박지영(국어)** 재미있겠다. 그런데 "물질이 원소다"라는 말은 어려워요. "물은 수소와 산소로 되어 있다. 그럼 볼펜

은 무엇으로 되어 있을까? 찾아보자!" 이 정도면 괜찮을
듯해요.

전서영(과학) 네, 그렇게 친숙해지는 게 더 좋겠어요.

수업 교사는 원소에 대하여 간략한 설명을 하는 것이 어떻겠느
냐는 의견을 냈지만, 다른 교과 선생님들의 의견을 반영하여 처
음부터 전혀 설명을 하지 않고 활동 과제를 제시하는 것으로 의
견을 모았다. 그것은 아이들이 활동을 하는 과정에서 원소라는
용어를 스스로 발견하고 자연스럽게 원소라는 용어에 친숙해지
게 만들자는 것이었다.

> **박지영(국어)** 그런데 모든 것이 원소로 되어 있다는 게 너
> 무 신기하다.
> **전서영(과학)** 원소가 뭔지를 한번은 짚고 넘어가고 싶은데
> 요.
> **박지영(국어)** 그러면 어려워요. 물질을 이루고 있는 것이
> 원소다. 물질은 원소 덩어리인데, 어떤 원소로 이루어졌
> 는지 알아보자. 이 정도만 하자.
> **박수정(국어)** 사람도 재미있겠다. 자기니까.
> **전서영(과학)** 사람 반 자동차 반 해도 되겠어요.

이렇게 해서 사람과 자동차를 구성하는 원소를 찾아보고 공통
점을 발견해보도록 하는 1차시 수업설계의 윤곽이 잡혔다. 과학
교과 수업인데도 주로 국어 교사 두 분이 아이디어를 냈다. 세 번

째 회의였는데, 그동안 충분한 대화를 나누었고 자신들이 중학교 시절 과학을 암기 위주로 공부한 것이 과학을 어려워하게 된 원인이라는 것을 새삼 깨닫게 되면서, 아이들이 과학을 친숙하고 재미있게 느끼도록 하는 방법을 모색했기 때문이다.

수업 교사의 고민에서 시작하기

"어디까지 가르쳐야 할지 막막해요."

2013년 4월에 있었던 2학년 국어 공개 수업을 열흘 정도 앞두고 수업모임을 열었다. 국어, 수학, 사회, 과학, 기술, 음악, 미술 등 여러 교과의 교사들이 13명 정도 모였다. 수업 교사인 장진석 선생님은 맞춤법에 관한 수업을 계획하고 있었다.

장진석 선생님은 단원의 차시별 수업 주제에 대한 구상은 뚜렷했지만 아이들의 실제 언어생활과 수업에서 설명해야 할 개념의 난이도를 생각하면 과연 어디까지 수업을 구상해야 할지 막막하다고 고민을 말했다.

> 맞춤법을 틀리는 유형이 세 가지로 나와요. 어휘 문제와 띄어쓰기, 그리고 줄임말입니다. 그래서 1차시는 도입으로, '맞춤법을 안 지키면 어떤 느낌이 들고 뭐가 불편할까?'를 짚어보고, 2차시는 '어휘', 3차시는 '띄어쓰기', 4차시는 '줄임말' 순으로 진행하고, 5차시에서는 이것들을 다 모아서 수정을 해보고 완벽하게 되었는지를 점검해보는 활동을 하는 것이 머릿속에 있는데, 어려운 점이 있어요. 어휘는 사실 한자어가 많이 포함되어서 가르치기가 쉽지 않아요. '금일 16:00까지 제출하세요.'를 금요일로 알아서 탈락한 실제 사례가 있거든요. 금일이라는 표현을 아이들이 중고등학교 때까지 거의 안 써요. 이게 한자어거든

요. 그런 것들을 다 열어놓고 얘기를 해야 될지, 과연 어디까지를 잡아서 얘기를 해야 될지가 가장 어려워요. 띄어쓰기는 예를 들면, '알 수 있다.'를 '알수있다.'로 붙여 써요. 띄어쓰기는 문법을 이야기 안 하면 설명할 수 있는 길이 막막해져요. 띄어쓰기의 기본은 '단어는 띄어 쓴다'인데, 단어의 기준이 뭔지를 말해야 되고, '조사는 붙여 쓴다'라고 할 때 조사가 뭔지를 얘기해야 되는데, 그런 것들을 설명하면 너무 어렵고 설명을 안 할 수는 없고. 줄임말은 어디까지 줄 일 수 있느냐의 문제인데······

그리고 처음 도입 부분인 1차시를 어떻게 해야 할지에 대한 어려움도 이야기했다.

문제는, 처음 도입이 힘들어요. 어떤 고민이 있느냐 하면, 사실, 아이들이 '아! 우리가 이렇게 틀리고 있구나!' 정도를 알았으면 좋겠어요. 그래서 '맞춤법을 안 지키면 어떤 점이 불편할까?'를 아이들이 생각해보는 모둠 활동을 해보고, 그것을 종합해서 어느 부분에서 틀렸는지를 이야기해보고 싶은데, 그걸 다 하기는 한 차시로 분량이 많고, '맞춤법이 틀리면 불편하다는 걸 알도록 하려면 어떤 활동을 해야 할까?'라는 것이 어려워요. 어떤 연구 결과를 보면, 맞춤법을 지켜야 하는 이유에 대한 설문에 '맞춤법이 틀리면 무식해 보이고 신뢰가 가지 않아서 얕잡아 보게 된다.'가 1위거든요.

이렇게 장황하게 수업 교사는 수업 구상에 대한 어려움을 수업 모임을 시작하면서 털어놓았다. 수업모임 교사들은 수업 교사가 준비한, 조금은 재미있어 보이는 활동지를 들여다보며 서서히 질문을 해보기 시작했다.

문안한 갈색 난방이 잘 어울리던 그 애…….
Pink, White, Black, Vora 중에 Vora색을 제일 좋아한다고 했던….
4월의 화사한 벚꽃같은 임옥굽이를 생각하면 항상 왜간장이 탔다. 얼굴이 항상 빨개지고…. 워낙에 습기가 없어서 부끄럼도 많이 탔지. 혼자인 게 낫다며, 사람 많고 분비는 곳을 싫어하던 너…. 사소한 오예 때문에 헤어지게 됐지만…. 발단은 이랬다. 따르릉…. 전화가 왔었다.

"여보세요?"
"응, 너 괴자번호가 뭐니?"
"********번인데 왜?"
"그래, 알았어."

내가 번호를 불러주자 알았다며 끊었다. 얼마 후 백만 원이 입금됐다. 누가 돈 필요하다고 했나? 간장계장에 밥을 비벼먹다가 부르르 치를 떨었다. 자손심이 상했다. 명의회손제로 확 고발할까? 왜 돈을 넜을까? 내가 항상 돈 없다고 투정부려서? 화가 나서 늦은 밤 실례를 무릅쓰고 그

애 집으로 전화를 걸었다.

"어떡해 니가 이럴 수 있어? 내가 언제 너한테 돈 달라고 했냐고!!"

"무슨 회개망칙한 예기야? 잠깐 맡긴 건데. 백만 원 다시 돌려줘. 그리고 다신 내 눈에 띠지 마라. 권투를 빈다."

어의가 없다. 하긴, 백만 원을 그냥 줄 타입이 아닌데…. 주최할 수 없는 슬픔이 몰려온다. 남들이 들으면 평생 놀림감이 되겠지…. 괜찮아…. 벌써부터 지뢰 겁먹지 말자. 십자수와 꽃꽂이도 잘하고, 사랑스러운, 나같이 나물할 때 없는 발여자를 놓친 건 너의 실수. 굿바이…. 다신 만나지 말자. Naver….

[활동 1] 위의 글에서 틀린 표현을 찾아 동그라미를 쳐보세요.

[활동 2] 동그라미 친 틀린 표현이 맞게 고친 표현이 어떤 것인지 생각해보고, 동그라미 옆에 써보세요.

정혜진(수학) '선생님이 어느 범위까지 할 것이냐?'가 가장 중요한 거죠? 어디까지 할 건지를 같이 의논해보는 것이 좋을 것 같아요.

방유진(과학) 그러니까 어휘력이 부족한 것을 인식하게 해주는 거예요?

장진석(국어) 사실은 순우리말은 잘 안 틀려요. 그런데, 한자어를 많이 틀려요. '임옥굽이', '문안한', '무족권', '괴자번호' 이런 것들은 아이들이 못 고칠 거예요. 단어 자체를 몰라서. 그래서 한자어가 아닌, '늦은 밤 신뢰를 무릎쓰고'부터 할 생각도 했어요.

김수진(사회) 1차시 도입이 어렵다고 아까 얘기했잖아요?

장진석(국어) 네, 어휘, 띄어쓰기, 줄임말이 다 들어가 있는 문장을 주고 해야 할지, 아니면 그중에 하나만 가지고 도입으로 해서 '어떤 느낌이 드는지?' 생각하고 말해보는 것으로 할지.

방유진(과학) 다 하면 머리 아플 것 같아요.

장진석(국어) 그래서, 띄어쓰기나 줄임말보다 어휘 쪽을 먼저 보여주고 고쳐보게 하는 게 도입으로 좋다고 생각을 해봤는데.

김수진(사회) 다른 걸 하면 머리 아플 것 같아요.

장진석(국어) 웹툰 같은 짤막짤막한 것을 몇 개 보여주고 싶은 생각도 있어요.

수업 교사는 아이들이 하나라도 제대로 이해하기 위해서는 여러 내용을 수업에서 다뤄야 한다는 생각과 그럼에도 수업을 간결하게 설계해야 한다는 생각 사이에서 고민을 하고 있었다. 수업 교사가 이처럼 복잡하게 고민할 때 다른 교과 교사들은 한 시간에 너무 많은 것들을 다루면 머리가 아플 것 같다는 하나의 문제만 제기하고 있었다. 뭔가 논의의 중심을 잡아야 할 필요가 있었다. 이럴 때는 먼저 학습목표가 무엇인지부터 검토했다.

이지연(사회) 학습목표는 이렇게 '맞춤법을 틀리게 쓰고 있으니까 맞춤법을 지켜서 바르게 쓰자.'인가요?

장진석(국어) 최종 학습목표는 '맞춤법을 지키는 것이 편리하다. 안 지키면 불편하다.'를 아이들이 알도록 하는 겁니다.

김수진(사회) '문제가 되겠구나!' 하는 정도?

방유진(과학) 그렇다면, 1차시에 바로 어휘에 대해서만 해보는 것도 좋겠어요.

장진석(국어) 아, 1차시에 따로 도입을 위한 것을 하지 말고 바로 어휘로 들어가는 걸로요?

방유진(과학) 네. 어휘로 1차시 하고, 띄어쓰기는 2차시, 3차시는 줄임말로 가는 거죠.

바로 1차시에 어휘로 들어가자는 아이디어에 수업 교사가 솔깃한 반응을 보였다. 수업 교사가 처음에 구상해온 것에는 1차시가 맞춤법을 안 지키면 뭐가 불편한지를 짚어보는 것이었다. 그런데 맞춤법을 틀리는 유형이 어휘, 띄어쓰기, 줄임말 등인데, 이것을 1차시에 다 다룰 수가 없는 상황이 고민이었다.

수업 교사는 자신의 교과에 대하여 알고 있는 지식이 많고 그만큼 해보고 싶은 것이 많아서 사고의 유연성이 떨어진다. 반면에 다른 교과 교사는 그 교과의 배경지식과 무관하므로 단순하게 주어진 상황만을 고려하여 쉽게 아이디어를 내놓을 수 있다.

"지금 가볍게 함께 수정해봅시다."

사실 학교에서는 수업모임이 아니면 내가 가르쳐보고 싶은 것, 내가 해보고 싶은 활동, 나의 수업에 대한 고민을 이렇게 심각하게 이야기하는 경우는 별로 없다. 수업모임을 통해서 내가 가르쳐 보고 싶은 것, 중요하다고 생각하는 이유를 설명하며 자기 생각도 명확하게 할 수 있고, 일단 밖으로 꺼내어진 말에 대해서는 여러 피드백을 통해 무엇이 문제였는지 수정이 가능해진다.

활동지 초안에 대해서 수업 교사는 아이들이 외우게 해서라도 어휘를 가르치고 싶다고 말했다. 다른 교사들은 '지문에 제시된 어휘가 우리 학교 2학년 아이들에게 너무 어렵지 않을까?'라는 이야기를 했다.

> **장진석(국어)** 활동지의 지문은 남자 친구가 보낸 문자 메시지인데 맞춤법에 어긋난 것을 고치게 해 보려구요.
> **김수진(사회)** 이걸 아이들에게 고치라고 하면 고칠 수 있을까요?
> **장진석(국어)** 못 고치는 것이 굉장히 많을 거예요. 아이들에게 어느 정도로 도전을 시키면 좋을지 결정하기 사실 어려워요.
> **김수진(사회)** '회개망칙'은 아이들이 잘 못 쓸 것 같아요. '명의회손'도.
> **장진석(국어)** 네, 그런 것들이.
> **전서영(과학)** '발여자', 하하하!

장진석(국어) 어휘를 모르면 '반려자가 뭐예요?'가 나올 것 같아서. 저는 사실 어려운 부분을 다루고 싶었어요. '괴자번호'는 알아야 되고요. '명의회손'도 알아야 돼요. 이건 외우게 해서라도 가르쳐야 돼요. 그런데 과연 이게 중2 수준일까요? 어느 수준까지 해야 되는지를, 어느 정도 수준의 어휘까지 아이들이 알아야 되는지를…….

전서영(과학) 수준을 너무 낮춰버리면 아이들이 궁금해하지 않아요. 아이들 수준이 낮다고 같이 문제를 쉽게 내버리면, 즉 모둠 아이들 4명 중 한 명이 쉽게 해결해버릴 수 있는 문제를 주면 토의가 안 일어나요. 혼자 해결할 수 없는 문제를 주기는 해야 돼요.

이제 1차시에는 어휘 문제를 다루되 어떤 활동을 하게 할 것인지에 대한 얘기로 넘어갔다. 수업모임 교사들은 구체적인 활동에 대한 아이디어를 내보고 그 아이디어에 대한 이런저런 지점들을 함께 검토하면서 자연스럽게 아이디어를 구체화해 갔다.

서상영(기술) 제 생각에는 이렇게 하면 될 것 같아요. 일단, 맞춤법이 많이 틀린 문장으로 된 활동지를 개인별로 하나씩 나누어 주고, 각자 틀린 것을 찾아보도록 합니다. 그 다음에 모둠으로 모여서 틀렸다고 표시한 것들을 서로 비교해 보도록 합니다. 그러면, "이건 틀린 거야? 안 틀린 거야?"라면서 서로 물어보고 논의하겠지요. 그 다음 "틀린 것 몇 개?"와 "틀린 글자는?"의 답을 모둠 칠판에 쓰게 한 다음 교실 앞 칠판에 붙입니다. 제시된 문장에서 아이들이 잘 찾아내지 못하는 것이 나올 테고, 그러면 그것이 틀린 건지 아닌지를 생각해보는 기회가 되겠지요.

이지연(사회) 마무리는 "맞춤법이 틀린 문장을 보니 무슨 생각이 드니?"라고 물어보면 될 것 같네요.

여기까지 의견이 모아지자 수업 교사가 가져온 초안을 다시 들여다보았다. 그런데 아무래도 양이 많아서 한 시간 안에 할 수 없겠다는 것이 다시 문제로 등장했다. 수업 교사가 활동지를 나중에 수정해서 가져오겠다고 말하자 수업모임 교사들은 '지금' '함께' 지문을 검토하면서 수정해보자고 했다. 초안의 문장을 줄이면 되지 않겠느냐는 제안에도 수업 교사는 너무 어려워서 다른 문장을 구안해야겠다고 했다. 그렇지만 다른 교과 교사들은 가볍게 더 쉬운 해결책을 제시했다.

장진석(국어) 이 지문은 좀 어려워서 뭔가 문장을 직접 구안해 내야 할 것 같아요.

정혜진(수학) 그게 지금 어려운 부분이에요.

이지연(사회) 그러면 지금 이 지문을 아까 나왔던 얘기처럼 10줄 정도의 문장으로 줄여보는 건 어떨까요?

장진석(국어) 저는 이것이 좀 어렵다고 생각했는데……

이지연(사회) 어려운 글자 몇 개 고쳐서 조금 더 쉽게 하는 거죠.

홍채영(과학) 그러면 우리가 한번 여기에서 쓸 만한 문장을 골라보는 건 어때요?

새로운 문장을 구안할 것이 아니라 초안의 양을 줄인 다음에 어려운 글자 몇 개를 고쳐서 난이도를 조절하자는 것이었다. 그러자 다른 교과 교사들이 직접 문장을 골라보자고 하면서 함께 초안을 검토했다. 여러 명이 같이 검토를 하니까 얼마 안 되어서 적절한 분량과 난이도를 가진 문장들을 만들어낼 수 있었다. 이렇게 해서 1차시 수업의 활동지가 다음과 같이 만들어졌다.

4월의 화사한 봄날 처음 본 너는 벚꽃 같은 임옥굽이를 가지고 있었어. 하지만 난 수줍어서 얼굴이 항상 빨개지고⋯. 내가 워낙 습기가 없어서 부끄럼도 많았고⋯. 혼자인 게 낳다며, 사람 많고 분비는 곳을 싫어하던 너⋯. 사소한 오예가 싸여 결국 싸웠고⋯.

어느 늦은 밤, 실례를 무릎쓰고 너희 집에 전화한 날, 너에게 이런 말을 했어.

"너 없으니 하루하루 책바퀴를 도는 느낌이야."

하지만 이미 화난 넌 이랬지.

"지금 와서 그러면 뭘 어떻해?"

그런 차가운 목소리에 당황해서 나도 화를 내버렸어.

"다신 내 눈에 뛰지마라. 잘 살아라."

지금 생각해보니 어의가 없다. 왜 그랬을까⋯. 화난 거 이해해. 괜찮아. 다 내 잘못이니까. 남들이 들으면 평생 놀림감이 되겠지. 다신 않그래. Naver⋯.

이제 정말 잘 할게. 약속.

[활동 1] 위의 글에서 틀린 표현을 찾아 동그라미를 쳐 보세요.

[활동 2] 동그라미 친 틀린 표현을 맞게 고친 표현이 어떤 것인지 생각해보고, 동그라미 옆에 써보세요.

'아이들처럼' 다른 교과 활동지 풀기

다른 교과 교사들의 반응을 통해 수정할 점을 찾는다

수업모임에서는 수업 교사가 가져온 활동지를 일부러 아무런 설명 없이 다른 교과 선생님들이 함께 풀어 보곤 한다. 수업모임 초기에는 이렇게 진행하지 않았다. 수업 교사가 배경을 설명하고, 활동지의 장점과 단점, 수업 목표 등을 먼저 설명했다. 그런데 얼마 지나지 않아 그런 사전 지식이 없는 상태에서 풀어볼 때 활동지를 처음 접하는 아이들이 가지게 되는 생각을 더 잘 알아낼 수 있다는 생각을 하게 되었다. 그래서 활동지를 바로 풀어보는 쪽으로 방향을 바꾸었다.

2012년 9월, 이지연 선생님의 1학년 사회 공개 수업을 앞두고 수업모임을 열었다. 수업 내용은 '세계의 기온 분포와 주민 생활' 단원이었는데 활동지 초안은 다음과 같았다.

다음은 세계지도에 연평균 기온이 같은 지역을 연결한 선을 덧그린 것이다.

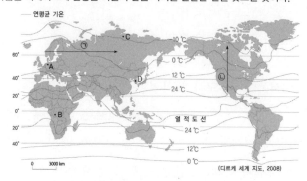

열적도선 : 연평균 기온이 가장 높은 지점을 연결한 선

[과제 1] 위 그림을 통해서 세계 각 지역의 기온에 대하여 알 수 있는 점을 5가지 써보자.

①	
②	
③	
④	
⑤	

[과제 2] 해발고도에 따른 차이

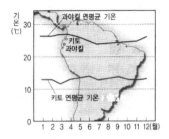 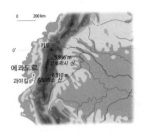

[과제 3] 육지와 바다의 분포에 따른 기온 차이
  — 파리와 베이징의 기후 그래프를 보고 아래 표를 작성해보세요.

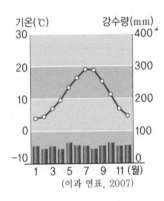 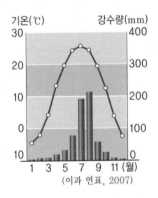

	1월 기온	7월 기온
파리		
베이징		

⇒ 알 수 있는 사실은?

수업모임을 시작하자마자 다른 교과 교사들은 활동지 초안의 '세계 각 지역의 기온에 대하여 알 수 있는 점을 5가지 써 보자.'라는 첫 번째 과제를 풀기 시작했다. 그런데 시간이 어느 정도 지났는데도, 막막하고 풀기 어려웠다.

> **남영재(과학)** 현우진 선생님 어떠세요?
> **현우진(수학)** 전 아직 제대로 다 못 봤어요.
> **남영재(과학)** 애들도 그래요. 하하하! 제대로 다 못 보고 막 시키는 대로 하는 거야.
> **이진영(도덕)** 우리도 모둠별로 풀자. 혼자 풀면 못 풀어. 하하하!
> **이수현(수학)** 그래.
> **이진영(도덕)** 막막하지? 그치?
> **현우진(수학)** 네. 하하하!

바쁘게 업무를 보다 회의실에 들어오자마자 활동지를 풀어보는 다른 교과 교사들의 이런 반응은 쉬는 시간에 여기저기 뛰어다니다가 또는 친구들과의 재미있는 얘기에 푹 빠져 있다가 수업이 시작되면서 갑자기 활동지를 받고 공부를 시작하는 아이들의 반응과 유사했다. 아무리 교과가 다른 교사라고 하더라도 교실에 있는 대다수의 아이들보다 못하겠는가? 따라서 교사들의 발언 하나하나를 아이들의 반응 이상으로 소중하게 여기며 활동지를 검토했다.

이렇게 시작하는 것은 또한 활동지 검토라는 본론으로 지체 없이 들어간다는 장점이 있다. 또한 논의를 쉽게 만들어준다. 활동지의 특정한 문항을 두고 이야기하므로 서로 하는 말이 구체적이어서 이해하기 쉬우므로 모든 교과의 교사들이 의견을 부담 없이 교환할 수 있다.

활동지를 천천히 풀어보던 다른 교과 교사들은 하나씩 궁금한 점들을 얘기하기 시작하고 수업 교사인 이지연 선생님은 답변을 했다.

전서영(과학) 북극이 더 춥나요?

남영재(과학) 남극이 더 춥다고 그러지 않아요?

이지연(사회) 네. 제가 알기로도.

박세훈(과학) 여기 지도로 보면 북극이 더 춥게 나왔는데?

이지연(사회) 아! 표를 자세히 보면 밑 부분이 잘렸어요.

전서영(과학) 그러네요. 북극 쪽은 맨 위가 -10℃ 인데, 남극 쪽은 0℃ 까지만 보여서 오해했어요.

활동지 초안에는 북쪽으로는 북위 60도까지 표시되어 있고, 남쪽으로는 남위 40도까지 표시되어 있었다. 이런 식으로 아이들도 할 수 있는 오해가 다른 교과 교사를 통해 검토되었다.

전서영(과학) 열적도선이 26℃ 인가요, 선생님? 아니 20 몇 ℃ 예요? 열적도선은?

이지연(사회) 그런 게 정해져 있지는 않아요.

박수정(국어) 않아요?

전서영(과학) 선생님 저는 헷갈려요.

이지연(사회) 열적도선이라는 말 굳이 쓰지 말고 지도에서 지워 버리고 빼 버려야 되겠어요. 아이들이 괜히 여기에 집중하면 안 되니까요. 사실 여기서 열적도선은 큰 의미가 없는 것이거든요.

전서영(과학) 네, 빼는 게 좋겠어요. 저는 이게 몇 ℃ 일까가 궁금하거든요.

과학 선생님이 지도에 있는 열적도선에 대해 물었다. 지도를 보면서 자연스럽게 열적도선으로 관심이 쏠렸던 모양이다. 그러면서 내용이 어렵고 또 수업 목표와 관계가 적다는 것을 확인하면서 지도에서 지우기로 했다. 이어서 [과제2]에 대해 이야기했다.

남영재(과학) (왼쪽 지도를 보면서) 키토가 해변에서 더 가까운가요?

이지연(사회) 과야킬이 해변에서 더 가까워요. 키토는 고산에 있어요. 흑백이라서 잘 안 보이네요. 오른쪽 지도처럼 확대한 것을 보여주면 보이죠. 왼쪽 그림을 보면 둘 다 적도 근처인데 과야킬은 월별 연평균기온이 24~26℃ 정도라서 키토보다 높아요.

남영재(과학) 왼쪽 그래프가 헷갈려요. 가로선이 앞 문제에서처럼 등온선인 줄 알았어요.

이지연(사회) 아이들이 이해를 잘 못 해요. 그래서 제가 설명을 많이 해줬어요.

왼쪽 그래프를 보면서 과학 교사는 서로 다른 두 도시의 월별 연평균기온을 나타낸 선을 [과제1] 지도의 경우처럼 등온선으로 착가했다. 활동지를 검토하다 보면 종종 이처럼 교사들도 오해를 하게 만드는 부분들이 발견된다. 이런 문제는 단순 명료하게 수정하는 방법을 찾아서 수정하기로 의견을 모았다.

이와 같이 문항에 대해 오해하거나 잘 이해하지 못하는 다른 교과 교사들의 의견은 활동지의 구성을 아이들의 흥미와 눈높이에 맞추어서 아이들이 학습목표에 집중하도록 만드는 데 큰 도움이 되었다.

다른 교과 교사들의 반응을 통해 학습목표 이해도를 예상한다

처음 활동지 초안을 풀기 시작했을 때는 문제를 오해하기도 하고, 내용에 대해 묻기만 하던 다른 교과 교사들은 과제를 풀이하는 과정에서 학습목표와 관련된 자신의 생각을 자연스럽게 활동지에 적어나가기 시작했다. 그리고 시간이 어느 정도 지나면 자연스럽게 수업 교사와 함께 답안을 검토한다. 예를 들면 [과제1]을 풀이하는 과정에서 "선들이 엇갈리지 않는다", "극으로 갈수록 온도가 낮아진다", "바다에서는 좀 평평하고 육지에서는 구불구불하다"는 답안이 나왔다.

남영재(과학) '지역에 따라 다르다', '선들이 엇갈리지 않는다', '극으로 갈수록 온도가 낮아진다' 이런 이야기를 했고.

박수정(국어) 아까 '가로선이다' 이런 말도 나왔어요.

이지연(사회) '구불구불하다'는 말도요.

남영재(과학) '위도선하고 온도선이 일치하지 않는다', '바다에서는 좀 평평하고 육지에서는 구불구불하다' 이런 말도 나왔는데요. 이런 얘기들을 아이들이 하면 그게 선생님이 의도하는 수업 목표인 지구상 여러 곳의 기온 분포를 알아본다는 데 적합한가요?

이지연(사회) 두 가지가 나오는 거예요. 해발고도 빼고요. 육지냐 바다냐에 따라서 기온의 차이가 발생한다. 그리고 위도가 높아지면 기온이 낮아진다. 이걸 애들이 알게 되는 거죠.

남영재(과학) 아. 그러면 여기 과제 1, 3번에 해당되는 거네요.

이지연(사회) 네. 그 두 과제의 목표가 달성되는 거지요. 제가 설명 안 해도요.

우리가 지향하는 수업은 아이들이 협력하며 배우는 수업이므로 활동지 초안처럼 다양한 해답이 나오는 열린 문항이 많다. 따라서 처음에는 교사들이 풀어보면서 아이들처럼 다양한 답을 했다. 다른 교과 교사들이 자신들이 답안으로 제시한 것들을 이야기해본 후, 만약 아이들이 교사들처럼 이렇게 답을 한다면 학습목표가 달성되는 것인지 검토했다. 수업 교사가 별도로 그것을 설명하지 않아도 아이들이 스스로 학습목표에 도달하게 되는지를 검토하는 것이다.

> **서상영(기술)** 이 지도 자세히 보니까 복잡하다.
> **남영재(과학)** 그럼 아이들은 얼마나 찾아낼까요?
> **이지연(사회)** 선생님들께서 꼼꼼하게 봐서 그렇지 애들은 꼼꼼하게 안 봐요. 거기까지 생각 못해요. 제가 생각하기에 선생님이 아까 적은 답안들 중에 애들 수준에서 나올 수 있는 답안은 '꼬불꼬불하게 생겼어요', '교차하지 않아요', 그리고 …
> **전서영(과학)** 그리고 위도가 가로줄이다.
> **이지연(사회)** 그리고 위로 올라갈수록 기온이 낮아진다. 이 정도만 찾아낼 거예요.

의욕에 찬 교사들은 설명하기 애매한 것까지 찾아냈다. 그러자 과학 교사가 아이들은 얼마나 찾아 낼 것이라고 생각되는지를 수업 교사에게 물었다. 이를 통해 이 과제를 그대로 제시하는 것이 적합한지 여부를 알아보는 것이다.

몇 차례의 논의와 검토를 더 거쳐서 결국 이번 차시에서는 강수량을 빼고 기온만 나온 그래프를 사용하기로 했다. 그리고 다음 차시에는 강수량만 나오는 그래프를 사용하여 학습한 다음 기온과 강수량이 함께 나오는 그래프를 가지고 기후에 대한 학습을 하는 것으로 교과서와 다르게 수업의 순서를 조정했다.

지금까지의 논의 내용을 반영하여 [과제1]의 경우에는 기온분포도를 명료하게 수정하고, [과제2]는 불필요한 지도를 삭제하고 핵심 내용을 묻는 질문을 넣었다. [과제3]의 경우에는 교과서와 중복되는 파리 대신 런던의 기후 그래프를 사용하되 강수량 데이터를 삭제하여 혼란을 줄이고, 눈금의 척도를 동일하게 수정하였다. 이렇게 해서 활동지가 다음과 같이 간결하면서도 학습목표에 집중하는 모습으로 수정되었다.

[과제 1] 아래는 세계 연평균 기온 지도입니다.

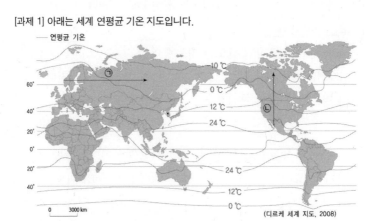

(디르케 세계 지도, 2008)

위 세계 기온 지도를 보고 알게 된 사실(발견한 것)들을 적어봅시다.

_____

_____

_____

_____

_____

[과제 2] 아래 지도에는 에콰도르의 두 도시 A와 B가 표시되어 있습니다.
A와 B중 어느 도시가 평균기온이 더 높은지 (   ) 안에 표시해 보세요.

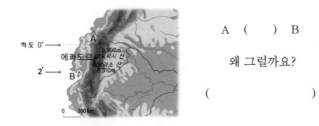

A (   ) B

왜 그럴까요?

(   )

[과제 3] 세계 연평균 기온 지도

1) 앞의 세계 기온 지도에서 "런던"과 "베이징"을 찾아서 동그라미 표시해 보세요.

2) 런던과 베이징 기온의 차이점을 써보세요.

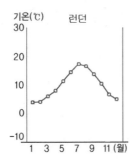

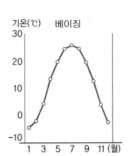

_____

_____

왜 그런 차이가 생길까요?

_____

_____

교과 중심적 '관점'을 설득하기 위한 제안들

'과연 아이들에게 흥미가 있을까?'

2012년 10월 2학년 수학 공개 수업을 앞두고 수업모임을 가졌다. 수학 교사 셋, 과학 교사 둘, 국어 교사 둘, 그리고 도덕과 기술 교사가 각 한 명씩 이렇게 아홉 명이 모였다. 수업 단원은 '도형의 성질' 중 두 번째 단원인 '사각형의 성질'이었다. 수업 교사가 가져 온 수학 교과서 몇 권과 활동지를 앞에 두고 논의를 시작했다. 다음은 활동지의 일부분이다.

평행사변형이란........(   )

▶ **평행사변형 만들기**

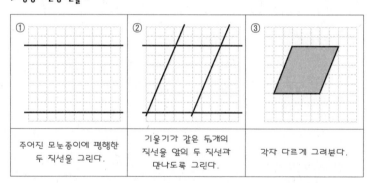

①	②	③
주어진 모눈종이에 평행한 두 직선을 그린다.	기울기가 같은 두개의 직선을 앞의 두 직선과 만나도록 그린다.	각자 다르게 그려본다.

▶ **평행사변형이 가지고 있는 독특한 성질은 무엇인지 최대한 찾아보고 발표해보자.**
 (여러 가지 방법으로 찾기 - 자, 각도기 이용)

수업 교사는 이제껏 자신의 경험을 바탕으로 단원 내용을 아이들이 많이 어려워한다고 설명했다.

> 2학년을 많이 지도하다 보니까 내용이 제 머릿속에는 정리가 되어 있지만, 처음 공부하는 아이들은 이 단원을 되게 어려워해요. 어찌 보면 당연한 것 같은데 매우 헷갈려하고 짜증내고 그래요.

다른 교과 교사들은 책을 넘겨보면서 무엇이 나오나 확인하고 활동지 문항도 보았다. 그러다가 '아이들이 책의 내용이나 기존 활동지를 흥미 있게 하려고 할까?'라는 의문이 들었다. 그래서 활동지 초안에 대하여 이야기하지 못하고 실생활과 관련지어서 수업을 만들어보자는 의견을 제시했다.

"그건 수학적인 논리적 사고 능력에 맞지 않습니다."

> 우리 주변에서 사다리꼴, 사각형, 평행사변형, 마름모 등으로 이루어진 것들을 찾아서 붙여 보게 하면 어떨까요?

'뭔가 아이들이 흥미 있게 수업에 참여할 수 있는 방법이 없을까?' 이런 생각을 하던 국어 교사의 제안이었는데, 수업 교사는 동의하기가 힘든 모양이었다.

사각형이 우리 일상생활과 얼마나 직결되어 있는지를 알아보는 것은 흥미와 동기유발 면에서 의미가 있겠어요. 그런데 이 단원의 목표가 각각의 사각형의 성질을 분석하여 '이게 왜 무슨 사각형이다'라고 논리적으로 주장할 수 있게 하는 것이기 때문에 수업의 핵심을 그렇게 구성하기는 어려워요.

과학 교사는 국가 교육과정의 상위 목표라는 관점에서 수학적 사고 능력을 기르는 것을 폭넓게 해석하는 것이 좋겠다는 의견을 제시했다.

이 교과서에는 학습목표가 '사각형의 성질을 증명할 수 있다'처럼 아주 수학적인 것으로만 써져 있지만, 교육과정상의 상위 목표를 보면 '수학에 대한 흥미를 높인다, 실생활 문제 해결 능력을 기른다.'와 같은 것도 있거든요. 그런 관점도 좀 들어가면 좋겠어요.

그러나 수학 수업을 통하여 논리적인 사고를 해봄으로써 생각하는 힘을 기르게 하는 것에 중점을 두어야 한다는 수업 교사의 의견과 그것이 수학을 좋아하고 잘하는 아이들에게는 맞을 수 있지만 수학을 어려워하고 관심이 없는 아이들에게는 힘들 수밖에 없다는 다른 교과 교사들의 의견이 접점을 찾지 못하고 있었다.

기술 교사는 각 사각형의 정의를 증명하고 그 성질을 바탕으로 응용된 문제를 제시하는 교과서 내용을 소화하기 위해서 전제되어야 할 1학년 교육과정에 대해 2학년 아이들의 이해도가 낮다는 점을 상기시켰다.

> 교과서의 내용이 전부 다 삼각형의 합동을 이용하여 각 사각형의 정의를 증명하거나 성질을 찾는 것이고, 그 다음에는 사각형들의 성질을 이용하여 한 단계 응용된 문제 풀이를 하는 것이네요. 그런데, 아이들은 1학년 때 배운 삼각형의 합동을 잘 모를 거예요. 따라서 교사가 아무리 설명을 해도 아이들은 이해하지 못하는 상황이 문제가 아닐까요? '이런 점을 어떻게 해결할 수 있을까?' 하는 관점에서 논의했으면 합니다.

다른 수학 교사는 이에 대하여 이등변삼각형 수업을 할 때 "추상적인 내용을 논리적으로 설명하지 않고, 대신에 학 종이를 주어서 이등변삼각형을 접게 하고, 자 등을 이용해서 길이를 재면서 성질을 찾아보게 했더니 아이들이 덜 지루해하더라"는 이야기를 했다. 그러자 다른 과목 교사가 "이번 사각형의 성질 부분도 그렇게 각도와 길이를 재보면서 하면 어떨까?"라는 의견을 말해보지만, 수업 교사는 "수학 수업은 흥미와 동기유발이 늘 문제라는 점을 알지만, 수학에서는 그것보다 추상적, 논리적 사고력을 기르게 하는 것이 중요하다."라고 말하면서 제안에 동의하지 않았다.

"반복하면 응용 능력을 익힐 것으로 기대합니다."

이렇게 논의가 계속 진전을 보이지 못하고 있는 상황에서 국어
교사가 다시 실생활과 연결해보자는 의견을 제시했다.

> 여러 가지 사각형 모양을 많이 주고 그것들을 이용해서
> 실생활에서 보았던 것들을 만들어보라고 한다면 어떨까
> 요?

그러자, 과학 교사는 7교에 여러 가지 사각형 모양이 있다고 하
면서 "7교를 이용해서 여러 가지 사각형을 만들어보게 한 다음
자기가 만든 것이 무슨 사각형인지 설명해보게 할 수 있겠다."라
는 의견을 제시했다. 잠시 동안 이 부분에 대하여 서로가 얘기를
나누어보지만 뭔가 방향이 잡히는 듯하다가 다시 제자리로 돌아
왔다.

여전히 논의는 방향을 잡지 못하는데, 과학 교사의 의견이 또
나왔다. "도형의 성질을 외워서 문제를 푸는 것은 의미가 없다.
그러니 그 도형의 성질을 발견해낼 수 있는 응용력을 가지도록
하는 게 좋겠다."는 이야기였다.

> 평행사변형에서 '대각은 같다'라는 성질을 외워서 사용한
> 다면, 기억날 때는 사용할 수 있지만 새로운 응용 상황이
> 생기면 잘 적용하진 못하게 될 것 같아요. 왜냐하면 평행

사변형에서도 성질이 몇 개가 있고, 마름모, 직사각형, 정
사각형에도 성질이 많이 있잖아요. 그러니까 그런 성질
을 다 외워서 한다면 응용력이 없을 것 같아요.

그러자, 수업 교사는 "응용력을 가지도록 하는 것이 바로 증명인
데, 아이들은 그런 증명을 싫어한다. 그러나 평행사변형에서 1, 2, 3,
4차시를 하면서 그 성질을 반복적으로 학습하면서 알게 되어 나중
에는 응용력이 생기기를 기대한다."라는 의견을 말했다.

맞아요. 외우는 것보다는 원리 몇 가지를 알면 되는데, 그
원리가 바로 증명이에요. 사각형을 삼각형으로 나누어서
두 삼각형이 합동인 것을 보이는 게 바로 그거에요. 그런
데, 아이들은 그걸 싫어하고 잘 못한다는 거예요. 이 앞부
분에서는 가볍게 넘어가면서 아이들이 그걸 외우는 게 아
니라 아이들이 활동으로 머릿속에 기억하는 걸로 남는 거
예요. 그리고 이 뒷부분으로 가면서 '이게 평행사변형인
지 확인해봐, 동위각 엇각이 이렇게 되니까 대변이 평행
하지? 그러니까 평행사변형이야!'가 계속 반복이 돼요.

**"그럼 아이들에게 직접 접어보고 설명하라고
제시하면 어떨까요?"**

이렇게 수학 교사와 다른 교과 교사의 이야기가 하나로 모아지
지 않고 있을 때, 국어 교사가 또 다른 제안을 해보는데 결국 이

세 번째 제안이 수업설계의 큰 틀로 정해졌다.

> 그럼 아무것도 가르쳐주지 말고 모둠별로 평행사변형을
> 한번 접어봐라, 그러면 아이들이 막 접을 거 아니에요. 그
> 러고 나중에 그게 왜 평행사변형인지 아이들에게 직접 설
> 명을 해보라고 하면 어떨까요?

이 제안에 대하여 다른 교과 교사들은 바로 '재미있겠다'는 반응을 보였다.

> 그러면 굳이 교사가 설명을 안 해도 아이들이 각을 재보
> 든지 길이를 재보든지 하면서 왜 이것이 평행사변형인지
> 마름모인지 그 이유를 찾아보려고 하겠네요.

수업 교사는 이 제안에 대하여 몇 가지 질문을 던지면서 구체적으로 검토를 시도했다.

> **정혜진(수학)** 선생님, 지금 한번 접어보세요.
> **남영재(과학)** 나도 모르지.
> **정혜진(수학)** 나는 아이들이 (접는 것이) 안될까 봐……

이때 옆에 있던 기술 교사가 A4 용지를 이용해서 단순하게 평행사변형을 접는 것을 보고 수업 교사는 '그렇게 단순하게 접는 것이라면 아이들도 할 수 있겠다.'라는 생각을 했다.

정혜진(수학) 그래서, 평행사변형을 접었다면, 그 다음에는?

박지영(국어) 이제 '그것이 왜 평행사변형이냐?'라고 아이에게 질문하는 거지요.

정혜진(수학) '평행사변형인 증거가 뭐냐?'

남영재(과학) 네. 그런 걸 얘기해보라고 하면

박지영(국어) '재보니까 요게 요게 똑같아요.'

이때 기술 교사가 '색종이로 평행사변형 접어보기'를 다시 한번 제안했다.

색종이 주고 '평행사변형을 접어봐라' 그러면 내가 못 접을 수도 있으니까 한번 접어보고 싶어질 것 같아요. 그 다음 '그게 왜 평행사변형인지 주장을 해봐라.'라고 하면, 자기가 접은 것이니까 이유를 찾고 싶어질 것 같아요.

수업 교사는 기존 활동지에도 종이로 접는 것만 없지 평행사변형을 그려서 만들기, 성질 찾아보기가 있다고 말했다. 그리고 종이로 접게 하면 접다가 시간이 다 갈까 봐 걱정된다고 했다.

처는 선으로 그리게 했는데, 쉬운 방법을 알려준 거죠. 종이를 접는 시간을 생략한 채. 시간은 한정되어 있잖아요. 평행사변형을 그릴 때 이렇게 눈금이 있는 모눈종이에 그리면 기울기를 이용해서 평행을 알 수 있고, 그러면 아이들이 선을 다 다르게 그어서 평행사변형을 그리게 될 것입니다. 그러니까 종이로 접는 걸 빼놓고는 평행사변형을 자기들이 만든 거고, 그걸 보고 성질을 찾을 거라고 생각했고 '종이접기 하면 한 시간이 다 걸릴 거야. 저거 하다가 시간이 다 간다.'고 본 거예요.

다른 교과 교사들은 수학을 잘하지 못하고 흥미를 느끼지 못하는 아이들이 처음에 힘들이지 않고 활동에 참여하도록 하는 것을 가장 중요한 문제로 고려했다.

"이런 식으로 (접기를) 하면 기억이 나요. 수학을 싫어하는 아이들은 일단 왜 싫어하느냐 하면 이렇게 (수학적인 방식으로) 주기 때문에 싫어해요."

"접은 것이 평행사변형인 걸 어떻게 주장할까요?"

수업 교사는 이제 아이들이 어떻게 주장할 수 있는지를 검토하기 시작했다. 이 부분에서 다른 교과 교사의 사고와 달랐다. 다른 교과 교사는 일단 접어본 다음 주장하고 이어서 성질 찾기로 막 나아가는데, 수학 교사는 주장하는 단계를 미세하게 검토했다.

정혜진(수학) 선생님은 그게(접은 것이) 평행사변형이라는 것을 어떻게 설명하실 거예요?
서상영(기술) 재보는 거예요.

정혜진(수학) 평행사변형인지 아닌지는 길이를 재서 나오는 게 아니에요. 두 대변이 평행해야 되는 거예요. '두 대변의 길이가 같다'와 '두 대각의 크기가 같다'라는 것은 평행사변형이 가지고 있는 성질이에요. 그럼 이제 평행사변형이라고 어떻게 주장할 건가요?

서상영(기술) 음, 저 같으면 '두 대변의 길이가 같은 사각형을 만들고, 이웃한 두 점만 고정시키고 나머지 꼭지점을 아무렇게나 움직여 봐도 대변끼리 평행할 수밖에 없다.'라고 말할 것 같아요.

전서영(과학) 여기는 둘이 엇각이에요. 왜냐하면, 대각선이니까.

이수현(수학) 아, 그렇게 설명하면 될 것 같네요.

　이와 같은 진지한 질문과 답변은 수업 교사와 다른 교과 교사들이 함께 토론하는 과정에서 교과의 구분을 넘어 수업 내용에 몰입되어 있기에 가능했다. 이후에 이 제안이 받아들여져 수업으로 현실화되었다.

　이런 현상은 그동안 수업모임에서 여러 교과의 수업을 만들어 오던 과정에서 늘 발생하던 현상이다. 수업 교사는 어떤 활동에 대하여 그 활동의 전후에 고려해야 할 중요한 것들이 너무 많다고 생각하기 때문에 수업을 구상할 때 다소 무겁게 출발하는 경향이 있다. 반면에 다른 교과 교사들은 그 활동의 전후는 고려하지 않고 단순하게 그 활동만을 보기 때문에 다소 가볍게 수업 구상에 들어간다. 그런데 대부분의 경우에는 이렇게 가볍게 접근하는 것이 아이들의 상황과 잘 맞아떨어진다.

　다음날 이렇게 수업을 했을 때, 아이들이 흥미롭게 잘 참여하는 모습을 볼 수 있었다.

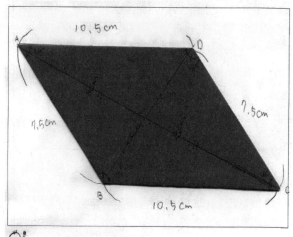

내가 접은 것이 평행사변형이라는 증거를 대시오~

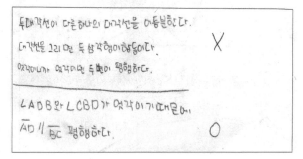

수업 교사는 수업 후에 이렇게 말했다.

> 만약 기존 활동지처럼 모눈종이에 자를 대고 평행사변형
> 을 그리게 하고, 그 평행사변형을 보고 성질을 찾아보게
> 했더라면, 아이들이 '평행'하고 '엇각'이 밀접한 관련이 있
> 다는 것을 알기 어렵지 않았을까 생각합니다.
>
> a. (아이들이) 종이를 접어서 평행사변형을 만들어 보고
> b. 이것이 평행사변형이라는 아이들의 근거('재보니 대각
>   이 같아서', '대변의 길이가 같아서') 발표를 듣고
> c. '아니다. 그건 증거로 충분하지 않다. 다시 생각해 봐
>   라.'라고 말하고
> d. 아이들은 다시 고민하면서 증거를 찾아보고
>
> 이런 과정을 거치면서 아이들은 1학년 때 배운 '평행'과
> '엇각'의 관계를 이용하여 자신이 접은 것이 평행사변형
> 이라는 근거를 댈 수 있게 되었습니다. 거의 한 시간을 활
> 동에 소모했지만, 아이들이 평행사변형의 성질을 충분히
> 알게(이해를 통한 내재화) 된 것으로 보입니다. 이렇게
> 직접 해보는 과정에서 평행사변형의 성질이 조금이라도
> 더 내면화되어 아이들의 문제해결 능력 향상에 도움이 되
> 었다고 보이는데, 이런 면에서 이 수업이 의미가 있었다
> 고 생각합니다.

작은 아이디어에서 도전 과제로 구상하기

"이차함수를 배우면 실생활 어디에 좋아요?"

"이차함수를 배우면 실생활 어디에 좋아요?"

수학 교사에게는 참으로 황당한 질문이 아닐 수 없다. 수업 내용은 3학년 수학 '이차함수 그래프의 성질'이었고, 현우진 선생님이 공개 수업을 맡았다. 공개 수업이 촉박하게 결정되는 바람에 공개 수업을 불과 5일 앞두고 수업모임을 열었다. 이차함수는 수학에서 중요한 내용이라 무조건 모든 아이들이 잘하도록 지도해야 한다는 부담이 앞서는 단원이건만, '이것을 알면 실생활 어디에 좋냐?'는 다른 교사들의 질문에 답해야 한다.

> **박지영(국어)** 이차함수를 배우면 실생활 어디에 좋아요?
> 실생활에 써먹는 데가 어디 있어요?
> **홍채영(과학)** 애들 포탄 날리는 게임. 앵그리버드요.
> **박지영(국어)** 이차함수를 아는 애들이 더 잘할 수 있어요?
> **현우진(수학)** 그런 건 아니에요. 감각이죠.

국어 교사는 어떻게 이차함수와 실생활을 연결할 수 있을지 궁금해했다. 아무래도 아이들이 흥미를 가지고 달려들기가 어렵다고 생각하기 때문이었다. 과학 교사도 생활 주변과 관련지을 수 있는 상황이 있으면 좋겠다고 생각했다.

남영재(과학) 끝까지 상황과 관계없이 수학만 해야 하나요?

이수현(수학) 분수 물의 궤도가 포물선이라고 해요. 손전 등 앞부분, 뛰어오른 돌고래의 궤도, 파라볼라 안테나 이런 것도 포물선과 관계있어요.

남영재(과학) 아이들에게 생활 주변에서 최댓값이 있는 그런 상황을 만들어 오라고 하면 어떨까요?

이차함수와 실생활 사이의 관계를 찾아내기가 쉽지 않자 교육과정은 어떻게 되어 있는지 궁금해졌다.

남영재(과학) 수학과 교육과정 있어요? 수업이 실생활과 전혀 관계없이 진행되는 것 같아서 교육과정에서는 어떻게 하라고 되어있는지 궁금해서요.

이수현(수학) '주변 여러 현상을 수학적으로 관찰하고 해결한다. 문제 상황을 수리 논리적 사고를 통하여 해결하는 능력을 기른다.'

남영재(과학) 그러면 최댓값과 최솟값을 구해야 하는 필요를 느끼는 상황이 뭐 없을까요?

현우진(수학) 수학에서는 사실 함수식을 줘요. 그런 상황을 구할 수가 없으니까. 그래서 이차함수의 그래프를 그리게 해요. 이게 차후에 수학을 하기 위해서 필요하거든요.

이차함수와 실생활을 연관 짓기가 만만치 않으며 중학교에서 이차함수 부분은 차후의 학습을 위해서 이차함수를 그래프로 그

리고 그 성질을 이해하는 정도로 할 수밖에 없음을 받아들이게
되었다.

> **남영재(과학)** 그래프의 성질은 뭐예요?
> **현우진(수학)** 그래프의 모양이 위로 볼록, 아래로 볼록하
> 다, 최댓값과 최솟값, 대칭축이 어디다, x절편, y절편 이
> 런 것들입니다.
> **이수현(수학)** 그래프를 그려서 그 그래프의 성질을 잘 짚
> 어보면 알 수 있는 것들이에요.
> **남영재(과학)** 그러면 아이들이 그래프의 성질을 생각해 보
> 도록 해야겠네요.

여기까지 논의를 하면서 수업 교사는 단순히 기계적으로 최댓
값과 최솟값을 구하는 문제는 너무 단순하다는 생각을 하게 된
모양이었다.

> 처음에는 최댓값과 최솟값 구하기를 할 생각으로 왔는데,
> 지금 이야기 들어 보니까 그건 대단한 게 아닌 것 같네요.
> 그보다는 그래프의 모양을 보면서 최댓값과 최솟값의 의
> 미를 이해하도록 하는 것이 좋을 것 같아요.

도전 과제 '친구에게 전화로 그래프 모양 설명을 듣고 그리기'

과연 어떤 과제여야 아이들이 흥미를 가지고 수업에 집중하도

록 할 수 있을까? 결코 쉽지 않다는 생각에 수업모임의 선생님들은 난감한 표정을 짓고 있었다. 무엇보다도 어렵고 딱딱하고 능력의 한계가 뚜렷한 수학이기 때문이었다. 교사들은 학습목표에 해당하는 것을 아이들이 스스로 해보도록 하는 방향에서 아이디어를 하나씩 내 보았다.

> **서상영(기술)** 이차함수식을 주고 그래프의 모양을 그리지 않고 성질을 말해 보게 하자.
> **이수현(수학)** 아! 그래프에 대한 정보를 5가지 정도를 써라?
> **현우진(수학)** 최대한 많이 쓰라고 하면 성질이 다 나올 것 같아요.
> **이수현(수학)** 그걸 말로 표현하게 하는 건 좋은 것 같아요. 이런 내용은 사실 마음이 급해서 잘 안 하게 되지만요.

이차함수 그래프의 성질을 아이들이 찾아내서 말해보게 하는 것이 수업에서 가장 중요한 지점이라는 것을 모두가 공감하고 있었다. 그래서 함수식을 주고 성질을 써보게 하자는 아이디어가 제시되었다. 수업모임의 첫날은 여기까지 두 시간 동안 논의를 하였다. 그리고 주말을 보내고 월요일에 다시 수업모임을 가지게 되었다.

> **남영재(과학)** 그래프의 성질을 글로 주고 그것을 함수식으로 만들기는 어떨까요?
> **최수일(컨설턴트)** 아예 그래프를 주고 함수식을 찾도록 하

는 건 책에 없지요?

현우진(수학) 글로 주면 쉬울 것 같아요. 그래프로 주면 더 좋겠어요.

이 공개 수업을 컨설팅하실 외부 전문가인 최수일 선생님도 이 날 수업모임에 함께 참여해서 논의했다. 함수식을 주고 그래프의 성질을 말해보게 하자는 아이디어에 이어서 또 새로운 아이디어가 나왔다. 이번에는 반대로 그래프를 주고 함수식을 만들게 하자는 것이었다.

최수일(컨설턴트) 그래프를 해석하는 문제는 없나요? 그러니까 그래프의 모양을 친구한테 전화로 설명해 봐라. 친구가 듣고 그릴 수 있도록.

이수현(수학) 그러면 듣고 그리기네요?

남영재(과학) 그러면 아이들이 그래프의 모양을 해석해야 전화로 말할 수 있겠네요.

현우진(수학) 그래프의 성질을 보려고 하는 거니까. 그렇게 하면 그래프를 더 유심히 볼 것 같아요.

이번에는 그래프를 주고 그것을 전화로 친구에게 설명해보게 하는 아이디어가 제시되었는데, 결과적으로 이 아이디어가 수업 설계의 핵심이 되었다.

완성된 수업설계를 보면, 아이들에게 함수식을 제시하면 아이들은 그 함수식을 그래프로 그린 다음, 그래프의 성질을 찾아내서 모둠 칠판에 쓴다. 이 모둠 칠판을 옆 모둠에게 전달한다. 즉, 1모둠은 2모둠에게, 2모둠은 3모둠에게 전달하는 것이다. 그러면 예를 들어 4모둠은 3모둠이 해석하여 써놓은 성질을 보고 그래프를 그려보고 함수식을 만들어내는 것이다.

이것은 마치 말 전달하기 놀이처럼 '함수식 – 그래프 – 성질 발견 – 그래프 – 함수식'으로 정보가 전달되는 과정이 아이들끼리 이루어지도록 구성한 것이다. 아이들이 즐거운 놀이를 하듯이 흥미를 가지고 수업에 참여할 것이 예상되는 수업설계였다. 또한 아이들은 자신들이 해석하여 써놓은 성질을 옆 모둠이 보고 함수식을 맞힐 수 있는지에도 관심을 가질 것으로 예상할 수 있었다.

수학 교과의 수업설계를 함께 하면 사실 처음에는 막연하다. 수준이 서로 다른 아이들을 수업에 몰입하게 할 만한 과제를 만들어내기가 만만치 않기 때문이다. 잘하는 학생과 못하는 학생의 구분이 분명한 과목이라 도전 과제라는 것이 어떤 형태여야 할지 윤곽을 그리기 힘들다. 그런데 이런 공동 수업설계 과정을 통해 누군가의 작은 아이디어에 또 다른 누군가의 생각들을 조금씩 보태어서 흥미로운 도전 과제를 구상할 수 있었다.

결국 아이들이 자신들의 힘으로 무언가를 찾아내어 그것을 표현하고, 그것을 바탕으로 가장 간결한 수학적 표현에 대한 수업 내용을 다룰 수 있었다. 또, 아이들끼리 서로 문제를 내고 해결하는 수업이 만들어졌다. 이후에 이 수업에서 아이들의 수준 차이는 크게 부각되지 않았고, 그 대신 과제에 대한 흥미를 바탕으로 서로가 배우는 모습을 볼 수 있었다. 아이들이 수업의 주체가 되는 활동이 있으면 아이들은 얼마든지 살아날 수 있다는 것을 다시 한 번 확인할 수 있었다.

6장 과학 수업 '빛과 파동' 단원

　이 장과 다음 장에서는 수업모임에서 수업을 만드는 사례를 소개한다. 두 개의 사례 중 첫 번째인 이번 장에서는 수업을 만들어가는 과정 중 전반에서 중후반까지를 주로 다루었고, 다음 장에서는 공개 수업에 임박한 단계부터 공개 수업에서 아이들이 활동하는 모습까지 다루었다. 따라서 두 개의 장은 함께 우리 학교의 공개 수업 과정의 전체를 나타내고 있다.

　우리 학교의 공개 수업 준비과정은 수업 모임과 일상의 수업 참관, 다시 수업 모임으로 이어지는 과정인데, 이번 장에서는 이런 과정에서 했던 총 5회의 연속적인 수업모임을 소개한다. 이를 통해 최초 활동지를 검토하며 수업을 만드는 과정, 만든 활동지로 하는 수업을 참관하고, 참관한 내용을 바탕으로 활동지를 수정하고, 수업 운영 방법을 수정해 가는 과정을 주로 다루었다. 또한 공개 수업을 함께 만들어가는 이런 과정이 새로운 수업을 배우려는 교사에게 어떤 의미로 다가오는지도 제시하였다.

첫 번째 수업모임에서 활동지 초안 검토

"활동지를 같이 풀어보면 어떨까요?"

10월 7일 오후, 하루 수업을 모두 마친 교사들이 교실에 모여 앉았다. 3주 후에 있을 과학 공개 수업을 준비하기 위한 첫 번째 수업모임으로 수학, 사회, 영어, 과학, 기술, 음악, 정보 등 여러 교과의 선생님들이 참석했다. 먼저, 공개 수업을 하게 될 홍채영 선생님이 미리 복사해온 교과서와 활동지 초안을 책상 위에 올려 놓았다.

[활동1]에는 인터넷 웹사이트에 접속해서 사용하는 파동 시뮬레이션이 포함되어 있었다. 알갱이 하나를 마우스로 드래그 하였다가 놓으면 그 알갱이의 움직임이 마치 그물망의 움직임처럼 주변으로 전달되는 시뮬레이션이었다. 홍채영 선생님은 먼저 이 시뮬레이션을 시연한 후 단원에 대해서 설명했다. 과학 교사 두 명은 수정이 필요한 것 같다고 걱정했다.

> **홍채영(과학)** 중학교 2학년 '빛과 파동' 단원의 도입 부분인 '파동의 발생과 전파' 부분을 수업하려고 해요. 작년에 과학 선생님들과 함께 만들어놓은 활동지가 있어서 가지고 왔어요. 아이들 활동이 많지 않은 부분이어서 공개 수업으로 적당할지 모르겠어요.
>
> **김수진(사회)** 아무튼 '파동'을 하신다는 거네요?

단원명	6. 빛과 파동	교과서	pp.284~287	2학년 반 번 이름 :

6.14 파동의 발생과 전파

[활동 1] 한 개를 당겼다가 놓으면?(http://mully.net/lee)

1. 많은 알갱이들이 아래 그림과 같이 놓여있고, 각 알갱이들은 이웃 알갱이와 고무줄로 연결되어 있다.

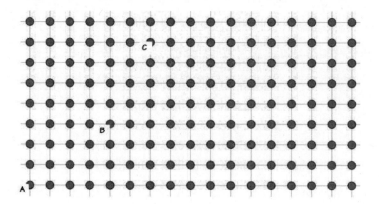

가. 알갱이 A를 왼쪽으로 당겼을 때, 알갱이 B와 C 중에서 먼저 영향을 받는 것은?

나. 알갱이 A의 흔들림은 주변으로 (   ) 나간다.

　　이때 알갱이 B와 C는 멀리 이동 (한다, 하지 않는다).

다. 알갱이 A를 흔들 때 멀리 이동하는 것은 (　　)이다.

라. 이와 같이 한 곳의 흔들림이 주변으로 퍼져 나가는 현상의 예를 2가지 써 보자.

[교과서 훑어보기] 파동의 발생과 전파 (285쪽 참고)

1. 한 곳에서 생긴 진동이 주변으로 퍼져 나가는 현상을 (　　)이라고 한다.

2. 파동을 전달하는 물질을 (　　)이라고 한다.

3. 파동은 매질의 진동을 통해서 (　　)를 전달하는 현상이다.

4. 매질이 없이도 전달되는 파동이 (있다. / 없다.)

[활동 2] 여러 가지 파동
1. 각각의 그림에서 파동에 해당하는 현상과 파동을 전달하는 것을 적어보자.

현상	무슨 파동을 나타내고 있는가?	파동을 전달하는 물질(매질)

전서영(과학) '파동' 단원의 첫 부분인데요. 활동을 새로 만들었으면 좋겠어요.

그러나 과학 교사를 제외한 나머지 9명의 교사들은 생소하기 만 한 '파동'에 대한 활동지를 보며 '이게 무슨 말이지?'라는 표정 을 짓고 있었다. 그러자, 함께 2학년 수업을 맡고 있는 과학 교사가 파동에 대한 기본적인 지식을 꺼냈다.

> **전서영(과학)** 물리학자들은 우주가 두 가지로 되어있다고
> 해요. 물질과 파동으로.
> **김수진(사회)** 지구가요?
> **전서영(과학)** 우주가요.
> **김영미(정보)** 신기하다.
> **김수진(사회)** 그 정도예요?
> **전서영(과학)** 파동이 눈에 안 보이니까 아이들이 처음에 힘
> 들어해요. 만약에 파동이 눈에 보이면 아마 사람은 못 살
> 거예요. 핸드폰은 전파라는 파동으로 통신하는데, 핸드폰
> 백만 대가 한꺼번에 터져도 안 보이니까 아무런 불편도 없
> 잖아요. 지금 이 공간도 온통 파동으로 꽉 차있어요.
> **김영미(정보)** 감이 안 와요.

다른 교과 교사들은 파동에 대한 과학 교사의 설명을 들으면서
짧게 질문하기도 하고 신기하다는 느낌을 표현하기도 했다. 다른
교과 교사들이 파동 개념을 어느 정도 이해할 즈음 활동지 초안
을 풀어보자는 제안이 나왔다.

활동지 초안을 접하는 첫 번째 수업모임은 대개 이런 식으로
진행된다. 다른 교과 교사들은 처음 보는 내용에 대해서 묻고 답
을 듣고 의견을 나누면서 수업 내용에 익숙해진다. 그 다음에는
마치 학생인 것처럼 활동지를 풀어본다. 그리고 풀어본 소감을
말하면서 활동지 구성에 대한 새로운 아이디어를 조금씩 얻는다.

"아이들이 혼동할 수 있는 사례를 찾아보자."

각자 활동지를 풀어보는데, 10분 정도가 지나자 자연스럽게 각 문항에 대해 아이들이 보일 반응을 이야기하기 시작했다.

> **홍채영(과학)** 활동지의 교과서 살펴보기에서 아이들이 교과서를 보고 답을 적잖아요. 적고 난 다음에 이게 무슨 뜻인지 이해할 수 있을 것으로 보이나요?
>
> **김수진(사회)** 그렇진 않아요.
>
> **홍채영(과학)** '매질'은 좀 알게 될 것 같은데, '에너지가 전달된다는 것'을 아이들이 이해할 수 있을까요?
>
> **정영란(수학)** 모를 것 같아요. 그냥 용어를 한번 써보는 정도일 거예요.
>
> **홍채영(과학)** 매질은 제자리에 있고 에너지만 전달된다는 것이 중요한데요.
>
> **전서영(과학)** 그런 내용을 이 한 차시에서 해결한다고 생각하지는 않아요. 계속되는 수업을 통해서 알게 되도록 하는 거예요. 이 부분에서는 글자를 한번 써보게 하는 정도예요.

작년에 이 활동지를 만들었고, 수업도 했던 전서영 선생님이 '교과서 살펴보기'가 그저 책에 나온 용어를 한번 써보게 하는 정도라고 말하자, 수업 교사는 이 부분을 수정할 필요성을 느끼는 듯했다. 이때 파동인 것과 파동이 아닌 것을 구분해보는 과제를 제시하자는 의견이 나왔다.

> **전서영(과학)** 우리 주변의 현상을 몇 개 주고 파동인 것과 파동이 아닌 것으로 구분해보게 하면 어떨까요?
> **정혜진(수학)** 그거 괜찮겠다.
> **전서영(과학)** 이게 왜 파동이냐 아니냐를 얘기해보게 하면……
> **정혜진(수학)** 모둠 활동에 그런 걸 넣으면 개념을 잡는 데 좋을 것 같아요.

아이들이 일상생활에서 흔히 경험할 수 있는 현상 중에서 "아이들이 혼동할 수 있는 사례"를 찾아보자는 제안이 나왔다.

> **정혜진(수학)** 그럼, 다음 모임에는 아이들이 혼동할 수 있는 사례를 찾아와서 같이 얘기해보면 좋겠네요.
> **전서영(과학)** 네, 그래서 한 시간 동안 활동을 해보고 파동을 자기 식으로 정리할 수 있으면 좋을 것 같아요.
> **김수진(사회)** 모둠에서 정리해보도록 하면 되겠네요.

시간이 흐를수록 수업모임 교사들은 궁금한 마음이 더 커지는지 다음 모임 계획을 세웠음에도 모임을 끝낼 생각을 하지 않았다. 이번에는 다른 교과 교사들이 먼저 "파동"에 대해 질문했다.

> **김수진(사회)** 천둥 번개 치는 건 빛이에요? 그것도 파동이

에요?

정영란(수학) 번개가 파동이라면 그때 매질은 뭐예요?

김수진(사회) 그러면 달에서도 천둥 번개가 쳐요?

전서영(과학) 달에는 구름이 없어서 안 쳐요. 달에서는 녹음은 못하고 사진은 찍을 수 있어요. 공기는 없지만 빛은 전해지거든요. 영화의 우주전쟁 장면에서는 사실 매질이 없어서 아무 소리도 안 나야 돼요.

정영란(수학) 핸드폰에서 전파가 어떻게 수신자에게로 전달되는지가 신기해요.

김수진(사회) 장파와 단파를 어떻게 만들어요?

정혜진(수학) 전파가 매질이 없어도 전달된다고 했는데 어떻게 그렇게 되는 거예요?

김영미(정보) 매질이 없이 어떻게 멀리까지 가는지 궁금해요.

전서영(과학) 전파는 전기와 자기가 상호 영향을 미치는 전자기파예요.

홍채영(과학) 전기가 흐르면 전기장이 형성되고, 전기장은 주변 자기장의 변화를 초래하고, 자기장의 변화는 전기의 흐름을 유도하고, 전기의 흐름은 자기장의 변화를 초래하고, 계속 그러면서 전파가 흘러가는 거예요.

정혜진(수학) 어렵다. 아이들이 그거 안 궁금해하면 좋겠다.

이런 얘기들이 별 의미 없는 것이라고 생각할 수도 있는데, 그렇지 않다. 수업을 설계하는 데 유익한 역할을 한다. 파동에 대한 수업을 하면서 우연히 전파에 대한 이야기가 나올 수도 있는데, 아직 파동 개념이 덜 형성된 아이들에게 전파 이야기는 다루지 않는 것이 좋겠다는 판단 등을 하게 해주기 때문이다.

> 앞면은 현재대로 하면 기초 개념을 잡을 수 있을 것으로
> 보여요. 그 다음 뒷면이 문제인데, 파동이 아닌 것을 추가
> 해서 해보면 어떨까요? 제 수업에 들어와서 보시고 좋은
> 얘기 많이 해주세요.

이와 같은 논의를 통해 수업 교사는 활동지를 수정할 방향을 얻었다. 수업 교사가 활동지를 수정해서 다음 주에 2학년 4반 수업을 할 것이라고 말하자, 수업모임은 자연스럽게 그 수업을 함께 참관한 후 하는 것으로 정해졌다.

첫 번째 수업 참관과 수업설계 수정

1차 수정된 수업설계

10월 15일 4교시, 2학년 4반에서 '파동'에 대한 첫 수업이 있었다. 그 수업을 수학, 사회, 과학, 기술 과목 교사들이 참관했다. 홍채영 선생님은 지난 수업모임의 결과를 반영하여 수정한 활동지를 아이들에게 나눠주었다. [활동1]의 시뮬레이션은 그대로 사용하고 질문을 조금 수정하였는데 다음과 같았다.

단원명	6. 빛과 파동	교과서	pp.284~287	2학년 반 번 이름:

6.14 파동의 발생과 전파

[활동 1] 한 개를 당겼다가 놓으면?(http://mully,net/lee)

1. 많은 알갱이들이 아래 그림과 같이 놓여있고, 각 알갱이들은 이웃 알갱이와 고무줄로 연결되어 있다.

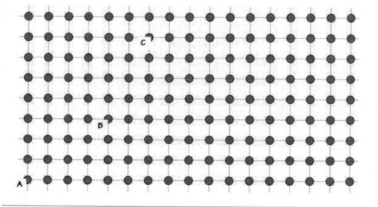

가. 알갱이 A를 왼쪽으로 당겼을 때, 알갱이 B와 C 중에서 먼저 영향을 받는 것은?

나. 알갱이 A의 흔들림(진동)은 주변으로 (   ).

　　이때 알갱이 B와 C는 (멀리 이동한다. / 제자리에서 움직인다.)

다. 이와 같이 한 곳에서 생긴 진동이 주변으로 퍼져 나가는 현상을 '파동'이라 하고,

　　파동을 전달하는 물질을 '매질'이라고 한다. 여기서 매질에 해당하는 것은 무엇인가?

라. 파동이 전달될 때 매질은 파동을 따라 (이동한다. / 이동하지 않는다.)

[활동 2] 여러 가지 파동

1. 다음 〈보기〉는 우리 주변에서 볼 수 있는 현상이다.

〈보기〉

㉠ 바람이 불어온다.　　　　　　　㉡ 사과나무에서 사과가 떨어진다.

㉢ 파도가 밀려온다.　　　　　　　㉣ 멀리서 친구가 부르는 소리가 들린다.

㉤ 강물이 흘러간다.　　　　　　　㉥ 인공위성을 이용하여 위성방송을 본다.

㉦ 땅속에서 지진이 발생하여 건물이 흔들린다.

가. 파동이란 '물질이 직접 이동하지 않고 (   )의 진동을 통해 에너지를 전달하는
　　방법'이다.

나. 위 〈보기〉에서 파동에 해당하는 현상을 찾아 기호를 쓰고 표에 들어갈 말을 써보자.

파동에 해당하는 현상	파동을 전달하는 물질(매질)	파동이 전달한 에너지로 할 수 있는 일

　　　교사는 인터넷 웹사이트에 접속해서 파동 시뮬레이션 프로그램을 시연했다. 아이들은 그 모습을 보면서 각자 질문 (가), (나), (다), (라)에 답안을 썼다. 이후에 다시 모둠별로 토론을 하여 답안을 수정했다. 마지막 단계로 각 모둠에게 활동 결과를 칠판에

쓰게 한 후, 학급 전체가 그것을 보면서 논의하며 공유하는 시간을 가졌다.

"시뮬레이션 모형을 다른 것으로 바꾸자."

수업을 마친 후 수업 교사는 수업을 참관한 8명의 다른 교사들과 함께 수업모임을 가졌다. 참관 교사들에 따르면, 시뮬레이션 모형에서 알갱이가 흔들리는데, "알갱이는 이동하는가?"라는 교사의 질문에 아이들 사이에 "이동한다"와 "이동하지 않는다"라는 상반된 주장이 나왔다.

"알갱이가 조금이라도 이동했잖아!"
"그건 알갱이가 흔들린 거야. 이동은 쭉 움직여가는 거
야!"

아이들은 이미 '매질은 이동하지 않는다.'라는 것을 정확히 알고 있었음에도 불구하고, 알갱이의 작은 흔들림을 '이동'으로 볼 것인가, '이동'으로 보지 않을 것인가를 두고 논쟁하는 데 많은 시간을 사용했다. 그래서 전서영 선생님은 인터넷 웹사이트의 시뮬레이션 모형 대신에 플라스틱 막대를 이용하는 간단한 새로운 모형을 제시했다. 수업 교사는 다음 시간부터 그 모형을 사용하기로 하였다.

그리고 참관 교사들은 [활동1]에서 대부분의 모둠이 정답을 잘

찾아내는 것으로 파악했다. 그래서 [활동1]은 아이들이 먼저 개별 활동으로 답을 찾아보게 한 다음 바로 모둠 활동으로 넘어간 후 전체적으로 답을 간략하게 확인해보는 정도가 좋겠다고 의견을 모았다. '매질은 이동하지 않고 파동을 전달해줄 뿐이다.'라는 개념은, 아이들이 [활동2]에서 충분히 생각해볼 기회가 있었다. 따라서 [활동1]을 간략하게 하고, [활동2]에 더 많은 시간을 주는 것이 좋겠다고 판단했다.

[활동2]를 수정하자는 의견도 있었다. 아이들이 모둠에서 토론할 때, 항목이 너무 많으면 각각에 대하여 충분히 토론하기 어려우니 항목을 5개 정도로 줄이자는 의견이었다. 그리고 '파동이 전달한 에너지로 할 수 있는 일'까지 학습하기는 어려울 것처럼 보였다. 따라서 그것을 왜 파동이라고 생각하는지, 또는 왜 파동이 아니라고 생각하는지를 써보게 하는 것으로 수업설계를 바꿨다.

두 번째 수업 참관과 수업설계 수정

2차 수정된 수업설계

이틀 후인 10월 17일 2학년 8반에서 두 번째로 수업을 참관하고 다시 수업모임을 가졌다. 지난 수업모임의 결과가 반영된 활동지로 수업을 진행했다.

[활동 1] 다음과 같이 플라스틱 막대를 연결해놓은 파동 실험 장치가 있다.

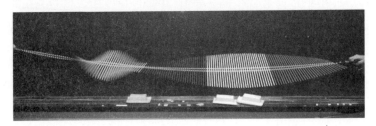

가. 왼쪽 끝의 플라스틱 막대 한 개를 흔들어보자.
- 플라스틱 막대 한 개의 흔들림(진동)은 주변으로 (   )
- 이때 각각의 플라스틱 막대는 (멀리 이동해간다 / 제자리에서 진동한다)

나. 이와 같이 한 곳에서 생긴 진동이 주변으로 퍼져 나가는 현상을 '파동'이라 하고, 파동을 전달하는 물질을 '매질'이라고 한다. 이 실험에서 매질에 해당하는 것은?

다. 파동이 전달될 때 매질은 파동을 따라 (이동한다 / 이동하지 않는다)

[활동 2] 다음 〈보기〉는 우리 주변에서 볼 수 있는 현상이다.

> **〈보기〉**
> ① 바람이 불어온다.
> ② 사과나무에서 사과가 떨어진다.
> ③ 멀리서 친구가 부르는 소리가 들린다.
> ④ 강물이 흘러간다.
> ⑤ 땅속에서 지진이 발생하여 건물이 흔들린다.

가. 위 〈보기〉에서 파동에 해당하는 현상을 찾아 기호를 쓰고 표에 들어갈 말을 써보자.

구 분	번 호	그렇게 생각한 이유는?
파동에 해당하는 현상		
파동이 아닌 현상		

[활동1]을 할 때 시뮬레이션 대신 지난 시간에 제안된 파동 실험 장치를 사용했다. 플라스틱 모형의 한쪽 끝을 손으로 툭 치면 그 자리의 플라스틱 막대부터 상하로 진동을 하고, 그 진동이 플라스틱 막대를 고정시켜주는 줄에 의해 반대쪽으로 전달되도록 만들어진 실험 장치였다. 아이들 중 몇몇이 앞에 나와서 이 장치로 파동을 만드는 시연을 했다. 그런 후 [활동1]에 답하도록 진행했는데, 아이들은 시뮬레이션을 사용할 때보다 더 흥미를 느끼는 것처럼 보였고, 쉽게 정답을 찾는 모둠이 더 많았다.

"아이들 활동에 배분된 시간이 너무 짧았다."

홍채영(과학) 우리가 수업모임에서 논의한 것처럼 개별 활동을 하고, 그 다음에 모둠 활동을 하면서 아이들이 정리할 수 있도록 진행했어요.
서상영(기술) 그런데, 오늘 개별 활동을 할 때, 시간을 1분도 안 준 것 같아요.
홍채영(과학) 제가 그랬어요?

수업 교사는 수업모임에서 논의한 대로 진행했다. 개별 활동으로 진행한 후 모둠 활동을 진행했다. 그런데 이번에는 참관 교사들이 각 활동을 진행한 시간에 대해 의견을 말했다. 개별 활동 시간이 너무 짧았다는 것이다.

> **서상영(기술)** 아이들이 개별 활동을 할 때도 사실은 같은 모둠 아이들과 얘기를 나누었어요. '매질이 뭐냐?', '손으로 플라스틱 막대를 치는 거니까 그 치는 것이 매질이냐?', '플라스틱 막대가 매질이냐?', '이동한다는 게 무슨 말이냐?', 이런 말들을 하고 있었는데 시간이 너무 짧아서 대화가 끊어졌어요. 그래서 그런 얘기를 나눌 수 있도록 시간을 2분 정도는 줘야 되지 않을까 하는 생각입니다.
> **홍채영(과학)** 개별 활동을 시작한 후 몇몇 모둠을 보니 아이들이 어느 정도 한 것 같다는 판단이 들어서 그 다음으로 진행을 하게 되었어요.
> **서상영(기술)** 이 활동을 할 때는 2분 정도의 시간을 준다고 딱 정해놓고 들어가는 것이 좋을 것 같아요.

수업을 설계할 때는 활동들을 만들고 각각 얼마 동안 진행할지도 계획했다. 그런데 실제 수업에서는 우리가 생각지 못한 일이 일어나서 계획을 수정해야 하는 경우가 생기곤 했다. 이번 수업에서는 개별 활동 시간에 모둠 활동처럼 논의하는 아이들이 생겼던 것이다. 그런데 교사는 이런 모습은 못 보았고, 어렵지 않게 금방 해낸 아이들만 보고 다음 단계로 진행했다. 결국 교사가 보지 못한 모둠에서는 시간이 너무 짧아 막 일어나려는 대화가 끊어져버렸다. 아이들의 배움을 위한 자발적인 토론이 끊어진 것이 아쉬웠다. 수업 진행에 집중하게 되는 수업 교사의 어려움을 알 수 있는데, 참관 교사는 이런 점을 알려 주며 이런 경우를 대비하여 개별 활동에 2분 정도로 시간을 늘릴 것을 제안했다.

> **서상영(기술)** 그리고, 모둠 활동에는 오늘 약 2분 정도 시간을 준 것 같아요.
> **정혜진(수학)** 모둠 활동은 2분이면 너무 짧지 않았을까요? 제가 아까 수업을 참관하면서 볼 때, 2분이 너무 짧은 거예요. 아이들이 서로 막 대화를 시작하고 나서 별로 진행이 안 된 상태였거든요.
> **홍채영(과학)** 그래요? 제가 따로 시간을 재면서 하지는 않았어요.
> **정혜진(수학)** 아이들은 항상 시작이 늦잖아요. 일단 얘기를 시작하면 2분 정도여도 충분한데, 아이들이 시작을 늦게 하기 때문에 좀 더 시간을 주는 것이 좋겠어요.

모둠 활동에는 2분을 주었는데, 그것도 시작이 느린 아이들에게는 짧았다고 참관 내용을 바탕으로 참관 교사가 말했다. 그러면서 모둠 활동에는 시간을 조금 더 할애하자고 제안했다. 아이들이 활동하는데 필요한 적당한 시간을 예상하는 것은 매우 중요한데, 이것은 활동의 성격이나 모둠 활동을 하는 아이들의 특성을 잘 파악하고 있을수록 정확하게 가늠할 수 있다.

"오답을 쓴 답안을 먼저 발표하게 하자."

이와 같은 시간 배분에 대한 이야기와 함께 모둠 활동의 결과를 공유할 때 발문 방법에 대해서도 이야기를 나누었다.

서상영(기술) 그리고, '다' 항목에서 어떤 모둠은 활동지에 '이동한다'라고 썼고, 또 어떤 모둠은 '이동하지 않는다'라고 썼어요. 그런데, 나중에 활동 결과를 공유하면서 '이동한다'라고 생각하는 모둠이 있으면 얘기해보라고 했을 때 얘기하는 모둠이 없었잖아요.

정혜진(수학) 네, 먼저 "이동하지 않는다"라는 정답을 어떤 아이가 발표를 했었지요.

서상영(기술) 맞아요. 그러니까 틀린 답안을 먼저 말해보게 하는 것이 좋겠어요. 답을 틀린 아이가 누군가의 정답을 듣고 나서 '내가 틀렸구나!' 생각하고 자신의 생각을 말하지 않는 것 같았어요.

홍채영(과학) 제가 그냥 전체적으로 물었을 때, "이동하지 않는다"라는 의견이 대다수가 나와서 그것을 먼저 발표를 시켰던 것 같아요.

정혜진(수학) 정답을 쓴 답안보다는 기왕이면 오답을 쓴 답안을 먼저 발표를 시키는 것이 좋을 것 같아요. 그리고 또 소수 의견을 먼저 말해보게 하는 것이.

서상영(기술) 3분간의 모둠 활동 시간을 준 다음 각 모둠을 다니면서 살펴볼 때 "이동한다"라고 틀리게 쓴 모둠이 있다면 나중에 그 모둠부터 얘기를 시켜보는 식으로.

참관 교사는 아이들이 의견을 말하지 않으며 머뭇거린 지점을 말하며, 틀린 모둠의 의견부터 들어보는 것이 낫겠다고 제안했다. 아이들의 오답을 들어보는 것은 무슨 의미가 있을까? 틀린 답이기에 발표를 통해 드러나지 않아도 상관없는 것일까? 그렇지 않다. 정답을 향해 가는 과정에서 오답은 매우 소중하다. 아이들은 오답을 하나씩 드러내고 각각이 오답이라는 것을 알아가는 과정을 거치면서 비로소 정답을 올바르게 이해하게 되기 때문이다.

"모둠 활동의 결과를 칠판에 O, X로 수합해보자."

[활동2]는 제시된 다섯 가지 현상이 '파동'에 해당하는 현상인지 아닌지를 판단하고 그 이유를 쓰는 활동이었다. 아이들은 모둠에서 각 현상을 하나씩 검토하며 의견을 주고받았다. 그리고 10여 분 후에 각 모둠은 결과를 칠판에 적었다.

이제 수업 교사는 칠판에 적힌 모둠의 의견을 이용하여 전체 아이들 사이에 토론이 일어나도록 진행해야 했다. 그런데 이번에도 예상하지 못했던 어려움이 나타났다. 오류나 의견이 일치하지 않는 지점 등이 좋은 토론거리인데, 그것을 찾는 것이 쉽지 않았던 것이다.

> **정혜진(수학)** 아이들이 어디에서 가장 많이 틀리고, 어디가 공통적으로 의견이 일치하는지가 한눈에 안보이니까.

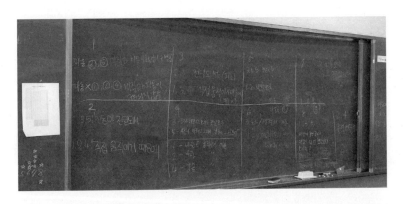

	1모둠	3모둠	5모둠	7모둠
파동 ○	③⑤ 매질과 파동이 확실히 구분됨	②⑤ 전달되서	③④⑤ 전달된다	③④⑤ 전달
파동 X	①②④ 매질과 파동이 구분되지 않음	①③④ 직접 움직이기 때문에	①② 직접 움직임	①② 직접 움직인다
	2모둠	4모둠	6모둠	8모둠
파동 ○	③⑤ 진동이 전달되서	③⑤ 공기와 지진이 매질임	③④⑤ 구불구불하다.	①③⑤ 바람과 소리는 공기가 매질, 땅이 진동을 전달
파동 X	①②④ 직접 움직이기 때문에	①②④ 바람과 사과와 물이 움직임	①② 매질이 움직인다.	②④ 중력 때문에

홍채영(과학) 한눈에 보일 거라고 생각했는데, 막상 시도해보니까 정신이 없었어요. ①번에 대한 의견이 어디에 씌어져 있나? 그래서 아이들은 ①번에 대해서 어떻게 응답했는가? 이런 것들이 한눈에 안보였어요. 아이들도 마찬가지였어요.

수업은 순간순간이 빠르게 지나가는 하나의 흐름이다. 수업 교사는 그 흐름이 끊어지지 않도록 매 순간 정확하게 판단하며 수업을 진행해야 한다. 그런데 그렇게 진행하기에는 칠판에 써진 것들이 복잡했다고 수업 교사가 말했다.

> **서상영(기술)** 모둠 활동의 결과에서 아이들이 정답을 썼는 가도 중요하지만 그렇게 생각하는 이유가 더 중요하잖아요?
> **홍채영(과학)** 네.
> **정혜진(수학)** 그래서, 이유까지 칠판에 쓰도록 활동지를 만든 거지요.
> **서상영(기술)** 그런데 이렇게 이유까지 칠판에 쓰니까 결과를 한눈에 알아보기 힘든 면이 있네요. 그렇다면, 이유를 빼고 파동인 것과 아닌 것만을 표시하도록 해보면 어떨까요?
> **정혜진(수학)** 아! 그렇게 하면 일단, 아이들의 의견이 일치하는 부분과 어긋나는 부분이 한눈에 드러나겠네요.
> **서상영(기술)** 네, 그리고, 이유는 칠판에 안 쓰는 대신, 각 모둠의 의견을 들어볼 때, 아이들에게 그렇게 생각하는 이유를 말해보도록 하고요.

한 참관 교사가 수업 교사의 어려움을 해결하는 방안으로 칠판에 모둠 수만큼 표를 그리고, 그 표 안에 파동인 것과 아닌 것을 O, X 방식으로 표시하자고 제안했다.

보기 항목에도 약간의 변화를 주었다. '사과나무에서 사과가 떨어진다.'라는 보기에 대하여 아이들이 사과가 저절로 떨어지는 것인지, 사과나무를 흔들어서 사과가 떨어지는 것인지에 대하여 논란이 있었다. 교사들은 이 보기를 빼고 다른 것을 넣었다. 그러나 다음 날 다시 이 보기를 넣기로 결정했다. 만약, 아이들이 사과나무를 흔들어서 사과가 떨어지는 상황을 얘기한다면, 사과나무를 흔들어서 그 힘이 사과까지 전달되는 현상과 그로 인해 사과가 떨어지는 현상으로 나누고 각 현상이 파동인지 아닌지 말해 보게 할 수 있겠다고 판단했다. 전자는 파동이고 후자는 파동이 아니기 때문이었다. "사과나무에서 사과가 떨어진다"와 같이 수업을 어렵게 한 요소가 수업모임의 검토를 거치면서 오히려 수업에서 더 깊이 있고 흥미로운 과제가 되는 경우가 종종 있었다.

세 번째 수업 참관과 수업설계 수정

3차 수정된 수업설계 - 모둠 활동의 결과를 한눈에

10월 18일 수업 교사는 [활동2]의 문항만 다음과 같이 수정한 활동지로 2학년 5반 수업을 진행했다. 수업을 마친 후 또다시 수업모임을 가졌다.

〈보기〉
① 사과나무에서 사과가 떨어진다.
② 바람이 불어온다.
③ 멀리서 친구가 부르는 소리가 들린다.
④ 호수에 돌을 던지면 물결이 퍼진다.
⑤ 강물이 흘러간다.

수업 교사는 모둠에서 논의하여 보기의 각 현상을 파동인 것과 파동이 아닌 것으로 구별하고 그 결과를 칠판에 O, X로 쓰게 했다.

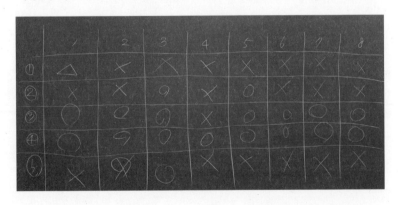

보기 중 ③, ④번이 파동이고, ①, ②, ⑤번이 파동이 아닌데, 이렇게 칠판에 O, X로 표시하도록 하니 한눈에 아이들의 생각을 알 수 있었다. 그러자 수업 교사는 수업의 진행 방향을 쉽게 잡아나갈 수 있었다.

소수의 의견이 있는 ②번과 ③번, ⑤번 보기부터 다루었다. 틀린 모둠의 의견을 들어본 다음, 다시 맞는 모둠의 의견을 들어보았다. 그 다음에는 ①번 보기에 1모둠이 △표시를 한 이유를 들어보았는데, 역시 사과나무를 흔들어서 사과가 떨어지는 것인지, 아니면 그냥 사과가 떨어지는 것인지에 대한 이야기가 나왔다. 이와 같은 방법은 다양한 생각을 다른 아이들에게 잘 전달되도록 하여 아이들이 파동의 개념을 잡아가는 데 큰 도움을 주었다.

아이들이 머뭇거릴 때는 '되돌리기'

어느 지점에서 되돌리기를 하는 것이 좋을지는 수업 교사보다 수업을 참관하는 교사가 더 쉽게 잡아낼 수 있다. 참관 교사는 수업 진행에 대한 부담이 없으므로 학습 내용에 대하여 아이들이 어떤 지점에서 막히고 있고, 어떤 지점에서 어려워하고 있는지를 수업 교사보다 더 자세하게 관찰할 수 있기 때문이다.

[활동1]의 '다. 파동이 전달될 때 매질은 파동을 따라 (이동한다 / 이동하지 않는다)'를 검토할 때였다. 아이들에게 "'이동한다'와 '이동하지 않는다' 중 어느 것이 맞아요?"라고 질문을 던졌을 때,

아이들은 선뜻 대답하지 못했다. 그러고 있는데 4모둠의 어느 아이가 "플라스틱 막대는 진동하는 것이지 이동하는 것은 아니다."라고 이야기하자 수업 교사는 검토를 마무리했다.

어느 참관 교사는 이 상황을 언급하며 "전체가 머뭇거릴 때 수업 교사가 '되돌리기'를 하면 어땠을까요?"라고 의견을 말했다. 되돌리기를 2분 정도 했다면 각 모둠에서 논의가 이루어졌을 것이라는 예상을 말했다. 전체가 머뭇거린다는 것은 아직 그 부분에 대한 개념이 덜 형성된 것이다. 그런 경우 이번 경우처럼 누군가의 발표를 듣는 것은 개념 이해에 얼마나 도움이 될까? 그것보다는 수업 교사가 되돌리기를 하여 아이들이 모둠에서 자신의 목소리로 의문점을 얘기해보도록 하는 것이 더 효과적일 것이다.

[활동2]의 경우에도 유사한 상황이 있었다. 수업 교사가 "소리가 이동하는 것인가요? 아니면 소리의 진동이 이동하는 것인가요?"라는 질문을 했을 때가 그랬다. 또한 "'호수에 돌을 던지면 물결이 퍼진다'에서 매질은 돌일까요? 아니면 물일까요?"라는 질문을 했을 때도 그랬다. 아이들은 머뭇거리기도 하고 틀린 발표를 하기도 하고 다른 친구의 발표를 듣고 고개를 갸웃하기도 했다. 이런 때에도 되돌리기를 하면 좋지 않았을까? 아이들에게 궁금한 마음이 조금씩 생기는 상황으로 보였기 때문이다. 이때 바로 모둠에서 논의를 하도록 시간을 주면 아이들이 하고 싶은 이야기를 활발하게 할 가능성이 높다. 그런 후 다른 아이의 정확한 발표를 듣게 된다면 아이들의 이해 정도가 높아질 것이다.

이후 한 번의 수업 참관과 수업모임을 더 가진 다음 공개 수업이 진행되었다. 수업 모임에서 다섯 차례에 걸쳐 논의하며 만든 덕분에 공개 수업은 아이들이 협력하며 배우는 수업이 되었다. 그런데 이렇게 잘 만들어진 공개 수업은 새로운 수업을 하려는 교사들에게 무슨 의미가 있을까?

우리 학교의 경우 공개 수업보다 더 중요한 것이 있다. 바로 지금까지 서술한 공개 수업을 준비하는 과정이다. 수업 교사와 수업모임 교사들은 많은 일상 수업을 공개하고 참관하였고, 그것을 바탕으로 수업설계에 대하여 많은 논의의 시간을 가졌다. 이런 일련의 과정들을 통하여 수업 교사와 수업모임 교사들은 '아이들이 모둠에서 협력하며 배우는 수업'에 대한 많은 경험을 가지게 되었다. 그리고 이 경험들은 각자 자신의 수업에 서서히 적용될 것이다. 이 공개 수업을 진행한 수업 교사는 다음과 같이 말했다.

> 그동안 저는 '학생들이 재미있게 할 수 있는 활동지가 필요하다.'라는 생각으로 활동지를 다양하게 열심히 만들어 왔어요. 그런데, 실제 수업은 그만큼 잘되지는 않았어요. '뭐가 문제일까?' 생각을 해봤습니다.
> 이후, 우리 학교의 공개 수업을 보면서 그리고 제가 수업 교사가 되어 보면서 교사가 열심히 만드는 활동지보다는 학생을 수업의 중심에 놓는 활동지를 보게 되었습니다. 수업 연구회에서도 아이들에 대한 이야기를 많이 하고, 서로 배운 점을 얘기하는 것이 인상적이었지요.
> 이번에 제가 공개 수업을 할 때도 수업모임을 여러 차례

가졌는데, 수업을 '아이들과 하는 힘겨운 줄다리기'가 아니라, '아이들과 함께 하는 재미있는 실험'이라고 생각하게 되었습니다.

활동지를 만들어서 수업을 했는데, 아이들의 반응을 보니까 어떤 부분에서 막힌다 그러면 다음 시간에 다른 반에서 할 때는 그것을 보완하는 활동지를 가지고 들어가는 거죠. 이것을 여러 번 반복하면서 더 나아지는 수업으로 다가가는 겁니다. 이것이 재미있는 실험이라는 것입니다.

과학 교과 선생님들보다는 주로 다른 교과 선생님들의 도움을 많이 받았는데, 다른 교과 선생님들이 '이게 뭔지 모르겠다. 이걸 왜 배우는가?'라고 하면서 아이들의 입장을 많이 대변해주었어요.

활동지를 여러 번 바꾸는 과정이 많은 도움이 되었습니다. 왜냐하면 이 과정이 학생들과 동료 교사들과 소통하는 과정이었거든요. 이 과정이 실질적인 수업 혁신이라는 생각이 들었어요.

예를 들어, 9개 반의 수업을 하는 경우 같은 얘기를 아홉 번 하게 되잖아요. 나중에는 지루하고, 앵무새가 되는 것 같기도 했었는데, 지금에 와서는 생각이 조금 바뀌었어요.

'제가 수업을 하는 것이 아니라, 아이들이 공부를 하는 것이다'라는 관점에서 볼 때, 같은 활동지에 대해서도 학급에 따라서 아이들이 다른 생각을 하고 다른 질문을 하기 때문에 수업 하나하나가 새로운 겁니다.

"피겨스케이팅의 역사는 김연아 선수 이전과 이후로 나눈다".라는 얘기를 들었어요. 이런 표현이 과도할지는 모르겠지만 저는 제 수업을 보면서 '제 수업의 역사를 한울 중 이전과 이후로 나눈다.'라고 이야기를 하고 싶습니다.

이번 장은 수업 교사와 참관 교사 사이에 이루어지는 피드백에 관한 내용으로 시작한다. 수업 교사는 이미 몇 차례의 수업모임을 통해 함께 만든 수업을 진행했고, 수업모임 교사들이 그 수업을 참관했다. 그리고 그날 오후에 열린 수업모임에서 수업 교사의 고민을 듣는다. 이에 대하여 수업모임 교사들은 수업 교사의 고민을 공감하며 다각도의 해결책을 찾아간다. 그리고 장의 후반에는 이렇게 만든 공개 수업 상황을 묘사했다. 수업 중에서도 어느 모둠 아이들의 활동을 묘사하여 수업모임에서 수업을 만들 때 의도한 것이 실제로 아이들의 활동에서 어떻게 드러나는지를 알 수 있도록 하였다. 마지막에는 6장과 마찬가지로 이번 공개 수업 과정이 어떤 점에서 의미 있었는지를 이야기하는 공개 수업 교사의 소감을 제시하였다.

수업 교사의 고민

2012년 9월, 이지연 선생님의 1학년 사회 공개 수업을 며칠 앞
둔 날이었다. 수업모임 교사들은 이지연 선생님의 수업을 참관한
다음 수업모임을 가졌다. 수업 교사가 한 수업은 이미 몇 차례의
수업모임을 통해 함께 만든 것이었다. 따라서 수업모임 교사들은
모두 이 수업에 대해 상세하게 알고 있었다.

단원 내용은 '세계의 기후대'인데, 수업모임에서 이 책 5장 3절
에 이미 일부 소개한 과정을 거치면서 내용을 재구성하여 3개 차
시의 수업을 만들었다. 1차시와 2차시는 세계의 기온과 강수량 분
포에 대한 것이고, 3차시는 1차시와 2차시의 학습을 바탕으로 세
계의 기후대를 알게 하는 것이었다. 공개 수업 차시는 3차시였는
데, 이번 장에서는 이 3차시를 공개 수업 바로 며칠 전에 수업모임
에서 수정하는 내용부터 소개한다.

3차시 활동지를 보면 앞면에는 5개의 기후 그래프가 있고, 뒷
면에는 도시 5곳이 이름 없이 점으로 표시된 세계 기후대 지도가
있다. 수업 시간에 교사는 먼저 아이들에게 앞면 각 기후 그래프
의 기후 특성을 알아내도록 했다. 다음에는 앞면의 기후 그래프 5
개를 뒷면의 도시 5개와 알맞게 연결하도록 했다. 아이들이 과제
수행에 참조할 수 있도록 도움 자료도 함께 주었다. 도움 자료에
는 열대, 건조, 온대, 냉대, 한대, 고산 기후대의 특징이 간략히 설
명되어 있고, 세계 기온 분포도와 강수량 분포도가 포함되어 있었

다. 수업모임에서 수업 교사는 이렇게 진행한 수업 중 모둠 활동 결과를 전체가 함께 공유하는 순간에 대해 얘기했다.

> 제가 오늘 수업하면서 난감했던 게 뭔가 하면, [과제2]를 할 때였어요. 아이들이 기후 그래프 5개와 도시 5곳을 해당하는 것끼리 연결하기는 잘했거든요. 그런데 연결한 이유를 얘기하라고 하니까 애매해지기 시작하는 거예요. 연결하고 나면 그걸로 끝인 거예요. 왜 어떤 과정을 통해서 그렇게 연결했는지가 아이들의 머릿속에 남아있지 않는 거예요. 그러니 그 이유를 말하라고 했을 때 안 나오는 거죠.

수업 교사는 아이들이 각 기후 그래프를 도시와 연결하기는 잘했는데, 활동을 공유하는 과정에서 연결한 이유를 자신 있게 말하지 못했다고 말했다.

> 공유가 안 되는 것 같은 기분이 들었어요. 예를 들어, ① 번 기후 그래프가 E지역에 해당하는 이유를 아이들끼리 말해보게 하고, 마지막에 내가 설명해준 다음 "그렇지?" 라고 물었을 때 아이들이 알아들었다는 표정으로 "아!" 하지를 못했거든요. 그러니까 아이들이 이해를 못 하고 넘어가는 게 아쉬운 거예요.

수업 교사가 이처럼 수업이 잘 안된 것 같다며 아쉬워하자 그 수업을 함께 참관했던 수업모임 교사들은 각자 관찰한 아이들의 모습을 이야기하면서 의견을 말하기 시작했다.

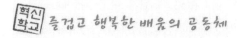

[탐구 과제 1] ① ~ ⑤ 도시들의 기후의 특징을 아래 빈칸에 적어보세요.

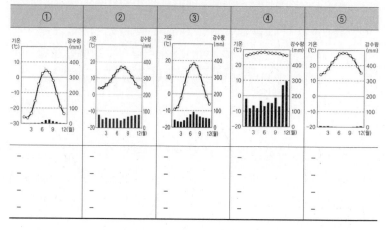

[탐구 과제 2] 아래 〈세계의 기후분포도〉를 보고 A ~ E 지역과 앞에서 살펴본 ① ~ ⑤ 도시를 연결 지어 보세요.

A ( )   B ( )   C ( )   D ( )   E ( )

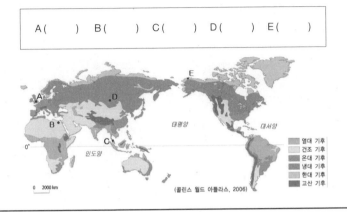

(콜린스 월드 아틀라스, 2006)

[각 기후대의 특징]

냉대 기후 지역과 한대 기후 지역	열대 기후 지역
냉대 기후 지역은 겨울이 길고 추운 반면 여름은 짧다. 이 지역의 북부에서는 '타이가'라고 불리는 침엽수림 지대가 나타난다. 한대 기후 지역은 몹시 추워 나무가 자라지 못하며, 북극해 주변에는 짧은 여름 동안에만 땅이 녹아 이끼와 풀 등이 자란다.	열대 기후 지역은 덥고 비가 많이 내린다. 열대 우림 지역은 1년 내내 비가 많이 내리고 기온이 높아 울창한 밀림이 덮여 있다. 그 주변 지역은 비가 많이 오는 계절과 비가 적게 오는 계절의 구분이 뚜렷하며, 긴 풀들이 자라는 열대 초원이 나타난다.
온대 기후 지역	건조 기후 지역
온대 기후 지역은 기온이 온화하고 강수가 적당하다. 동부 아시아의 온대 기후 지역은 여름이 덥고 비가 많이 내려 벼농사를 많이 하고, 지중해 연안은 여름이 덥고 건조하여 올리브, 포도 등을 많이 재배한다. 서부 유럽은 온화하고 연중 비가 고르게 내린다.	건조 기후 지역은 덥고 비가 적게 내린다. 사막은 매우 건조하기 때문에 일반 식물이 거의 자라지 못하며, 사람들은 오아시스 근처에 모여 살고 있다. 사막 주변 지역은 사막보다 비가 자주 내려 짧은 풀이 자라며, 대부분 유목이나 방목지로 이용된다.

[세계 기온 분포도]

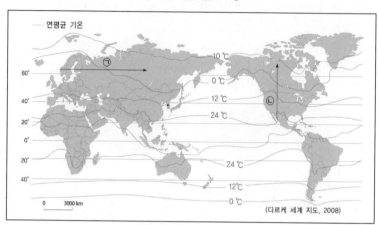

[세계 강수량 분포도]

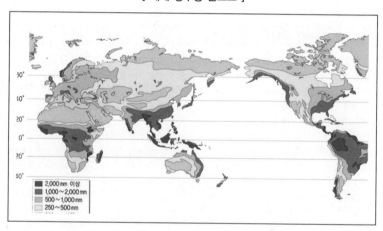

"과제를 좀 더 어렵게 하고
서울을 넣어보자."

수업모임에서 교사들은 아이들이 [과제2]를 풀이하는 데 예상보다 답을 빨리 찾는다는 점을 얘기했다. 그러면서 아이들에게 이 과제가 너무 쉬운 것이 아니었나 하는 문제를 제기했다.

> **서상영(기술)** 아이들이 도움 자료를 많이 읽어보면서 연결하기를 했어요. 그런데, 생각보다 빨리 답을 찾는 거예요.
> **남영재(과학)** 몇 분 만에 찾았어요?
> **이지연(사회)** 활동지를 주면 5분 안에 찾아요.
> **서상영(기술)** 5분 이상 안 걸렸어요.
> **남영재(과학)** 5분밖에 안 걸렸어요?
> **서상영(기술)** 네. 그렇게 볼 때 이 과제가 상대적으로 어렵진 않았던 것 같아요. 그래서 그 부분이 조금 어려워야 되는 게 아닌가 하는 생각입니다.

활동지의 과제를 아이들이 너무 쉽게 해결하기 때문에 조금 어렵게 만들자는 얘기가 나왔다. 그러자 그런 점을 해결하기 위해 세계 기후대 지도에 도시 5개를 표시했는데, 그것을 7개로 늘려서 난이도를 높이자고 했다.

> **남영재(과학)** 만약 A, B, C, D, E 말고 하나 정도가 더 있으면 어떨까요? 이게 딱 5개라서 아이들이 어려운 것은

스스로 찾지 않고, 다른 것 채우고 나서 남는 걸로 하니까 논의가 좀 덜 될 것 같아요.

서상영(기술) 아~ 그러면, [과제2]에서 도시 두 개를 더 넣지요. A, B, C, D, E, F, G까지로. 고산기후대 하나하고 또 하나는 어디로? 기후대가 6개이니까 같은 기후대이면서 특징이 조금 다를 수 있는.

남영재(과학) 서울을 추가하면 되겠네요. 같은 온대기후대인 런던과는 해양성기후와 대륙성기후로 차이점이 있기도 하고.

서상영(기술) 좋네요. 서울을 표시하면 아이들이 연결할 때 서울을 꼭 집어넣으려고 하겠네요. 그거 재미있겠어요. 그러면, 고산기후대 하나하고 서울을 넣죠. 그래서 7개 중에 2개를 버려야 된다면 계속 고민을 하게 되겠지요.

이어서 기후대 지도에 '서울'도 포함시키자는 아이디어가 나왔다. 사실, 활동지 앞면에 제시한 기후 그래프 중에는 '서울'의 기후 그래프는 없었다. 그런데, 기후대 지도에 '서울' 지역을 표시하면 아이들이 무심코 다섯 개의 기후 그래프 중 하나를 '서울'과 연결지으려 할 것이라고 예상한 것이었다. 이렇게 수업 교사의 고민을 진지하게 듣고 나서 수업모임 교사들은 참관한 아이들 모습을 바탕으로 자신의 생각을 하나씩 말해보며 아이디어를 제시했는데, 이것은 실제로 수업을 나아지게 했다. 나중에 공개 수업을 할 때, 이 예상은 정확하게 들어맞아서 모든 모둠이 '서울'이라고 잘못 연결했다. 그리고 이 잘못 연결한 부분에 대한 답을 다시 찾아가는 과정에서 아이들이 더 깊이 있게 생각하게 되는 모습을 볼 수 있었다.

"연결 지은 이유를 쓰게 하자."

"기후 그래프와 지도상의 지점을 연결한 이유를 말하는 아이가 없었어요." 라는 수업 교사의 고민을 해결하기 위한 아이디어도 나왔다.

> **이진영(도덕)** 연결한 이유를 쓰게 하는 것이 좋겠어요. 이유를 써보는 과정이 있어야 아이들이 좀 더 논리적인 사고를 할 것 같아요.
>
> **이지연(사회)** 아, 왜 그렇게 생각했는지를요?
>
> **최수일(컨설턴트)** 예, 아이들은 답만 내기 때문에. 선생님이 연결하기를 하라고 했잖아요. 그래서 연결하기만 하면 끝인 거예요. 그 이유는 연결하기를 하고 나서 잊어버리는 거지요.
>
> **박수정(국어)** 저도 궁금하네요. 아이들이 어떤 사고의 과정을 거쳐 갈지.

연결한 이유를 써보게 하자는 제안이 나왔다. 이날 수업모임에는 공개 수업을 컨설팅하기로 예정된 최수일 선생님도 참석했다. 그리고 아이들이 이유를 말하지 못하는 이유에 대하여 의견을 제시했다.

결국 연결한 이유를 간단하게나마 쓰게 하면, 아이들은 글로 쓰는 과정에서 자신의 생각을 보다 명확하게 정리할 수 있게 될 것이라고 정리했다.

이것이 별것 아니라고 생각할 수도 있겠지만, 다음번 수업을 참관하며 확인할 수 있었는데, 이 수정은 활동 결과를 공유할 때 아이들이 활발하게 의견을 말하도록 도왔다.

"기후대 지도가 문제였던 것 같아요."

그리고 이어서 계속 새로운 아이디어가 나왔다. 사회 교사가 아닌 교사들이 사회 수업에 대한 좋은 아이디어를 내고 있었다. 수업을 사전에 함께 설계했고, 그 수업을 함께 참관했던 것이 이런 현상을 가능하게 했다.

서상영(기술) 뭔가 미심쩍은 부분이었는데 지금 생각이 났어요. 처음에 이렇게 과제를 구성할 때는 이전 차시에서 학습한 것들, 예를 들어, '바다의 영향을 많이 받는 지역인가?', '대륙의 영향을 받는 지역인가?', 그 다음에는 '적도 부근인가? 극지방인가?' 하는 위도에 따른 기후 분포의 차이 등등을 이용해서 기후 그래프와 각 지역을 연결하기를 기대했던 것이잖아요.

이지연(사회) 그렇지요.

서상영(기술) 그런데, 활동지 뒷면의 지도가 기후대별로 서로 다른 색으로 표시된 기후대 지도잖아요. 그래서 표시된 5개 지역이 무슨 기후대인지 알 수 있게 되어 있어요.

이지연(사회) 네.

서상영(기술) 그러니까 아이들은 각 기후 그래프의 특징을 적은 후 그것을 도움 자료의 각 기후대별 특징과 비교해서 무슨 기후대일 거라는 것만 나오면 연결하기가 다 해결되어서 싱겁게 된 것 같아요. 그래서 이런 기후대 지도가 아닌, 색깔로 구분이 안 되어 있는 지형도를 주면 어떨까 하는 생각입니다.

김수진(사회) 지형도를?

서상영(기술) 네. 이 지형도에다가 A, B, C, D, E, F, G를 표시해주고 기후 그래프랑 연결 지어 봐라. 그러면, 일단 각 지역이 무슨 기후대인지를 모르기 때문에 아이들이 최대한 이전 차시에서 학습했던 것을 토대로 '이걸까? 저걸까?' 고민을 할 것 같아요.

최수일(컨설턴트) 좋은 아이디어네요.

이지연(사회) 네. 그렇게 기후대 지도 대신 지형도를 제시하는 것이 좋을 것 같아요. 아이들이 강수량이 얼마이고, 기온 분포가 어떻고 하는 것들을 이유를 쓰면서 얘기할 수 있을 것 같아요. 그리고 기후대 지도는 마지막에 끝날 때 보여주면 되겠네요.

이렇게 해서 수업에서 아이들의 반응을 토대로 활동지 수정 방향이 정해졌다. 그 내용을 요약해보면 이렇다. 먼저, 그날 수업에서 사용된 기후대 지도에는 다섯 개의 지역이 각각 다섯 기후대에 하나씩 표시되어 있다. 그러므로 아이들은 다섯 개의 기후 그래프가 각각 한대, 냉대, 온대, 열대, 건조 기후대 중 어디에 해당하는지만 알면 된다. 이것은 같이 제시된 도움 자료의 글을 참고하면 어렵지 않게 판단할 수 있다. 그 다음에는 기후대 지도에서 해당 기후대에 표시되어 있는 지역을 쓰기만 하면 되는 것이다.

예를 들어, ⑤번 기후 그래프는 '덥고 비가 적게 내린다'는 도움 자료의 글을 참고하여 건조기후대라고 유추할 수 있고, 기후대 지도의 건조기후대 안에 표시된 B의 기후 그래프임을 쉽게 알 수 있게 된다.

반면에 기후대 지도 대신 세계 지형도를 제시하면 ⑤번 기후 그래프가 건조기후대라는 것을 알아도 지형도에서 건조기후대의 특징을 나타내는 지역이 어디인지를 알아내기가 쉽지 않다. 이전 차시에서 배웠던 해양과 대륙, 위도, 지형의 특성에 따른 기온과 강수량 분포도를 함께 살펴보아야만 한다. 또한, 지형도에 다섯 개가 아니라 일곱 개의 지역을 표시해주면 가장 마지막에 남는 기후 그래프도 이미 연결되고 남은 세 지역 중 하나일 것이므로 신중하게 생각해보지 않을 수가 없게 된다.

그래서 아이들이 더 깊이 있는 사고를 할 수 밖에 없게 되고, 그것이 쉽지만은 않기 때문에 끝까지 모둠 아이들 간의 진지한 토론을 유도하게 되어 높은 학습 효과를 이끌어낼 수 있을 것이라는 의견이었다. 이렇게 해서 수정된 자료는 다음과 같다. 이후 큰 수정이 없이 이 활동지로 공개 수업을 하게 되었다.

[탐구 과제 2] 아래 〈세계 기후분포도〉에는 A ~ G의 7개 도시가 표시되어 있다. 먼저 살펴 본 ① ~ ⑤는 각각 어느 도시의 기후 그래프일까요? 아래에 써보세요. 그렇게 생각한 이유를 자세히 써봅시다.〈도움 자료 참고〉

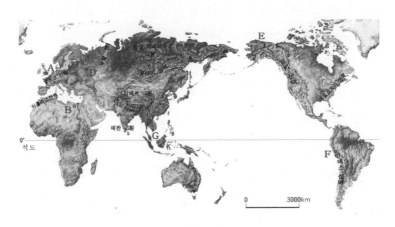

기후 그래프	도시 기호	이유는?
①		
②		
③		
④		
⑤		

공개 수업의 한 장면 들여다보기

이렇게 여러 번의 논의를 거쳐서 완성된 활동지로 진행한 공개 수업 한 장면을 들여다보자. 네 명으로 구성된 모둠이 여섯 개 있었는데, 그 중 6모둠을 중심으로 아이들이 과제를 해결해나가는 과정을 살펴보자. 아이들은 비교적 알기 쉬운 것부터 하나씩 해결해 나갔는데, 기후 그래프 중 ④번은 G, ⑤번은 B라고 한 다음, 수업모임의 예상대로 별 고민을 하지 않고 ③번을 '서울'이라고 선택했다. 지형도에 표시된 C가 서울이었다.

"③번은 C야~"
수지의 말에 우석이 수지의 활동지를 잠깐 보더니 고개를 끄덕이며 동의를 한다.
"아! 맞어, 우리나라는 사계절이 뚜렷하잖아."

그러면서, 우석은 자기 활동지의 ③번 답란에 "C", "사계절이 뚜렷하다"로 썼다. 우석과 수지를 바라보던 형준과 하연이도 별 이견 없이 ③번에 C라고 쓰고, 같은 이유를 썼다. 6모둠의 네 명은 C가 우리나라이니까 당연히 정답에 포함될 것이라고 생각하는 모양이었다. 이렇게 ③번을 C(서울)라고 아주 가볍게 결정하고, 계속 활동지와 참고 자료를 보며 생각했다. 조금 긴 논의를 거쳐 결국 ①번은 E, ②번은 A라고 결론 내렸다. 모든 모둠의 결과가 칠판에 수합되었는데 다음과 같았다.

기후 그래프	1모둠	2모둠	3모둠	4모둠	5모둠	6모둠
①	E	E	E	E	E	E
②	D	A	A	A	A	A
③	C	C	C	C	C	C
④	G	G	G	G	G	G
⑤	B	B	B	F	B	B

아이들은 10여 분 동안 활동지의 두 번째 과제를 풀었고, 대부분의 모둠에서 연결하기를 비교적 잘했다. 수업 교사는 위와 같은 모둠 활동의 결과를 두고, 먼저 ②번을 D라고 결정한 모둠의 의견을 듣고, 다시 A라고 결정한 모둠의 의견을 들어 1모둠이 잘못 이해한 부분을 바로잡았다. 같은 식으로 ④번과 ⑤번을 바로잡은 다음, 모든 모둠이 정답을 잘못 표시한 ③번 기후 그래프 얘기를 꺼냈다.

"자, 그러면, 선생님이 여기서 한 가지 질문을 해보고 싶어요. 9반의 전부 다에게. 과연 ③번이 C인가?"
선생님의 질문이 끝나자마자 여기저기에서 아이들이
"C예요!"라고 대답했다. 선생님은 질문을 한 번 더 했다.
"선생님하고 여러분이 같이 얘기하는 겁니다. 과연 ③번이 C인가?"
이 질문에 우석은 고개를 우뚝 세우고 자신 있다는듯이
"예!"라고 대답했다. 모든 아이들이 "예!"라고 대답하고 있는데도 선생님은 기어이 이 질문을 모둠으로 되돌렸다.

"자, 1분간 시간을 드리겠습니다. 정말, 과연 ③번이 C인가?"

그러자, 6모둠의 하연이가 갑자기 눈을 크게 뜨며 놀란 듯이 말했다.

"아닌가봐~"

우석과 수지는 그럴 리가 없다는 표정이었다. 우석이가 말했다.

"저건 함정이야~ 빠지면 안돼."

우석이 또 중얼거렸다.

"이렇게까지 봤는데 저건 함정이야. 아무리 해도 저건 함정이야~ 빠지면 안돼."

그런데, 하연이는 혹시 모른다는 마음인지 자료를 책상 위에 다시 모으면서 검토하기 시작했다. 우석도 강수량 분포도를 다시 들여다보았다. ③번 기후 그래프를 다시 들여다보고 있던 수지가 말했다.

"사계절이 뚜렷하고, 그 다음에 강수량이 높아~"

우석이 ③번 기후 그래프의 평균기온인 5℃ 부근을 펜으로 가리켰다.

"여기가 평균기온인데."

③번 기후 그래프를 유심히 들여다보고 있던 하연이가 뭔가를 발견한 것처럼 말했다.

"어?"

그러나 아무도 대꾸를 못하고 각자 자기 생각에 빠져 있었다. 우석은 고개를 갸웃하며 생각해보다가 펜을 놓으며 중얼거렸다.

"아니지~ 아니지~ 아니야~ 아니야~"

이렇게 각 모둠은 선생님이 되돌린 "③번이 C인가?"라는 질문에 대하여 다시 한번 심도있게 검토했다. 첫 번째 되돌림 후에 수업 교사는 아이들의 의견을 들었다. 그리고 다시 질문을 모둠으로 되돌리는 과정을 두 번 더 거쳤다. 이 과정에서 ③번 기후 그래프상의 평균기온과 기온 분포도에서 서울 지역의 평균기온을 비교하는 아이들이 생겼고, 강수량도 그렇게 비교하는 아이들이 생겼다. 결국 ③번은 C, 즉 서울이 아니고 D지역이라고 옳게 말하는 아이들이 늘어났다.

다른 학교 교사들의 참관 발언

이 수업은 다른 학교 교사들에게까지 공개된 외부 공개 수업이었다. 이 수업을 참관한 다른 학교의 어느 교사는 바로 이어서 진행한 수업 연구회에서 이런 질문을 던졌다.

> 수업을 보면서 저는 소름이 끼쳤어요. 활동지에 반전이 있더라고요. 깜짝 놀랐어요. 보면서……. 너무너무 재미있었고요. 그 아까 어떤 분이 말씀하셨듯이 활동지에 집중하다보니까 학생 관찰을 제대로 못 하기도 했고요. 어쨌든 수업 너무 잘 보았어요. 궁금한 점이 한 가지 있는데, 중간에 지도를 바꾸었다고 계속 말씀을 하셨는데, 처음에 어떤 지도였는데, 아이들이 해결하기를 어려워했는지요?

공개 수업을 참관하는 교사들은 '한 시간 동안 아이들이 어떻게 수업 속으로 들어오고 있으며, 그 속에서 어떻게 배워나가는가? 그리고 어떤 지점이 아이들의 배움을 어렵게 만들고 있는가?'에 관심을 가지고 아이들을 관찰하는 것이 바람직하다.

그런데, 종종 수업을 참관하는 교사들도 수업의 흐름에 빠져들어서 마치 학생인듯 활동지의 과제가 어떻게 결론지어지는가에 관심을 가지게 되는 경우가 있다. 이 참관 교사의 경우도 그날 그러했는데, 사실 이 참관 교사뿐만 아니라 대부분의 참관 교사들이 그랬다. 다만, 이 수업을 함께 준비해온 수업모임에 참여했던 교사들만은 그렇지 않았다. 이미 이 수업의 흐름과 아이들의 학습 흐름을 어느 정도 예상하고 있었기에, 우리가 '예상하고 있는 흐름과 실제 수업의 흐름이 어떻게 차이가 날 것인가? 차이가 난다면 그 원인은 무엇일 것인가?'라는 것에 관심을 가지면서 온전하게 아이들의 반응을 관찰할 수 있었다. 수업 참관이 의미 있게 이루어지려면 그 수업의 설계 단계에서부터 함께 참여할 필요가 있다는 것을 보여주는 장면이었다.

한편 이 공개 수업을 마친 수업 교사는 다음과 같은 소감을 이야기했다.

이 수업은 사실 저 혼자 준비한 것이 아닙니다. 우리 학교의 모든 선생님들이 관련되어서 물심양면으로 도와주셨어요. 같이 수업 과정을 함께 논의해주신 분도 계시고, 저 공부 좀 하라고 시간표를 바꿔주신 선생님도 많습니다. 그리고 여러 가지 필요한 것들을 마련해주신다고 늦게까지 퇴근 안 하고 준비해주신 선생님도 많습니다. 이 자리를 빌어서 너무 감사드린다고 말씀드리고 싶습니다.
이 공개 차시 뿐만 아니라 사실은 총 3차시의 수업을 수업모임에서 함께 준비했어요. 1차시, 2차시는 교실에서 아이들과 함께 했었구요. 3차시는 공개 차시였는데요. 총 3차시를 준비하면서 아이들과 훨씬 더 많은 이야기를 나눌 수 있어서 매우 좋았습니다.
저는 그동안 교과서가 마음에 안 들어서 많은 걸 버리면서 수업을 해왔다고 생각했는데, 이번에 수업을 준비하면서 나름대로 느낀 것은 제가 아직까지 교과서라는 틀에서 벗어나지 못했다는 것입니다. 많이 버린다고 버렸는데도 불구하고 버리지 못하고 아이들한테 너무 많은 걸 한꺼번에 가르치려고 했었다는 걸 깨달았어요.

이번에 만들어진 1차시, 2차시, 3차시의 수업을 아이들과 함께 하면서 아이들도 나름대로 흥미 있게 생각했고, 또, 재미있어했어요. 저도 아이들과 훨씬 더 많은 이야기를 나눌 수 있어서 굉장히 즐겁게 수업을 했습니다. 수업모임에서 활동지를 만들면서 즐거웠고 도와주신 선생님들께 너무 감사하다고 말씀드리고 싶습니다.

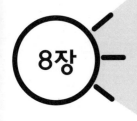

8장   수업 참관을 통해 알게 된 아이들 모습

  우리가 지향하는 수업이 기존 수업과 가장 다른 점은 아이들이 배우는 방법에 대한 것이었다. 수업 시간에 아이들이 배우는 방법을 교사의 설명 듣기에서 아이들 스스로 활동하고, 아이들끼리 협력하는 것으로 바꾸는 것이었다. 이를 위해 우리는 각자의 수업을 그것이 이루어지도록 만들려고 애썼다. 그리고 수업을 참관할 때는 아이들이 그것을 어떻게 해나가는지, 얼마나 잘해나가는지를 관찰했다.

  수년이 지나는 동안 우리는 수십 번의 참관 기회를 가졌다. 이때 관찰한 아이들이 활동하는 모습은 생전 처음 보는 모습처럼 생소했다. 모둠 활동의 양상은 다양했는데, 그림처럼 훌륭하게 해내는 모습에서는 감탄했고, 특정한 아이가 무시당하는 모습에서는 놀라기도 했다. 이밖에 아이들이 수업에 집중하다가 수업에서 멀어지는 모습 또는 그 반대의 모습도 관찰했고, 아이들이 잘 배우고 있는지를 판단할 수 있는 그들의 행동도 관찰했다. 그러면서 아이들 입장에서 그리고 교사로서 해온 지난 수업 시간을 떠올려 보면서 그런 모습들이 이해되기도 했다. 이번 장에서는 이런 사례들을 제시하며, 이런 것들이 우리가 수업을 바꾸려는 노력에 어떤 시사점을 주는지도 다루었다.

교사와 아이들의 거리

순서대로 가르치는 교사와 순서대로 학습하지 않는 아이들

교사들은 수업을 할 때 앞에서부터 하나하나 순서대로 하면서 넘어가는 것을 좋아한다. 그리고 일단 다음 단계로 넘어가면 앞 단계의 것은 아는 것으로 간주하고 진행할 때가 많다. 그런데 아이들은 교사의 바람처럼 앞의 것을 완전히 소화하고, 뒤로 넘어가지 않는 경우가 많았다.

2학년 수학 공개 수업에서 나타난 사례이다. 수업 교사는 아이들이 배울 내용을 1번 이차함수식을 보고 그래프 그리기, 2번 그래프 보고 해석하기, 3번 도전 과제 순서로 제시했다. 그런데 어떤 아이들은 교사의 의도와는 다르게 2번을 하면서 1번을 이해하게 되었고 1번을 풀고 싶은 마음까지 생기기도 했다. 다음은 공개 수업을 참관한 교사의 발언이다.

7모둠입니다.
1번은 주어진 이차함수식을 이용하여 이차함수의 그래프를 그리는 과제였는데, 주미와 주애는 하나도 알아듣지 못하고 힘들어했어요. 그런 상태로 2번으로 갔는데, 주미가 살아나는 거예요. 2번은 이차함수의 그래프를 해석하는 과제였거든요.
급기야 도전 과제를 풀 때에는 스스로 그래프를 그려 보이면서 모둠 아이들을 설득하기도 했어요. '그래프를 전화로 설명해서 상대방이 듣고 그리게 하는 과제'였는데, 현묵이랑 명진이가 '꼭지점은 얼마, y절편은 얼마'라고 썼어요. 그랬더니 주미가 말했어요.

"그렇게 쓰면 누가 알아들어!"

서로 옥신각신하다가 아이들이 주미 말에 따라 수정하기로 했어요.

주미가 '꼭지점에서 왼쪽으로 몇 칸, 오른쪽으로 몇 칸'이라고 썼어요. 그리고 나서 "이렇게 설명해주면 나도 그릴 수 있어. 자, 봐~"라고 말하더니 그리기 시작했어요. 금방 그리지는 못하고 "원점이 뭐야? 이게 원점이야?"라고 적극적으로 물어보면서 그렸어요. 1번을 할 때는 현묵이의 설명을 아무리 들어도 모르겠다고 했는데, 뒤로 갈수록 조금씩 조금씩 접근해가더니 결국 자기가 쓴 것에 맞는 그래프를 그렸어요.

주미는 선생님이 제시한 순서대로 배우지 않았다. 처음에 제시한 그래프 그리기를 할 때는 친구들의 설명을 들어도 모르겠다고 하다가 그래프 해석하기부터 조금씩 알게 되었다. 도전 과제는 이것저것 물어보면서 결국 스스로 해결했다. 주미는 1번을 푸는 그 순간에는 몰랐지만, 수업이 끝날 때에는 교사가 계획한 내용을 거의 배웠다. 과제 제시 순서가 달랐다면 주미가 어떻게 공부했을지 궁금하다.

처음에 제시한 그래프 그리기도 주미가 배우는데 필요한 역할을 했을지도 모른다. '원점'도 몰랐으므로 그래프 그리기에 대한 친구의 설명을 들어도 알아듣기 힘들었을 것이다. 그러나 그때 들은 설명이 두 번째 과제 '해석하기'를 위한 기초가 되었을 것 같다. 그리고 도전 과제를 통해서 주미는 앞에서 모르던 것들까지 한꺼번에 알게 되었다.

다르게 생각해 보자. '원점'도 모르던 주미였는데, 만약 교사 중심 수업을 했다면 주미가 이만큼 배울 수 있었을까? 그래프 그리기를 친구들이 설명했는데도 못 알아들었다고 했다. 그리고 교사 중심 수업이었다면 도전 과제에서처럼 자기 의견을 제시할 기회가 없었을 것이다. 이렇게 본다면 아마 그런 수업이었다면 주미는 배우지 못했을 것이다. 친구들과 의견을 주고받을 기회가 많은 수업이었으므로 주미는 좌충우돌하는 가운데 지식을 접하게 되었고, 도전 과제에서 빈틈을 채움으로써 결국 배우게 된 것 같다.

보통은 그래프를 그리고, 그 다음에 해석하고, 마지막으로 도전 과제에서 활용 능력을 기른다. 그런데 이런 흐름이 주미가 배우는 데 적합하진 않았다. 주미는 여러 가지가 혼란스럽다가 점점 안개가 걷히다가 마지막에 한꺼번에 이해하는 방법으로 배웠다.

아이들의 엉성한 논리와 교사의 정확한 논리

2학년 수학 공개 수업에서 관찰한 사례이다. 15개의 사각형을 주고 각각 무슨 사각형인지를 구별하는 모둠 과제가 주어졌는데,

이것을 해결하는 아이들의 대화를 통해 그들의 논리적 사고의 수준을 가늠해볼 수 있었다.

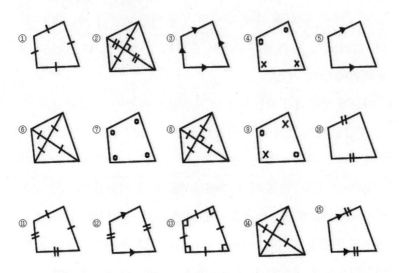

모둠 활동을 시작하고 나서 약 1분 정도 지났을 때 수빈이가 혼잣말로 중얼거렸어요.

"이건 직사각형이기도 하고 또 평행사변형이기도 하고……"

그런데 같은 모둠의 혜리와 미정이는 그런 말을 안 했어요. 어떤 하나의 사각형이 직사각형이면 평행사변형일 수 없고, 평행사변형이라면 직사각형일 수 없다고 생각한 것이죠. 그러다 보니까 15분 정도의 활동 과정에서 수빈이가 처음에 중얼거렸던 '중복된다'는 의견은 한 번도 나오지 않았어요.

모둠 활동의 결과를 공유할 때 다른 모둠의 경석이가 "정사각형이면 직사각형이기도 하다."라고 말하자, 선생님이 "경석이의 말을 참고해서 모둠별로 다시 논의하고 수정해 보세요."라고 말했잖아요.
"나도 처음에 그렇게 생각했는데"라고 말할 법도 한데, 수빈이는 그 말을 하지 않았어요. 자기도 마치 처음 듣는 것처럼 행동했어요.

수빈이는 왜 처음에 자기가 직사각형을 보면서 평행사변형이기도 하다고 혼자 중얼거렸던 것을 잊은 듯이 행동했을까? 정말로 잊은 것일까? 10분 이상 이 모둠의 과제 해결 과정을 관찰했는데, 이런 상황은 매우 뜻밖이었다. 평소 수빈이는 가볍지 않고 진지한 태도로 수업에 임하던 학생이었고, 성적도 괜찮은 학생이어서 더 그랬다.

계속되는 모둠 활동에서 이와 비슷한 현상을 다른 아이에게서도 발견했다.

혜리가 직사각형, 정사각형, 마름모를 동그라미를 치면서 말했어요.
"이거 다 평행사변형이야."
"그런가?"
수빈이와 미정이는 긴가민가하는 표정을 지었어요. 혜리도 말은 그렇게 했지만, 자기 것을 말한 대로 빨리 고치지는 않았어요. 혜리는 나중에야 정사각형과 직사각형, 마름모를 평행사변형이라고 표시했어요. 그런데 끝까지 정사각형을 직사각형이라고 표시하진 않았어요. 정사각형을 마름모라고 표시하지도 않았어요. 다른 사각형들 사이의 포함관계로까지 사고를 확장하지 못한 것이죠. 평소 혜리를 보아온 교사들은 이 아이를 가장 차분하고 성실한 아이 중 한 명으로 꼽았어요. 그래서 더욱 뜻밖이었어요.

혜리는 자기의 옳은 생각을 잊어버린 수빈이보다는 낫다. 그러나 완전한 논리적 사고를 바라는 교사 입장에서 보면 아쉬운 상황이다. 하나를 깨달으면 자동으로 '그럼 저것도 이것과 마찬가지인데, 어떻게 되는 거지?' 이러면서 다른 것에도 적용하기를 바라는데 그러지 않았다. 교사의 욕심에 못 미쳤다. 어느 때는 연결되었다가 어느 때는 끊어지는 접촉 불량 전기 제품처럼 아이들의 논리 전개는 불안정했다. 교실에 앉아 있는 수십 명의 아이들 중에서 이 아이들처럼 논리가 불안정하지 않고 안정된 아이는 얼마나 될까? 반이 될까? 이런 경우는 다른 수업에서도 발견되었다. 3학년 과학과 공개 수업 중 '같은 물질 찾기' 수업의 사례이다.

정태현 학생이 "질량은 같은 데 부피가 다르네!" 이런 말을 하더라구요. 저는 '아! 밀도를 이용하는 거구나, 아이들도 질량과 부피 사이의 상관관계를 조금은 아는가 보다.'라고 생각하면서 계속 관찰했어요. 아이들은 이런저런 이야기를 주고받다가 A와 D를 같은 것이라고 결론 내렸어요. 그런데 그 이유를 "A와 D는 그냥 볼 때는 달라 보이는데 질량을 측정하면 비슷하기 때문"이라고 부피

이야기는 빼고 썼어요. 나가서 설명할 때도 질량만 언급
하면서 엉뚱하게 설명했어요.

참관하던 교사는 학창 시절에 배웠던 밀도를 떠올리며 그것이
핵심인 것을 파악했지만, 아이들은 교사와 같지 않았다. 질량과
부피 사이의 관계를 파고들며 문제를 해결하려고 계속 시도했는
데, 정작 발표할 때는 부피는 빼고 "질량이 비슷하기 때문"이라고
부족한 설명을 했다. 혹시 "그냥 볼 때는 달라 보이는데"라는 말
이 부피가 다르다는 표현일지도 모른다. 그렇다면 부피라고 해야
되는데, 이렇게 서툴게 표현하는 것이 아이들의 수준이다. 그리
고 결정적으로 부피가 다른데 질량이 비슷하다고 말한 것이라면
그런 A와 D는 다른 물질이라고 해야 한다. 그런데 A와 D를 같
은 물질이라고 했다. 그렇다면 어딘가에서 아이들은 사고가 엉켜
버린 것이다. 그리고 엉킨 것을 모르고 발표까지 한 것이다.
수십 명의 교사들이 가까이서 참관하던 공개 수업이었으므로
아이들이 장난스럽게 하진 않았을 것이다. 진지하게 했음에도 아
이들은 이처럼 논리적으로 엉성한 결과를 만들어내는 수준이다.
아직 개념이 형성되기 이전이기 때문에 사고의 수준이 엉성한 것
은 어쩌면 당연하다.
그러나 중요한 문제는 다른 데에 있다. 수업 중에 표현되는 아
이들의 엉성한 결과를 대하는 교사의 자세이다. 교사의 시각으로
는 금방 발견할 수 있는 쉬운 논리의 오류를 그 순간 정확히 짚어
주면 아이들의 엉성한 논리가 금방 정확해질 것이라고 생각하는

것이 문제이다. 교사가 논리의 오류를 짚어주는 것은 간단하고 편리하고 짧은 시간이면 된다. 그러나 아이들이 스스로 시간과 노력을 들여서 터득한 논리가 더 응용력이 있고 완전하다는 것을 인정한다면 그런 수업을 설계하기 위한 고민을 해야만 한다.

아이들에게 배움이 일어나는 순간

수업에서 "아!" 하는 순간

우리는 보통 뭔가를 새롭게 알게 되었을 때, '아!' 또는 '음~' 등의 감탄사를 내뱉는다. 수업 중에도 마찬가지이다. 아이들 입에서도 이런 감탄사가 나올 때가 있다. 다음은 3학년 수학과 공개 수업에서 관찰한 것이다.

> 경희는 잘 모르는 것을 같은 모둠의 두용이한테 물어 보았어요. 두용이가 가르쳐 주면 얼른 자기의 답을 수정한 다음 성현이하고 민지에게 가르쳐 주었어요.
> "5분 지났어요. 그만하고 칠판 보세요."
> 선생님이 말했지만, 경희는 계속 묻고 가르쳐 주었어요. 경희의 설명을 듣던 성현이가 어느 순간 자기도 모르게 "아!" 했어요. 우리가 보통 이해했을 때 하게 되는 그런 감탄사였어요.

이런 상황은 2장 4절에서 소개한 첫해 10월 기술 공개 수업에서도 있었다. 어려운 도전 과제가 주어졌고, 모든 아이들이 답을 찾으려고 애썼다. 그러다 한 아이가 정답을 말했을 때 많은 아이들 입에서 "아!" 하는 감탄사가 나왔다. 그때 감탄사는 '아, 그거구나!', '나도 맞출 수 있었는데, 아쉽다!', '대단하다!' 이런 여러

가지 의미로 해석할 수 있었다. 그리고 이 수업의 마지막 즈음에
도 유사한 상황을 관찰할 수 있었다. 경희는 설명을 듣기 전에 스
스로 뭔가 이상하다는 생각을 하고 있었다. 그러던 경희의 입에
서 감탄사가 나왔으므로 가졌던 의문이 해결되었다고 판단할 수
있다.

> 마지막 과제는 다른 모둠이 설명한 것을 보고, 그래프를
> 그리고 식을 만드는 것이었어요. 그래프는 이 모둠의 3
> 명이 모두 잘 그렸어요. 그리고 식도 비슷하게 만들었는
> 데, 경희는 자꾸만 고개를 갸우뚱하면서 뭔가 이상하다는
> 표정을 지었어요. 자기가 한 것에 자신이 없는 듯 보였어
> 요. 자기가 그린 그래프는 아래로 볼록했는데 x^2의 계수
> 는 -(마이너스)로 써 놓았거든요.
> 나중에 다른 모둠이 칠판에서 x^2 항의 계수 구하는 과정
> 을 설명하니까, 경희가 그것을 보면서 '아!' 했고, 두용이
> 도 '음~' 했어요. 계수 구하는 방법을 알게 된 것 같았어
> 요.

이런 감탄사는 수학 등 정답을 요구하는 수업뿐만 아니라 국어
나 도덕과 같이 의견을 말하는 경우에도 관찰되었다. 공감되는
말을 들었을 때 아이들은 자기도 모르게 감탄사를 낸다.

아이들이 교사에게 "왜요?"라고 질문할 때

형성평가는 교사가 아이들이 배웠는지 알아보기 위해 물어보는 것이다. 그런데 아이들이 다양하게 표현하는 것들을 이용해 아이들이 얼마나 알고 있는지 파악할 수도 있다. 나아가 아이들이 자발적으로 하는 질문은 서로 제대로 배울 수 있는 기회가 되기도 한다. 다음은 3학년 과학 수업에서 있었던 일이다.

한참을 습도에 대해 공부했다. 수증기량이 변하지 않아도 온도가 높아지면 습도가 낮아진다는 것이 주된 내용이었다. 그때 창가에 앉아 있던 상균이가 눈을 동그랗게 뜨면서 손을 들었다.
"상균이 말해 봐요."
"그러면 여름에 우리나라는 왜 습도가 높아져요?"
그 순간 아이들도 나도 생각과 행동이 멈춘 듯했다. '무슨 말이지? 왜 지금 저 질문을 하는 걸까?' 이런 생각이 머릿속을 스쳤고, 나와 같은 생각을 한 아이들이 여럿 있었을 것 같다. 아이가 질문하는 까닭이 이내 생각이 났지만 일부러 상균이에게 되물었다.
"왜 갑자기 여름에 습도 높아지는 걸 묻지요?"
"여름에 우리나라는 기온이 높아지잖아요. 조금 전 그래프와 같다면 기온이 높아지면 습도가 낮아져야 되니까요."
수증기량이 변하지 않을 때 온도가 높아지면 습도가 낮아진다는 그래프를 보여주었는데, 그것 때문에 한 질문이었다. 다른 아이들에게 이 아이가 질문한 의도를 알고 있는지 물어보았다.

"왜 이렇게 묻는지 알겠어요?"

일부 아이들이 알겠다는 표정을 지었지만 상균이만큼은 아닌 듯했다.

"여름이 되면 우리나라를 습기가 무지 많은 공기가 뒤덮어요. 북태평양에 있던 공기인데요. 이 효과가 온도가 높아지는 효과보다 더 크기 때문이에요."

이렇게 설명하고 수업을 마쳤다. 교실을 나오는데 상균이의 질문이 얼마간 생각났다. 그와 동시에 '내가 너무 빨리 설명했네!' 이런 자책하는 마음이 들었다.

질문 내용을 보면 적어도 상균이는 온도와 습도의 관계를 수업의 초기에 다룬 정도로는 알고 있었다. 상균이의 질문은 "수중기량이 일정할 때 온도가 높아지면 습도는 어떻게 변할까요?"라는 교사의 교과서적인 질문에 대해 "낮아져요"라고 또한 교과서적으로 답하는 경우보다는 더 잘 알고 있다는 확실한 증거이다.

이런 질문은 아이의 배움을 나타낸다는 것 이외에도 가치가 있다. 아직 이해하지 못한 아이들에게 추가로 이해할 수 있는 기회를 준다. 또한 상균이를 비롯해서 어느 정도 이해한 아이들에게는 더 깊이 알 수 있는 기회를 준다. 위 사례에서와 같이 교사가 답을 하면 그 효과는 작겠지만 말이다.

아이들끼리 "왜 그렇게 해야 돼?"라고 질문할 때

모둠 활동을 하는 아이들이 하는 말 중에 잘 배우고 있는지를 판단할 수 있는 것이 있다. 다음은 3학년 수학 공개 수업에서 어느 선생님이 관찰한 것이다.

지수는 주혜에게 이차방정식의 일반형을 완전제곱식 형태로 만드는 방법을 열심히 배웠어요. 그리고 그래프 그리기를 할 때는 주혜가 그래프를 그려 보여주면서 "이렇게 하는 거야."라고 말했어요. 그러자 지수가 되물었어요.
"왜 그렇게 해야 돼?"
대충 따라할 수도 있었을 텐데 지수는 그러지 않았어요. 그 후 다른 내용을 할 때에도 그랬어요. "x에다 숫자를 넣고 계산하면 y값이 이렇게 나오는 거야."라고 주혜가 설명을 하니까, 이번에도 좀 이해가 안되는지 몇 가지를 끈질기게 물었어요. 그래서 '아, 오늘 지수에게 배움이 일어났겠구나!'라고 생각했어요.

만약 배움이 안 일어났다면 처음에 몇 번 물어보다가 말았을 것이다. 그런데 나중까지 계속 물어본 것을 보면 지수는 수업 내용을 어느 정도 이해했던 것 같다. 사실 지수가 한 물음 정도는 일상생활 중에도 경험할 수 있는 일이다. 그렇다고 하더라도 배우고 있는지를 나타내는 증거인 것은 맞다.

수업 혁신 전에 교사 중심으로 가르치는 데 집중하던 때에는 위 사례와 같은 일이 일어날 수 있는 기회를 주지 않았다. 그러면서 '아이들끼리 뭘 하라고 하면 떠들기만 한다.'라는 생각을 가지고 있었던 것 같다.

아이들이 배우고 있는지를 나타내는 것은 이밖에도 많을 것이다. 이 책에서는 우리가 경험한 것 몇 가지를 제시했을 뿐이다. 우리도 아직 아이들에게 기회를 주면서 그들이 하는 것을 관찰하기 시작한 지 얼마 되지 않았기 때문이다.

수업에 들어왔다 나갔다 하는 아이들

잡담하던 아이들을 끌어들이는 친구의 발표

대부분의 아이들은 수업을 하는 한 시간 동안 참여와 비참여 사이를 왔다 갔다 한다. 수업에 참여하지 않다가 참여하는 경우를 '수업에 들어온다'라고 해보자. 그러면 수업에 들어오는 행동에는 칠판을 안 보던 아이가 쳐다보는 것, 교사의 질문에 대답하는 것, 자기들끼리 과제에 대해 이야기하는 것, 교사에게 질문하는 것, 말하는 사람을 보면서 잘 듣는 것 등이 있겠다. 반대로 수업에 참여하다가 참여하지 않게 되는 경우를 '수업에서 나간다'라고 할 수 있는데, 이런 두 가지 행동은 아이들을 멀리서 관찰할 수밖에 없는 상황에서도 관찰 가능한데, 매우 가치 있는 관찰 내용이다.

다음은 '수업에 들어오고 나가는 행동'에 중점을 둔 2학년 수학 일상 수업 참관 사례이다. 이 학급에서는 이전 차시에 아이들에게 색종이를 주고 평행사변형을 접으라고 했다. 그리고 자기가 접은 것이 평행사변형이라는 것을 증명하도록 했다. 그런데 증명 부분을 마저 하지 못해서 이번 차시에 이어서 진행하게 되었다.

> "자기가 평행사변형이라고 접은 것이 왜 평행사변형인지
> 를 모둠별로 이야기하면서 활동지에 써봐요."라고 교사
> 가 말했다.

아이들은 처음 1~2분 동안은 조금 이야기하는 듯하다가 이내 잡담을 하기 시작했다. 7개 모둠 중 병철이네와 현석이네만 과제에 대해서 이야기하고 나머지 모둠 아이들은 다른 내용의 이야기꽃을 피웠다.

선생님은 모둠 사이로 이리저리 돌아다니며 아이들의 활동 모습을 보기만 했다. 그러면서 10분 정도가 지났는데도 학급은 전체적으로 계속 소란스러웠다. 수업을 참관 중인 내가 보기에 아이들이 이 과제를 하게 하려면 뭔가 다른 조치가 필요해 보였다. 그러나 선생님은 아무런 변화도 주지 않았다.

여기까지는 아이들이 수업에서 나간 상황이다. 어떻게 해보려고 활동지를 보거나 서로 눈을 마주치며 해결해보려는 태도를 보이는 아이들이 처음에는 각 모둠별로 한두 명씩은 있었다. 그런데 불과 1~2분 만에 아주 많은 아이들이 잡담으로 빠져 들었다.

교실에서 흔히 겪는 상황인데, 이럴 때 무척 당황스럽다. 떠들지 못하도록 주의를 주거나 소리를 쳐도 아이들은 좀처럼 수업 속으로 들어오지 않는다. 그런데 이 수업에서는 아이들이 자연스럽게 수업 속으로 들어오는 일이 일어났다.

15분 정도가 지났을 때 선생님이 앞에서 아이들을 주목시켰다.

"여러분들이 하기 힘든 과제였나 봐요? 그런데 둘러보니까 '대변의 길이가 같아서'라고 쓴 아이들이 많았어요. 대변의 길이가 같으면 왜 평행사변형인지 설명해 볼 사람?"

선생님은 모둠을 둘러볼 때 파악해 두었던 아이들의 대표적인 답 하나를 칠판에 크게 적고 설명해 볼 사람을 찾았다.

현석이네 모둠의 진철이가 손을 들었다. 그러자 떠들던 아이들 중 일부가 힐끔 앞을 보았다. 진철이는 앞으로 나와서 칠판에 그림을 그리면서 설명했다. 두 대변의 길이가 같은 사각형을 그린 후, 대각선을 그렸다. 그리고 대각선으로 나뉘어진 두 삼각형이 'SSS 합동'이라고 썼다. 그 순간 아이들이 조금 더 봤다. 정말 한 시간 내내 짝과 다른 이야기만 하던 정환이가 몸은 아직 옆 친구를 향한 채로 고개를 칠판으로 돌렸다.

진철이가 손을 들고 앞으로 나가자 수업 속으로 들어오는 아이들이 생겼다. 진철이가 칠판에 'SSS 합동'이라고 쓰자 몇 명이 더 수업 속으로 들어왔다.

진철이의 그림에는 부족한 점이 있었다.
"설명을 조금 더 보충할 사람?"
이번에는 7모둠의 창원이가 손을 들었다. 창원이는 진철이의 그림에서 두 각을 골라 각이 같다고 표시했다. 그 순간 장훈이도 고개를 칠판 쪽으로 돌렸다. 그런데 창원이는 엉뚱한 두 각을 엇각이라고 표시한 것이었다.

창원이의 등장에 장훈이도 수업 속으로 들어갔다. 이번에는 더 쉬운 개념인 엇각이 나왔고 또 틀리기까지 했다.

그러자 이번에는 선생님이 아무런 말도 하지 않았는데, 상덕이가 자발적으로 손을 들면서 "제가 설명해 보겠습니다."라고 말했다. 앞으로 나가서는 창원이가 잘못 표시한 엇각을 바르게 고치면서 선분AD와 선분BC가 평행한 것을 제대로 말했다. 이때는 3/4 정도의 아이들이 칠판을 쳐다보았다. 상덕이의 말을 들으면서도 표정은 알아듣는 듯 마는 듯했지만, 누가 뭐라 하지 않았는데도 대부분의 아이들이 칠판을 보았다. 그리고 교실이 조용해졌다.

선생님이 요구하지 않았는데도 상덕이는 스스로 설명해 보겠다고 했다. 그리고 상덕이가 설명할 때는 3/4 정도의 아이들이 집중했다. 교사가 "조용히 해라!" 또는 "여기 보자!" 이런 말을 한 번도 하지 않았는데도 아이들이 자발적으로 수업 속으로 들어가서 내용에 집중한 것이었다.

'아이들은 수업을 싫어한다. 그리고 한번 수업에서 나가면 자발적으로 수업 속으로 들어오는 경우는 거의 없다.'라고 생각하기 쉽다. 그런데 이 사례는 아이들에 대한 그런 판단이 항상 옳은 것은 아님을 보여준다.

최초에 교사가 과제를 냈을 때 많은 아이들이 1~2분 만에 수업에서 나갔다. 이것을 가지고 집중력이 부족하다고 또는 성의가 없다고 아이들을 나무랄 수도 있다. 그러나 반대로 생각할 수도 있다. 그 1~2분 동안 아이들은 무언가 하려고 시도했다. 아이들도 공부를 하려고 했던 것이다. 그런데 할 만하지 않았기 때문에 수업에서 나갔다고 생각할 수도 있다. 이런 생각은 순전히 아이들 입장에서 판단하는 것이지만 사실이기도 하다.

교사가 설명했다면 아이들이 그처럼 집중했을까? 이런 점에서 보면 이 사례는 아이들이 교사의 설명보다 다른 아이의 표현에 흥미를 가진다는 것을 보여주기도 한다. 계속 잡담하던 아이들을 수업 속으로 끌어들이고 또 선생님이 요구하지 않았는데도 발표하게 만들 정도로 아이들의 표현은 아이들의 흥미를 끈다.

아이들을 수업에 들어오게 하는 흥미로운 소재

흥미로운 소재를 제시할 때 아이들이 수업에 들어오는 경우도 있다. 이것은 교사들이 흔히 고려하는 것인데, 그럴 때 아이들이 수업에 들어오거나 나가는 상황을 살펴보자.

다음은 그런 사례가 나타난 중학교 2학년 사회 수업이다. 정치 과정과 정치 참여가 수업의 주제였다. 교사는 수업을 시작하자마자 아이들에게 질문을 했다. 그런데 아이들의 대답이 적었다.

"정치 과정이 뭘까?"

교사가 물었지만 아이들이 아무도 답을 안 했다.

"핵심 키워드를 딱 말했으면 좋겠는데."

교사가 몇 번을 같은 말을 하며 묻자 규혁이가 대답했다.

"갈등을 해결하는 과정이요."

교사는 답을 듣고 활동지를 나누어 주었다. 아이들에게 첫 번째 문제에 답을 쓰라고 한 후 2~3분의 시간을 주었다.

"다 했어요?"

아이들은 대답이 없었다.

"다 했어요?"

"네~" 아이들이 간신히 대답했다.

"첫 번째 것은 답이 뭐지요?"

시현이가 답했다. "투표."

"누가 한 사람 더 이야기해 볼래?"

아무도 나서지 않았다. 교사는 민주를 지목했다.

"민주 이야기해 봐요."

민주는 고개를 숙인 채 아무 말도 하지 않았다.

"썼어요? 못 썼어요?"

교사가 직접 가서 봤다.

"아~, 같은 것 썼구나. 그런데 얘네들 오늘 이상하네."

의견을 말하려는 아이가 계속 나오지 않으니까 교사가 의아해했다. 그래도 어찌할 수 없으니까 계속 누군가를 시키려 했다.

"이야기해 볼 사람? 여기 있는 것과 비슷하지 않을까?"

학수가 답했다. "사회 서비스 제공."

학수의 답에 교사가 말했다.

"그렇죠."

30여 분 동안 수업이 이렇게 진행되었다. 교사가 질문을 하거나 활동지에 답한 것을 발표하도록 시켰는데, 아이들은 교사의 첫 번째 요구에 대답한 적이 거의 없었다. 두 번 세 번 재차 물으면 그제서야 누군가 한두 명이 대답했다. 아이들이 흔쾌히 수업에 들어오는 상황이 아니었다. 그런데 이렇게 소극적이던 아이들에게 변화가 생겼다.

교사가 관련된 동영상을 틀었다. 그러자 지금까지 고개를 숙이고 있던 아이들이 고개를 들고 보았다. 동영상은 EBS 다큐프라임 《언어발달의 수수께끼 2부-언어가 나를 바꾼다.》 전반부를 편집한 것이었다. 뉴욕의 번화가 한켠에서 "나는 맹인입니다"라는 팻말을 목에 건 맹인이 앉아 있는데, 행인들은 아무도 돈을 주지 않았다. 그러던 중 지나가던 시민이 맹인의 팻말 뒷면에 무언가를 쓰고 그 면이 보이도록 하고 갔다. 그러자 그때부터 행인들이 돈을 주기 시작했다. 창가 쪽에 앉은 희수, 명호, 용원이는 잘 안 보이는지 목을 길게 빼고 보았다. 목에 건 팻말의 문장을 클로즈업해서 보여줄 때 아이들이 가장 집중했다. 2분 정도 되는 동영상이 끝나자 교사가 질문했다.

"메시지가 뭘까?"

성묵이가 답했다. "몰라요."

교사는 다른 아이에게 질문했다.

"권일아, 뭘 말하려는 걸까?"

"잘 모르겠어요."

교사는 같은 질문을 또 다른 아이에게 했다.

"환홍아, 뭘 이야기하려는 걸까?"

"……"

대답이 없자 교사는 질문을 바꾸었다.

"처음에는 뭐라고 써져 있었어요?"

"나는 맹인이에요."

10명 정도의 아이들이 합창을 했다. 수업 중 가장 많은 아이들이 대답한 것이었다. 교실이 갑자기 살아나는 듯했다.

"변화를 만든 사람은?"

"시민이요."

"이유는?"

이제 양상이 달라졌다. 교사가 질문하면 기다렸다는 듯이 아이들이 바로 또렷한 목소리로 대답했다. 이러는 동안 희수, 명호는 고개를 선생님 쪽으로 향하고 듣고 있었다. 관심이 있다는 것이었다. 동영상을 보기 전까지는 고개를 숙이고 있던 아이들이 이렇게 달라졌다. 교사는 계속 아이들에게 질문을 했다.

"시민이 거기에 뭐라고 썼어요?"

"봄이 오지만 나는 볼 수 없어요."

아이들의 답을 듣고 교사가 정리를 했다.

"시민의 행동이 관심과 참여를 만들었어요."

8명 이상의 아이들이 합창으로 대답했다. '그걸 왜 이제야 물어보세요.'라는 항의를 담은 듯이 아이들의 목소리가 통통 튀었다. 동영상을 보기 전과 교실 분위기가 완전히 달라졌다. 선생님도 아이들도 신이 났다. 선생님은 동영상을 바탕으로 수업 내용을 정리하려니 할 말이 많았고, 아이들도 본 동영상에 대해 이야기하고 싶었기 때문이다. 선생님이 말만 하면 아이들의 대답이 바로 뒤따랐다. 아이들이 수업에 들어온 것이다.

아이들이 이렇게 바뀐 것은 동영상 덕분이었다. 짧지만 감동적이었고 이번 수업과 연결도 잘 되었기 때문이다. 물론 선생님의 질문도 중요했다. 처음에 "뭘 말하려는 거지요?"라고 물었을 때는 아이들은 모르겠다고 답했다. 그런데 "뭐라고 써져 있었어요?"라고 질문을 바꾸자 아이들의 답이 마구 나왔다. 선생님의 질문도 아이들이 수업으로 들어오는 데 중요했다.

수업을 마친 후 교사는 동영상을 먼저 보여주었더라면 수업이 더 잘 되었을 것이라고 말했다. 처음에 아무것도 제시하지 않은 채 바로 '정치 과정'이나 '정치 참여'의 뜻을 질문했을 때와 동영상을 보여주고 나서 그것을 질문했을 때를 비교하면 같은 아이들이었지만 대답하는 것이나 태도가 전혀 달랐다. 이처럼 교사가 무엇을 제시하느냐에 따라서 아이들은 수업에 들어올 수도 있고 그러지 않을 수도 있다.

조용하던 아이를 끌어들이는 같은 모둠 아이들의 권유

모둠 활동을 자주 하면서 모둠 활동 중에 평소 조용하던 아이가 수업에 들어오는 상황도 관찰할 수 있었다. 다음은 1학년 사회 공개 수업을 참관한 어느 선생님의 발언이다.

> 준혁이는 얘기를 안 하는구나 생각하며 관찰을 포기했어요. 나머지 3명만 계속 보았는데, 이 3명이 아무리 이야기해도 답이 명확해지지 않았어요. 지민이랑 동연이의 의견이 계속 팽팽하게 대립되니까 마지막에 지민이가 "너는 왜 아무 말도 안 하냐? 너의 판단을 얘기해라."라고 준혁이에게 신경질을 내듯이 말했어요. 왜냐면 답을 모르겠는데, 준혁이가 가만히 있으니까 준혁이의 생각이 궁금해진 거예요. 그때부터 준혁이가 모둠 토론에 들어오기 시작했어요.

의견이 팽팽하게 대립되고 있을 때 같은 모둠 아이들의 요구에 의해 수업에 들어온 경우이다. 이렇게라도 소극적인 아이가 논의에 들어오는 것은 좋은 일이다. 아이들에게는 교사의 권유보다 모둠 아이들의 권유가 수업에 들어오게 하는 데 더 효과적이다. 그런데 준혁이를 수업에 들어오게 하는 더 좋은 방법이 있다. 처음부터 활발한 아이가 의견을 물으면서 자연스럽게 토론에 끌어들이는 것이다.

어느 조용한 아이는 모둠의 다른 아이들이 모두 지쳐서 손을 놓은 후에야 비로소 가만히 수업에 들어오기도 했다. 3학년 과학 공개 수업에서 그런 사례가 있었다.

저희는 8모둠을 보았구요. 이 학생은 처음에는 엎드려 있었어요. 약간 위태로워 보인다고 생각하면서 유심히 보았습니다. 한 대뿐인 계산기를 사용해야 하는데, 세 명이 계산기를 다 쓰고 나자 마지막으로 상준이에게 기회가 온 것 같았어요. 바로 그때 선생님이 모둠 활동을 마무리하고 앞을 보라고 했어요. 아이들이 모둠 활동의 결과를 발표하기 시작했어요. 그런데 상준이는 이때부터 해보기 시작했어요. 다른 애들이 발표를 하고 있는 중에도 계속 혼자 계산을 하는 거예요. 조금 전에 다른 아이들이 하던 대로 다 다시 곱해보고, 나눠보고, 계산을 해보았어요. 더 놀라운 것은 상준이가 활동지에 뭐라고 적었느냐면, 다른 아이들은 아무도 이렇게 못 적었는데 상준이만 '1ml → 0.99', '1ml → 1.12' 이렇게 적는 거예요.

상준이가 마지막에 적은 탐구 결과는 매우 훌륭한 것이었다. 다른 세 명의 아이들이 이런 결론에 도달하지 못하고 지쳐서 포기했을 때, 그들보다 못할 것처럼 보이던 아이가 마지막에야 조용히 움직이더니 단위 부피당 질량 값을 계산해낸 것이다.

다른 아이들이 계산기를 사용할 때 상준이는 엎드려 있었지만, 과제 해결 활동을 하고 싶은 마음을 가지고 있었고, 해결 방법도 생각하며 아이들의 상황을 보고 있었던 것 같다. 그러다가 편안하게 계산기를 만질 수 있는 상황이 되자 스스로 조용히 수업 속으로 들어왔다. 이런 마음과 능력을 가진 아이라면, 조금 더 빨리 수업 속으로 들어와 다른 아이들과 소통했다면 모둠 전체의 과제 해결에도 의미 있는 역할을 했을 것이다. 이번 사례도 상준이뿐만 아니라 모둠의 모든 아이들이 모둠 활동을 하며 배우는 방법에 익숙하지 않아서 생긴 것이다.

모둠 활동의 여러 모습들

다른 아이의 의견을 무시하는 모습

"아이들이 모둠 칠판에 무언가를 써 내면 교사들은 보통 그것이 모둠 아이들이 모두 이해했고 또 동의한 것이라고 판단하잖아요. 그런데 그렇지 않을 수도 있다는 것을 알았어요."

모둠 활동을 관찰하다 보면 은근히 또는 드러내 놓고 누군가의 의견을 무시하는 경우를 종종 발견할 수 있었다.

"수필에서와 같이 친구에게 힘이 되는 말을 하기 위해서는 평범한 것도 소중하게 볼 수 있는 '마음의 시력'이 필요합니다. 그것을 키우는 연습을 해 봅시다."라고 말하면서 선생님이 교탁 위에 주전자를 올려놓았어요. 그리고는 "평범해 보이는 이 주전자를 보고 칭찬하는 글을 모둠 칠판에 5가지씩 써 보세요."라고 말했어요.
1모둠에서는 민성이가 모둠 칠판을 가져 왔는데, 승은이가 몸을 앞으로 굽혀 모둠 칠판을 자기 앞으로 당겨 놓았어요. 펜을 잡고 쓸 자세를 갖추더니, 바로 은형이와 주전자에 대한 이야기를 시작했어요. 모둠원은 4명이었는데, 둘은 민성이와 강석이에게는 눈길도 주지 않으면서 자기들의 생각을 모둠 칠판에 적어 나갔어요.
그 모습을 보고 있던 민성이가 끼어들었어요.
"주전자가 불에 타?"

그러자 은형이와 승은이가 합창을 했어요.

"안 타!"

조금 있다가 민성이가 또 의견을 말했어요.

"오래 쓸 수 있다"

이번에는 은형이가 단호하게 말했어요.

"오래 못 써!"

이렇게 자기 의견을 묵살하는 두 아이들 사이에서 민성이
는 시간 간격을 두고 의견을 몇 번 더 말했어요.

"가벼워서 좋다"

"가벼운데 뭐?"

"물을 줄 수 있다"

"물뿌리개가 있잖아"

"주전자가 따뜻한 물을 줘서 좋다"

"커피포트가 있잖아!"

"투명해서 얼굴을 볼 수 있다"

"그게 얼마나 투명하다고! 안 돼!"

결국 이 모둠은 5개의 의견을 모둠 칠판에 썼는데, 그 다
섯 개는 모두 은형이와 승은이가 논의한 것들이었어요.
민성이의 의견은 하나도 없었어요.

보통은 누군가 의견을 말하면 그것을 못 들은 척하는 방법으로
무시하는 경우를 관찰할 수 있었는데, 이번 경우는 그보다 심했
다. 틀렸다거나 가치 없다고 반박하면서 무시했다. 무척 안타까
운 상황이었다. 이런 문제는 모둠 활동을 통해 배우도록 하는 수
업을 위해서는 충분히 생각해 보고 대처할 문제이다.

만약 자유롭게 발언하는데 이런 문제가 발생하지 않는다면 모둠 토론이 더 풍부해지고, 아이들이 배우는 것도 더 많아질 것이다. 또한 서로 무시하지 않는 아이들은 수업이 끝나도 서로를 존중하는 관계가 이어질 가능성이 높다. 학생들의 학교생활을 보면 수업 시간이 대부분을 차지하는데, 만약 수업 시간에 서로 존중하는 관계가 형성된다면 아이들의 평소 관계도 좋아질 것이다.

누군가의 의견이 무시된 채로 제시된 모둠 의견을 교사가 모둠 아이들 모두가 동의한 것처럼 말한다면, 무시된 의견을 가지고 있는 누군가를 소외시키는 결과가 된다. 수업을 진행하느라 바쁘고, 모둠이 많아 정신이 없더라도 모둠별로 토론해서 의견을 만들도록 할 때는 이런 일이 생길 수도 있다는 것을 고려해야 할 것이다.

옥신각신하며 서로를 설득해가는 모습

아이들이 서로 옥신각신하며 설득해가는 경우도 있었다. 2학년 국어 '시' 단원 공개 수업이었는데, 지난 시간에 쓴 시를 고치는 과제가 주어졌다.

이 모둠에서는 민섭이가 쓴 시를 고쳤어요. 그래서 민섭이가 말을 하고 애들이 거기에 반박을 하면서 시를 고쳤어요.
"공부를 안 하면 뭐뭐 된다. 나는 뭐뭐하면 뭐뭐한다." 이게 자기 말로는 끝말잇기처럼 시의 특성이기 때문에 손대면 안 된다고 하는 거예요. 그거를 함은영 선생님은 연쇄법이라고 하시더라구요. 그런 걸 그 애가 나름대로 가지고 있었어요. 또 바로 쉽게 고친 부분이 있었어요. 과거형을 현재형으로 고쳤거든요.

"이거는 '간다'라고 하는 게 낫겠어."

이렇게 바로 현재형으로 고쳤어요. 그리고 민섭이의 고집 때문에 시가 시같이 안 된 경우도 있었어요. 예를 들면, 다른 아이들은 '설레임과 지루함이 한가득' 이렇게 고치자고 했어요. 그러자 민섭이가 말했어요.

"'설레임'과 '지루함'은 반대말인데 '한가득'이 말이 되냐?"

그러니까 소은이가 반박했어요.

"'설레임'과 '지루함'이 다 같이 있을 수 있잖아?"

그러자 민섭이가 받아들였어요. 그런데 잠시 후 민섭이가 다시 자기 의견을 말했어요.

"'설레임과 지루함이 차 있다'로 고치자."라고 주장해서 결국 그렇게 고쳤어요.

시의 주인인 민섭이는 지난 시간에 쓴 자기 시를 보면서, 먼저 고치는 방법을 제시했는데, 처음에는 "시의 특성"이니까 손대면 안 된다고 시 이론이라면서 설득했고, 두 번째는 "낫겠어"라는 느낌으로 설득했다. 그리고 '설레임'과 '지루함' 부분을 고칠 때는 각각 논리와 의미를 근거로 제시하며 옥신각신하는 모습도 보였다. '설레임과 지루함이 차있다'보다는 '설레임과 지루함이 한가득'이 더 그럴듯해 보여서 아쉽기는 하지만, 서로 의견이 명확했다.

유능한 리더가 모둠 활동을 이끌어가는 모습

모둠 활동에서 아이들이 서로 협력하며 문제를 잘 해결해가는 경우도 볼 수 있었다. 다음은 2학년 수학 공개 수업에서 그런 모습을 보인 모둠이다. 과제는 주어진 15개의 사각형이 각각 정사각형인지, 직사각형인지, 마름모인지, 평행사변형인지를 구별하는 것이었다.

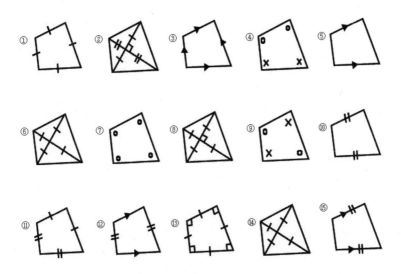

약 5분 정도 개인적으로 답을 쓰더라구요. 그러다가 인선이가 말했어요.

"우리 하나씩 돌아가면서 자기 답을 말하면서 검사하자."

사각형이 15개가 있으니까 1번부터 체크를 해서 나가는 거예요. 인선이가 1번을 하면 짝꿍이 2번, 그 다음 아이가 3번, 그 다음 아이가 4번 이렇게 돌아가면서 검사하고,

그 다음 5번, 6번, 7번, 8번, 그 다음 9번, 10번, 11번, 12번, 이렇게 체크를 해나가면서 답이 다른 사람은 그것에 대해 이야기하기로 한 거죠. 그랬더니 일사분란하게 의견이 하나로 모아졌어요.

"내가 알려 줄게." 또는 "이게 답이야."라고 말하는 보통 아이들과 다르게 인선이는 "각자 돌아가면서 답을 이야기해 보자."라고 제안했다. 이것은 일방적으로 들을 때보다 서로 더 잘 배울 수 있는 기회이다. 각자 생각을 말하면서 그리고 자기 생각과 비교하면서, 그리고 자기 생각과 다를 경우 이유를 설명하면서 배울 수 있기 때문이다. 인선이는 마치 교사가 몰래 앉혀 놓은 학생 같았다.

마지막에는 다시 서로의 활동지를 모아 놓고 답을 맞추었어요. 이 과정에서 경석이가 하나씩 검사할 때 고개는 끄덕이면서 동의했던, 중복되는 걸 안 쓴 것을 발견했어요. 그러자 다시 논의로 돌아갔어요.
"정사각형은 마름모에도 들어가는데 너는 왜 안 썼어?"

"틀렸어!"라고 말해서 친구들을 주눅 들게 하는 경우가 많은데, 인선이는 "왜 안 썼어?"라고 물었다. 친구에게 자신의 생각을 되짚어볼 기회를 줌으로써 문제가 해결되도록 하는 것이었다.

이렇게 해서 또 일사천리로 정리가 싹 되었어요. 그래도 시간이 남으니까 인선이가 말했어요.

"시간이 남았으니까 모르는 거나 이상하다고 생각되는
거 있으면 나한테 물어봐!"
"이상하다고 생각하는 거 너 있어?"
인선이라는 아이가 리더가 되어 모둠 아이들 모두 자기
의견을 말하도록 하면서도 과제를 꼼꼼하게 해결해 나갔
어요. 결국 이 모둠은 인선이 덕분에 교사가 의도했던 내
용까지 저희들끼리 논의하며 도달했어요.

어떤 어른들의 논의와 비교해도 손색없을 정도로 좋은 논의가
이루어졌다. 이 모둠이 이렇게 훌륭하게 모둠 활동을 했는데, 그
원동력은 인선이라는 아이였다. 인선이는 성적이 최상위권이고
평소에 수업 태도도 좋은 아이였다. 인선이가 이 모둠을 이끌었
다고 하니 그 아이를 알고 있는 선생님들이 고개를 끄덕였다.

그런데 인선이의 능력을 보면서 우리는 이런 생각을 해 보았
다. 인선이와 비슷한 정도로 학업 성적이 우수한 아이들이 각 학
급에 조금씩 있다. 그런데 그 아이들이 모두 인선이와 같이 해내
지는 않는다. 혼자만 하면서 다른 아이들과 협력하지 않는 경우
가 많다. 그리고 "하나씩 말하면서 답을 검사하자."라거나 "정사
각형은 마름모에도 들어가는데 너는 왜 안 썼어?"라는 등 적절한
말을 하면서 모둠 활동을 이끌어가는 경우는 거의 못 보았다. 우
리는 성적이 우수한 아이들 중에서도 모둠 활동을 훌륭하게 해나
가는 인선이와 그렇지 않은 다른 아이들이 있다는 것을 생각해둘
필요가 있다.

인선이의 이런 모둠 활동 능력을 본 것도 사실은 이번이 처음이었다. 그것은 과제가 그런 능력이 발휘되도록 했기 때문인 듯하다. 물론 똑같은 과제를 준다고 하더라도 인선이만큼 하는 아이는 드물 것이다. 그러나 이런 과제를 자주 제시할 때 다른 아이들도 인선이와 같은 모둠 활동 능력을 배우게 되지 않을까? 인선이조차 이런 능력을 보여준 적이 드물었다면, 수업 혁신을 하고 있었지만 우리의 수업은 아직도 아이들이 협력하며 해결할 만한 적절한 과제를 자주 제시하지 못하고 있었던 것이다.

어려운 과제 앞에서 동등해지며 서로 협력하는 모습

배움의 공동체 수업에서는 혼자는 해결하기 힘든 정도의 난이도를 가진 도전 과제를 제시하도록 하고 있다. 그 도전 과제를 해결하는 과정에서 아이들이 어렴풋이 알고 있던 기초를 더 정확하게 알게 되고 또 활용 능력도 기르게 된다는 것이다. 우리는 활동지에 가급적 이런 도전 과제를 하나씩 넣으려고 노력했는데, 이런 과제 앞에서는 아이들이 서로 동등해지며 논의가 더 활발해지는 모습을 볼 수 있었다. 다음은 2학년 수학 공개 수업에서 어느 모둠을 관찰한 교사의 발언이다.

> 3모둠을 집중해서 봤는데, 1번 과제에서는 신희민이라는 학생이 공부를 잘하나 봐요. 희민이가 먼저 다 한 후에 불러 주면 다른 아이들이 받아쓰는 형태가 주였고, 조금씩

조용한 대화가 오가는 정도였어요. 그런데 2번 과제를 할 때에는 아이들 사이의 관계가 달라졌어요. 2번은 모둠 아이들 중 누구도 답을 아예 못 쓴 과제였어요. 이렇게 모두가 모르고 헷갈리는 문제에서는 모둠 아이들 사이의 입장이 대등해지는 것 같았어요. 나머지 아이들이 희민이의 의견을 따르는 것이 아니라 조금씩 '자기는 이거 이거 같다'라는 식의 이야기를 주고받았어요.

다 같이 모르는 과제 앞에서 아이들은 각자 자기 목소리를 내기 시작했다는 것이다. 이처럼 각자가 자기 목소리를 낸다는 것은 협력적 배움에서 가장 기초가 되는 것이다. 각자의 목소리가 합쳐서 상승 효과를 내는 것이 협력적 배움이기 때문이다. 다른 모둠의 참관 발언을 하나 더 보자.

5모둠을 관찰했습니다. 수학은 풀기여서 그런지 주종 관계가 확실한 것 같았어요. 가르쳐주는 아이와 도움을 받는 아이로 확연하게 구별되었어요. 승식이가 도움을 주는 인물이었고, 나머지 세 명이 다 물어봤어요. 그래서 너무 바빴어요. 승식이가 중심에 있고 다른 아이들은 푼 다음에는 "이거 맞아?" 하면서 승식이에게 검사를 요구해서 승식이가 너무 바빴어요.
처음에 그렇게 진행이 되다가 아이들끼리 상호작용이 일어났던 게, 친구에게 이차방정식을 전화로 설명하는 과제였는데, 승식이가 말했어요.
"꼭지점하고 기울기만 알려주면 되지~"

그러자 진호하고 형기가 함께 물었어요.

"기울기가 뭔데?"

"x의 계수~"

"전화로 설명할 때 계수 알려주면 안 된다고 했는데"

둘이 풀지는 못했지만, 과제를 읽고는 있었나 봐요.

그러자 승식이가 이젠 지쳤는지 다음과 같이 말했어요.

"그러면 어떻게 하지? 아, 머리 아파. 나한테 떠넘기지 마. 머리 아파 죽겠어. 각자 해봐."

그래서 각자 시도해 보았어요.

이 모둠에서도 어려운 과제가 나타나자, 지금까지 배우기만 하던 아이들이 의견을 말하고 있다. 그런데 잘해오던 아이는 지쳤는지 각자 해보라고 말하고는 빠져 버렸다. 그래서 각자 시도해 보았다고 한다. 두 사례에서는 모두가 모르는 과제가 아이들을 평등하게 만들고, 못하던 아이들도 목소리를 내게 만들었다. 이렇게 해서 같은 모둠에 있는 네 명의 아이들이 조금씩 서로의 의견을 말해보기 시작하면서 모둠의 논의가 활발해지고 협력적 배움이 일어나게 되었다.

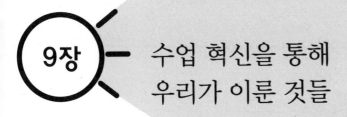

9장 수업 혁신을 통해 우리가 이룬 것들

지금까지 범교과 수업모임을 통해 공개 수업을 만들면서 진행한 수업 혁신을 소개했다. 그런데 사실 이러한 수업 혁신의 최종 목표는 교사들이 일상의 수업도 공개 수업처럼 서로 도우며 수정해 가는 과정이 학교 문화로 정착될 때 이루어질 수 있을 것이다. 그러면 이런 측면에서는 어떤 변화가 있었을까? 그리고 우리의 이러한 수업 혁신 과정을 우리는 몇몇 학교나 단체의 연수 시간에 소개할 기회가 있었다. 그때 교사들은 신기해하면서 많은 질문을 했다. 그분들이 궁금해하는 것은 무엇이었을까? 그리고 이런 수업을 받아 온 우리 학교의 아이들은 이런 수업에 대해 어떻게 생각할까?

일상 수업은 어떻게 되었나?

일상 수업의 공동 설계

수업 중점 혁신학교 둘째 해를 시작할 즈음 목표를 고심했다. 그러나 목표는 사실 정해져 있었는데, 서로 말로 꺼내지 않았을 뿐이었다. 그것은 공개 수업만이 아닌 일상의 수업 혁신이었다. 당시는 아직도 2/3 이상의 교사들이 적극적인 행동을 보이지는 않는 상황이었다. 이런 상황에서 내 수업에 들어와 보라고 말하기는 어려웠다. 다른 선생님의 수업에 들어가 보겠다고 하기는 더 어려웠다. 설사 들어가서 본다고 하더라도 수업 교사가 먼저 요청한 상황이 아니라면 무슨 말을 한단 말인가? 이것은 오로지 자발적으로 노력하는 교사들 사이에서만 가능한 일이었다. 일상의 수업 혁신은 이러한 어려움으로 인해 당장 실천에 옮겨지지는 못했다. 그러나 한 달의 반은 공개 수업 준비로 보냈고, 남은 2주 동안 조금 숨 고르기를 하는 형국이어서 수업 혁신을 위한 노력을 하지 않는다는 생각은 들지 않았다.

그러던 중 5월 중간고사 기간에 일상 수업을 공동으로 설계하는 모임이 자연스럽게 생겼다. 시험 시작 며칠 전 사회 선생님이 말했다.

"제가 시험 끝나고 '고려 전기의 대외 관계' 부분을 수업할 텐데 도움을 받고 싶어요."

그 말은 들을 기술 선생님도 수업 준비 고민을 말했다.

"저도 중간고사 끝나면 발명 단원 수업을 시작하는데, 어떻게 할지 혼자 고민하고 있었어요.

"그러면 중간고사 2일째 오후에 남아서 같이 이야기해요."

이렇게 해서 일상 수업의 공동 설계가 시작되었다.

시험을 마치고 아이들이 모두 돌아간 한가한 오후에 6명의 수업모임 선생님들이 회의실에 모였다. 그 자리에서 사회과 수업은 연극을 하는 방향으로 논의가 되었다. 작년에 사용했던 프레젠테이션으로 당시의 역사적 상황을 아이들에게 설명할 텐데, 그것을 지금 용도에 맞도록 기술 선생님이 수정해 주기로 했다.

기술과의 발명 수업 8개 차시를 구성해 보았다. 1차시는 목표를 무엇으로 하고 내용은 무엇으로 한다, 2차시는 목표를 무엇으로 하고 내용은 무엇으로 한다, 이렇게 8개 차시까지 대략적으로 구성했다. 그런데 이런 구성만으로도 수업의 얼개를 다른 교과 선생님들의 순수한 의견으로 검증받은 것이므로 기술 선생님은 무척 흡족해했다. 인터넷 검색을 잘하는 과학 선생님은 발명 관련 동영상을 찾아보기로 했다.

이렇게 공동 설계를 한 수업은 중간고사 후에 실제로 진행되었는데, 3개 차시로 진행한 사회 수업에는 함께 논의한 선생님들이 참관했고, 그 후에 수업모임에서 결과에 대해 논의하기도 했다. 기술 선생님도 차시마다 활동지를 미리 수업모임 선생님들께 직접 보여주거나 메신저로 보내어 의견을 듣고 수정하면서 수업을 진행했다.

또 한 수학 선생님은 그 후 일상 수업의 활동지를 가까이 있던 과학 선생님과 기술 선생님에게 보여주면서 아이들이 이해하기에 알맞은지, 아이들이 흥미로워할지, 아이들이 활동하기에 알맞은지 등을 검토받고 수정하여 사용했다.

2학년 과학을 함께 가르치는 두 선생님은 활동지를 공동으로 만들어서 수업했는데, 한 선생님이 먼저 수업한 후에는 교무실로 와서 바로 수업이 어땠는지 다른 과학 선생님에게 이야기해 주면서, 주의 사항이나 수정할 사항을 피드백해 주었다.

2학년 국어 선생님 두 분도 교무실에서 가까이 앉아 있었는데 활동지를 공동으로 개발하고 수업 후에는 서로 피드백 해주었다.

일상 수업의 공동 설계는 아무래도 공개 수업 준비보다는 뒤로 밀렸다. 따라서 공개 수업 준비 사이에 여유가 있을 때 진행되었고, 주변에 있는 의지가 높은 선생님들 사이에서 일어났다.

수업에 대한 다양한 협조

수업의 공동 설계 이외에도 교사들 사이에서 수업을 돕는 분위기는 다양한 방법으로 확산되었다. 그런 상황을 남영재 선생님은 그 즈음 수업 일기에서 이렇게 표현했다.

연일 더웠던 날씨 속에서 어려움을 겪던 수업들. 주말 끝인 어제 밤에 늦게 잔 탓에 어찔어찔한 상태로 학교에 왔다. 마침 1교시가 비어서 한가하게 있으려나 싶었는데,

메시지가 왔다.

"샘, 오늘 2교시 수업 참관하려고 하는데요. 괜찮으세요?? ^^"

허걱^^ 심리적 부담이 다소 있었지만, 당연히 씩씩하게 답장했다.

"들어오세요."

2교시 마치고 자리에 오니 수학 선생님이 기다리고 있었다.

"선생님 4교시에 정혜진 선생님 수업을 촬영해주실 수 있나요? 오늘 수학과 수업 연구를 하려고 하는데 촬영한 동영상을 보면서 하려구요."

"제가 들어가도 되나요? 정혜진 선생님께 양해를 구하셨나요?"

"네. 구했어요. 들어가셔도 되요."

그래서 4교시는 처음으로 정혜진 선생님의 수업을 참관하며 촬영했다. 나도 들어가는 반인데, 아이들의 분위기가 많이 달랐다. 아이들이 정숙한 태도로 수업에 집중하고 있었다.

지난주에는 목요일 날 오전에 다른 학교 선생님께서 잠시 과학부로 오셨다. 아는 분이라 배웅할 때 나눈 이야기이다.

"어제는 밤에 두 시간 동안 수학과 부등식 활용 문제를 만들었어요. 일상생활 중에 있는 부등식 문제 상황을 10개 정도 만들어서 오늘 아침에 드렸어요. 그리고 그제는 기술 선생님 발명 수업에 사용할 동영상을 열심히 찾아서 드렸어요."

말을 하면서 나 스스로 웃음이 나왔다. 참 이상하게 들리겠다. 다른 학교에서는 상상도 할 수 없는 일이니까.

오늘도 서로 도와가며 수업하는 일이 계속되고 있다.

남영재 선생님은 아침에 갑자기 수업을 보고 싶다는 요청을 받아서 허락했다. 참관을 요청한 선생님은 수업에 대한 논문을 쓰고 계셔서 벌써 두 달째 일상 수업을 참관하고 있었다. 논문이 동기였지만, 이분이 참관하고, 그 결과를 수업모임에서 이야기해 주는 것이 일상의 수업을 서로 열고 나누는 분위기를 만드는 데 크게 기여했다. 수학과에서는 수업을 촬영한 동영상을 보면서 컨설턴트와 함께 자체 수업 연구를 하기로 했다. 이때 동영상 촬영을 이 과학 교사에게 부탁한 것이었다. 지난주에는 수학과와 기술과 수업을 도와준 것도 알 수 있다.

과목별로 그리고 과목 내에서도 각 교사별로 따로 준비해서 수업하는 경우가 많은데, 그것과 전혀 다른 모습이었다. 이런 학교 분위기에 따라서 점심시간 식사 중에도, 방과 후 회식 자리에서도 과목에 상관없이 서로의 수업과 수업 중 아이들에 대한 이야기꽃을 피우는 것은 일상적인 현상이 되었다.

아이들을 떠올리며 하는 수업 준비

수업 준비도 달라졌다. 전에는 내용 중심이었다. 핵심 내용이 들어가 있는지, 그것들이 논리적으로 배열되었는지, 이해하기 쉬운 소재를 선택했는지를 생각하며 준비했다. 이때에도 아이들을 떠올리지만 이때 아이들은 구체적인 누구가 아니라 전체적인 인상이었다. 그렇게 수업을 준비하던 어느 교사는 다음과 같이 수업 준비가 변했다고 말했다.

> 아이들 얼굴을 떠올리며 수업을 준비해요. 매 시간 모둠 활동을 하고, 그때 아이들이 어떻게 해 나가는지 관찰하다 보니 아이들 각각의 능력과 성향을 파악하게 되었어요. 그러다 보니까 활동지의 과제를 만들면서, '아, 이 과제는 성호에게는 어렵겠는데!' 또는 '수진이가 관심을 안 보일 것 같은데.' 이런 생각을 해요. 그러면서 수정하거나 또는 진행 방법을 구상해요.

머릿속에서 수업이 어떻게 진행될지 시뮬레이션을 하는 것이다. 그리고 수업을 하면서 시뮬레이션을 한 내용과 실제 아이들을 비교한다. 따라서 수업 시간에 아이들이 집중하지 않으면 아이들을 탓하기보다는 교사의 수업설계를 돌이켜 본다. 이 교사는 또 다른 방법도 이야기했다.

> 아이들을 관찰하면서 흥미나 학업 능력이 중간보다 조금 더 떨어지는 아이를 선택해요. 그 아이가 어떻게 반응할지를 생각하며 활동지를 만들어요. 그 아이가 기준이 되는 거죠.

이만큼만 해도 전과는 많이 다른 것이었다. 수업을 따라오기

힘들어하는 구체적인 아이를 떠올리며 준비하기 때문에 어려워
지지 않고 친절해졌다. 그리고 진행을 천천히 하려 하고 내용도
단순하게 구성하고 핵심 내용을 긴 시간 생각해보도록 활동을 구
성하게 되었다.

공개 수업을 공동 설계하는 것이 수업 혁신의 뼈대였다면, 그것을
통한 배움은 이러한 방식으로 천천히 일상 수업으로 전파되었다.

교사들과 아이들의 반응

다른 학교 교사들의 질문과 우리의 생각

우리는 몇 차례 이런 내용을 외부에 소개할 기회를 가졌다. 새로운 수업에 관심 있는 학교도 있었고 그 밖의 단체도 있었다. 그런 자리에서 "신기하다"라거나 "흥미롭다"라는 반응을 얻었지만, 더불어서 항상 질문도 받았다. 다음은 그런 자리에서 받았던 질문과 각 질문에 대한 우리의 답변이다.

1. 내 수업, 내 일도 바쁜데, 주로 다른 교과 수업 이야기를 하게 되는 수업모임에 매주 참가할 필요가 있나요?

우리 학교의 수업모임에서는 자기 교과가 아니라 다른 교과에 대해 논의할 때가 무척 많은 것이 사실이다. 그런데 지난 수년 동안 수업모임을 하면서 내 수업을 바꾸어 온 경험에 비추어 보면 내 수업을 바꾼 것은 분명 내 과목을 논의했기 때문이 아니었다. 다른 과목에 대해 논의할 때 각 과제에 대해 아이들이 어떻게 반응할지를 다른 선생님들의 발언을 통해 들었고, 나의 경험에 비추어 예상했다. 그리고 과제가 실제로 아이들에게 주어졌을 때, 아이들의 반응을 관찰하면서 내가 아이들을 얼마나 잘 이해하고 있는지를 점검했다. 이렇게 얻은 아이들에 대한 이해는 내 수업을 만들고 진행하는데 직접적으로 도움이 되었다. 또한 수업모임은 교사들끼리 수업을 소재로 하는 '편안하고 즐거운 수다'의 자리였다. 특정한 수업을 앞에 두고 하는 수다가 해보면 알겠지만 어떤 모임에서의 수다보다도 진솔한 내용을 포함하고 있었고 따라서 생산적이면서도 즐거운 일이었다. 마지막으로 수업모임은 교사들의 자발적인 모임이었다. 따라서 바쁠 때는 편안한 마음으로 늦게 참석하거나 빠지기도 했다. 그런데 이런 점이 참석한 사람들이 더욱 알차고 즐겁게 논의하도록 만든 것 같다.

2. 수업 교사의 활동지를 보면서 다른 교과 교사가 "재미없다"라거나 "어렵다"라고 말하면 수업 교사가 마음이 상할 수 있을 텐데, 마음 상하지 않도록 하는 방법은 무엇인지요?

수업모임 초기에는 그런 말을 들으면 수업 교사가 말 수가 적어지면서 분위기가 어색해졌던 적도 있었던 것 같다. 그런데 어느 순간부터는 그런 것이 사라졌다. 아마도 그런 말을 하는 다른 교과 교사들의 태도 때문이었던 것 같다. 그분들은 말만 던지고 사라지지 않고 오히려 자기가 할 수업인 것처럼 끈질기게 노력해서 그런 점을 극복할 수 있는 방안을 찾도록 해주었다. 그리고 교실에서 수업하면서 그런 말이 사실이었음을 아이들의 반응을 통해 확인하는 경험도 그런 말에 상처받지 않도록 했다. 나중에는 오히려 그렇게 솔직하게 말해 주는 다른 교과 선생님들을 일부러 찾게 되었다. 그분들의 말을 통해 교실에 있는 아이들의 반응을 미리 가늠할 수 있게 되어 수업을 준비하고 진행하는 데 도움을 받았기 때문이다. 그러다 보니 나중에는 다른 교과 교사들에게 과제에 대한 알맞은 아이디어를 달라고 부탁하는 경우까지 생겼다.

3. 그렇게 교과서를 재구성해서 가르칠 때, 같은 학년 같은 교과 선생님이 다르게 가르치면 충돌이 일어날 텐데 어떻게 해결하나요?

충돌이 일어난다면 큰 문제이다. 새 학년을 맞는 시기에 마음이 맞는 교사와 같이 시작하는 것이 바람직하다. 마음이 맞지 않는다면 자기 것만 고집할 수 없고 맞춰가야 한다.

4. 수업을 그렇게 바꾸었더니 교사의 수업은 어떻게 나아졌는지, 그리고 아이들은 어떻게 나아졌는지요?

수업 준비를 철저히 하게 되었다. 아이들이 흥미를 느끼며 하도록 하는 과제는 수업 중에 즉흥적으로 만들 수 없다는 것을 알게 되었기 때문이다. 아이들의 얼굴을 떠올리고 반응을 예상하면서 활동지를 만들게 되었다. 그리고 아이들이 집중하지 않을 때에는 아이들의 낮은 집중력을 탓하지 않고 교사의 수업설계에서 수정할 점을 찾게 되었다. 이러면서 강제로 집중시키려다 아이와 다투는 일이 줄어들었고, 아이들과의 관계가 좋아졌다. 아이들 측면을 보면 수업 시간에 잠을 자는 아이의 수가 현저하게 줄었다. 과제가 적절할 때에는 더 많은 아이들이 편안하게 활동하고 자기 의견을 표현하고 논의에 참여하게 되었다.

5. 공개 수업 후 수업 연구회 시간에 무슨 이야기를 하나요? 도대체 뭘 봐야 할지, 무슨 이야기를 해야 할지 모르겠어요.

수업 참관을 하기 전에 먼저 수업 내용과 흐름을 어느 정동 알고 있어야 한다. 그 다음에 TV로 드라마를 보듯이 아이들을 자세히 봐야 한다. 작은 소리로 하는 말까지도 들을 뿐만 아니라 작은 표정의 변화까지도 보면 아이들이 배우고 있는지, 생각이 어떻게 변하고 있는지 알 수 있다. 수업 연구회 시간에는 그런 관찰 내용과 그런 관찰 내용의 원인에 대한 교사의 생각을 나누는 것이라고 생각한다.

6. 수업보다 민주적인 학급운영이 더 중요하지 않을까요?

둘 모두 중요하다고 생각한다. 그런데 교사에게는 학급운영 시간보다는 수업 시간이 공식적으로 더 길게 더 안정적으로 주어져 있다. 사실 수업 시간은 다른 어떤 시간보다도 길고 안정적이다. 따라서 교사는 이러한 수업 시간을 잘 활용하여 아이들이 교과 내용을 배우도록 할 뿐만 아니라 민주적인 학급운영을 통해 학생들에게 주려는 것도 배우도록 해야 한다고 생각한다.

7. 범교과 수업모임에 모든 선생님들이 참여하도록 하는 방법은?

강제로 참석하게 하는 방법은 없다. 지속적으로 모임을 알리고, 모임에서 논의하고 있는 내용을 알리는 방법밖에 없다. 그리고 공개 수업을 잘 만들어서 한 번 공개 수업에 오신 선생님들이 '아, 수업모임에서 어떻게 이렇게 잘 만들지? 궁금한데.' 이런 생각이 들게 하는 것이다. 그래도 참석하지 않으면 또 기다려야 한다. 그러면서도 참석하지 않는 선생님들을 절대로 원망해서는 안 된다.

8. 수업 시간 모둠은 어떻게 구성하나요?

교사에 따라서 다르게 하고 있다. 평소 앉은 자리에서 아이들이 책상만 돌리도록 하는 교사도 있고, 유능한 아이를 모둠별로 한 명씩 넣어서 새롭게 구성하는 교사도 있다. 수업 교사 개인이 여러 가지 방법으로 시도해 보고, 그중에서 가장 효과적인 방법을 찾아 실천하면 된다고 생각한다.

9. 공동 수업설계는 공개 수업 준비할 때만 했나요?

대부분은 그랬다. 한 달에 약 2주 동안은 공개 수업을 만들었으니까 나머지 시간은 그리 많지 않았다. 시간이 지나면서 공개 수업 준비를 하지 않는 주에 자기 수업을 만들어 보자고 초안을 가지고 오는 교사들이 생겼다. 그럴 때는 그 수업을 함께 설계했다. 따라서 수업모임에서는 거의 항상 수업설계를 했다.

이렇게 답을 해보지만 질문에 대한 답이 충분하지는 않을 것이다. 물론 설득력이 부족한 것도 있을 것이다. 하지만 더 완성도가 높은 대답은 질문을 하는 교사들이 스스로 찾으려 할 때 비로소 찾아질 것이다.

이밖에도 우리 머릿속을 맴돌고 있는 질문도 있다.

1. 매 시간 그런 수업을 한다는 것이 가능한가요?

이 질문은 이런 수업을 처음 시작할 때 나왔다. 그러나 시간이 지나면서 나오지 않게 되었다. 실제 수업은 모둠 활동을 많이 하는 수업과 아주 조금 하는 수업의 어느 지점에 있기 때문이었다. 교사가 한 시간 내내 강의만 할 수도 있는데 그런 수업은 매우 드물었다. 따라서 교사가 아이들이 활동하며 배우게 한다는 마음을 가지고 수업을 만들고 진행하는 것이 중요하다. 각 수업에서 아이들의 활동이 얼마나 들어가게 할지는 수업 내용과 그 밖의 상황에 따라서 교사가 조절하고 판단할 문제이다.

2. 매 시간 그런 수업을 하면 진도를 나갈 수 있나요?

진도를 나가는 데에는 문제가 없었다. 이렇게 수업을 잘 준비하게 되면서, 예전처럼 시험 끝나고 한 시간 쉬고, 단원 마칠 때마다 단원평가 문제 푼다고 한 시간씩 쉬고, 또 새 단원 들어갈 때 서툴러서 한 시간씩 미루어지고 하던 일들이 사라졌다. 그러자 오히려 매 시간 수업을 짜임새 있게 할 수 있게 되었고, 그래서 오히려 진도를 더 빨리 마칠 때도 생겼다.

3. 그렇게 수업했더니 학생들의 성적이 예전처럼 수업할 때보다 나아졌나요?

현재까지는 확인할 수 없었다. 그러나 수업에 들어오지 않는 아이들의 수가 적다는 점을 볼 때 성적이 낮은 아이들의 숫자는 줄어들

것으로 기대된다. 사실, 수업 혁신에 대한 아이들의 반응이나 아이들의 배움과 수업 혁신과의 관계는 우리도 무척 궁금해서 설문조사 등의 방법을 통해 정리해보았다.

아이들의 반응

수업 혁신 첫해를 마치면서 이것을 조사했다. 그런데 새로운 수업에 가장 열심이었던 교사조차도 그해 수업의 80% 이상을 기존 수업에 더 가깝게 진행했기 때문에 조사 결과가 온전히 우리의 수업 혁신에 대한 것이라고 단정하기 힘들었다. 따라서 설문조사를 흔쾌히 진행하지 못하고 망설이다 첫해가 끝나가던 2월에야 수업 혁신 학년이었던 1학년의 전체 학생들을 대상으로 반응을 알아보는 정도의 설문조사를 진행했다. 다음 질문에 대한 결과는 인상적이었다.

배움의 공동체 수업이란 _____ 이다.
왜냐하면 _____ 때문이다.

이것에 대한 응답은 진지한 것부터 재치 있는 것까지 다양했다. 그중 우리가 2월 말에 둘째 해 혁신학교 준비 연수를 위해 뽑아서 소개한 것들이 있다.

배움의 공동체 수업이란 함께하는 즐거움이다. 왜냐하면

서로 협력하지 않으면 할 수 없고, 함께하면 즐겁기 때문이다.

배움의 공동체 수업이란 협동이다. 왜냐하면 함께 배우고, 모르는 것도 함께 생각하기 때문이다.

배움의 공동체 수업이란 폭발성 물질이다. 왜냐하면 학생의 태도에 따라 터지거나 터지지 않기 때문이다.

배움의 공동체 수업이란 야누스의 두 얼굴이다. 왜냐하면 초반에는 금방 친해질 수 있는 좋은 점이 있지만 나중에는 집중하지 않고 모이면 떠들고 장난치며 수업을 방해하기 때문이다.

배움의 공동체 수업이란 친목을 위한 것이다. 왜냐하면 친구들과 마주 보며 수업을 하니 친해지기 때문이다.

배움의 공동체 수업이란 겉멋이다. 왜냐하면 어른들은 이걸 보고 뿌듯해하기 때문이다.

이런 응답은 당시 우리 수업의 여러 측면을 아이들 입장에서 잘 표현한 것이었다. 셋째 해가 끝나가던 최근에는 이런 우리 수업에 대한 아이들의 인식 조사를 했다. 한울중학교 1학년, 2학년, 3학년 전교생을 대상으로 다음과 같은 설문지를 돌렸다.

"우리 학교의 수업"에 대한 설문 조사

우리 학교에서는 자리 배치를 ㄷ자 모양으로 했고, 아이들이 모둠에서 협력하며 배우는 수업을 하려고 했습니다. 다음 물음에 대해 한 곳에 O 표시해 주세요.

	설문 문항	매우 그렇다	그렇다	보통이다	그렇지 않다	매우 그렇지 않다
우리 학교의 수업 방식에 대해	우리 학교의 수업 방식은 다른 학교와 많이 다르다					
	우리 학교에서는 아이들이 모둠에서 협력하며 배우게 하는 수업을 많이 했다.					
	우리 학교 선생님들은 수업을 잘하기 위해 많이 노력하고 있다.					
수업 시간에 대한 흥미	모둠에서 이야기하는 것이 흥미 있었다.					
	수업 시간에 친구의 발표를 듣는 것이 흥미 있었다.					
	수업 시간에 나도 기회가 있으면 발표를 해보고 싶었다.					
	모둠 활동, 발표, 토론 하는 수업을 해서 공부에 흥미를 가지게 되었다.					
	모둠 활동, 발표, 토론 하는 수업이 선생님이 설명을 많이 하는 수업보다 좋다.					

수업 시간의 배움	모둠에서 이야기하도록 하는 것이 배우는 데 도움이 되었다.					
	다른 아이의 발표를 듣고 논의하는 것이 배우는 데 도움이 되었다.					
	빽빽하지 않고 핵심 과제를 주로 제시한 활동지가 공부에 도움이 되었다.					
	다소 어려운 문제를 모둠으로 해결하게 한 것은 배우는 데 도움이 되었다.					
	선생님의 설명이 적고, 모둠 활동을 하고 발표하고 토론하는 수업을 해서 더 잘 배웠다.					
	만약, 다시 중학교에 입학한다면 우리 학교와 같은 수업을 하는 학교로 입학하고 싶다.					
수업과 친구들과의 관계	모둠 활동을 하면서 친구들을 더 잘 이해하게 되었다.					
	이런 수업을 하면서 아이들이 서로 이해하게 되어 왕따나 싸움이 줄어들었다.					
자리 배치에 대해서	ㄷ 자 자리 배치가 잘 배우는 데 도움이 되었다.					
	후배들도 계속 ㄷ 자 자리 배치를 하는 것이 좋다.					

공개 수업에 대해 어떻게 생각하나요?	

	좋았던 점	아쉬웠던 점
수업에 대해 하고 싶은 말		

아이들의 응답 결과를 요약하면 다음과 같다.

'매우 그렇다'와 '그렇다' 등 긍정적인 응답이 많았는데, 특히 3학년에 가장 많았고, 2학년, 1학년 순이었다. 학년이 올라갈수록 긍정적인 의견이 더 많았다.

3학년은 긍정적인 응답이 52~70%, 부정적인 응답('그렇지 않다'와 '매우 그렇지 않다')이 5~15%로 긍정적인 의견이 매우 우세했고, 2학년은 그보다 다소 적었으며, 1학년은 긍정적인 응답이 35~59%, 부정적인 응답이 5~22%였다.

모든 학년에서 '수업 시간에 대한 흥미'보다는 '수업 시간의 배움' 항목의 평점 평균이 근소하게 높았다.

이런 결과를 두고 교사들은 우리 학교의 수업 혁신에 대하여 아이들이 긍정적으로 생각하고 있다고 해석했고, 수업 혁신은 1년으로는 부족하고 2학년, 3학년으로 계속 이어갈 때에 효과가 나타난다고 해석했다. 또한, 아이들이 '수업 시간의 배움' 항목에 높은 반응을 보이고 있는 것이 신선하게 다가왔다. 교육 관련 많은 논문에 따르면 학년이 올라갈수록 교과의 내용에 대한 흥미가 낮아지는 것을 볼 수 있다. 그런데 학년이 올라갈수록 흥미와 배움 등에서 긍정적인 응답이 많아진 것은 의미 있는 결과라고 생각한다.

우리가 하려는 수업이 더 나은 수업인가?

얼마 전에는 '우리가 하려는 수업이 더 나은 수업인가?'에 대해서 몇 분이 이야기를 나누었다.

> 그것을 지금 치르는 시험 성적으로 비교하여 알아보는 것은 타당하지 않다고 생각해요. 그러나 만약 수업 시간에 아이들이 어떻게 참여하는지를 관찰하여 비교한다면, 성적 이외의 측면에서 비교할 수는 있어요. 아마도 우리 수업에서는 기존의 교사 중심 강의식 수업을 할 때보다 아이들의 표정이 밝을 것이고, 더 많은 아이들이 수업에 참여하고, 수업 중에 아이들의 더 생기 있고 깊이 있는 의견을 들을 수 있을 것이니까요.

단편적인 지식 평가가 주된 것인 보통의 학교 시험 성적으로 비교하는 것은 타당하지 않다. 물론 지식을 습득하는 것도 한 가지 목표이다. 그러나 아이들이 서로 소통하며 배우는 능력을 기르는 것, 그리고 이렇게 해서 내용을 더 깊고 넓게 배우는 것도 우리가 하려는 수업의 큰 목표이다. 후자는 보통의 학교 시험에서는 평가하지 않고 있기 때문이다.

사라지지 않기를 바라며

수업 혁신과는 거리가 먼 학교의 현실

2012년 초에 경북 지역 교사들에게 우리 학교의 '범교과 수업모임을 통한 수업의 공동 설계'라는 수업 혁신 방법을 소개할 기회가 있었다. 교사들은 열심히 물어가면서 관심을 가지고 들었는데, 마지막 즈음에 가서 한숨을 쉬는 교사를 발견했다.

"선생님 왜 한숨을 쉬세요?"
"아! 우리 학교에서는 하기 힘들 것 같아서요. 방과 후 학교를 매일 5시까지 해요. 그러니까 교사들이 수업 이야기를 할 시간이 없을 것 같아요."

그 말을 들은 남영재 선생님은 할 말이 없었다. 수업 혁신 노력을 하기에는 너무나도 어려운 조건이었기 때문이다. 우리 학교는 혁신학교를 신청할 때 수업 혁신을 위한 시간을 마련하기 위해 학기 중에는 방과 후 교과 수업을 하지 않기로 의견을 모았다. 이로 인해 학기가 시작되었을 때, 선생님들이 오후에 수업모임을 할 수 있었다. 그리고 수업 혁신의 한 축인 공개 수업을 안정적으로 할 수 있었던 것도 수요일을 5교시까지만 하기로 학교 차원에서 정했기 때문이었다. 행정 보조사를 2명 채용하여 공문서 처리 등 많은 행정 작업과 각종 통계, 수합 등 잡무를 행정 보조사가 하도록 한 것도 큰 영향을 미쳤다.

　이 모든 것을 가능하게 했던 것은 우리 학교가 '혁신학교'로 지정된 것이었다. 혁신학교가 아닌 학교들의 상황을 보면 우리 학교의 지금 상황이 앞으로도 지속적으로 유지되고 발전될 것이라고 낙관할 수 없다.

> 　공강 시간에는 교내 메신저 확인하고, 밀린 일들을 처리한다. 그러다 수업 시작종이 치면 하던 일을 얼른 마무리하고 정신없이 책과 활동지를 챙긴다. 몇 반 수업인지 확인하고 교실로 올라간다. 어딜 가르쳐야 하는지, 어떤 학생이 있는 반인지, 지난 시간에 특이한 점은 어떤 게 있었는지 이런 것들이 전혀 생각나질 않는다. 머릿속이 아직 수업 모드로 전혀 들어가지 못했다. 이런 상태로 교실에 들어가려니 참 내키지 않는다.
> 　쉬는 시간이나 공강 시간은 공부에 관심 적은 아이들과의 수업을 준비하는 시간이 되는 것이 맞다. 그런데 위와 같다 보니 그런 시간이 오히려 수업이나 아이들에 대한 생각으로부터 멀어지게 하는 시간이 된다.
> 　교내 메신저로 날아오는 내용에 대처하는 생활은 쉬는 시간만이 아니다. 아침에 와서 1교시 전까지도 그렇고, 종례 후 퇴근 전까지도 그렇다. 계속 수업을 잘 하도록 지원받는 것이 아니라 거꾸로 계속 방해받고 있다.

　이것은 혁신학교가 아닌 일반 학교에 근무하는 어느 교사의 하소연이었다. 따라서 수업 혁신을 이야기하는 혁신학교들은 마치 섬과 같다. 수업 혁신을 할 수 없는 학교들에 둘러싸여 있는 매우 위태로운 섬이다.

일반 학교에서는 교장, 교감 선생님으로부터 수업에 대한 이야기를 들을 수가 없다. 주로 처리해야 하는 행정에 대한 이야기만 듣는다. 교사들이 서로 나누는 대화에도 '수업 이야기'는 마치 거짓말처럼 쏙 빠져 있다. 교사들에게 다가오는 대부분의 일들은 수업에 집중하는 것을 방해하는 것들인 것이 현실이다.

"다른 학교로 가도 이런 학생 중심 수업을 계속할 것 같아요."

이것이 얼마나 실효성 있는 것인지 속단할 수도 없다. 최근 다른 학교의 어느 50대 교사는 우리 학교의 수업 혁신 상황을 듣고 다음과 같이 말했다.

> 모둠 수업, 젊었을 때 나도 많이 했지. 그런데 잘 안되고
> 그래서 지금은 강의식으로 하고 있어요.

지금 우리의 모습이 이 선생님의 과거 한때의 모습일 수도 있기 때문이다. 그런데 현재로서는 그보다는 좀 더 나은 듯하다. 얼마 전 수업모임을 같이 해오던 우리 학교의 젊은 선생님과 다음과 같은 대화를 나눴다.

> "선생님은 만약 다른 학교로 간다면 여기서 해오던 학생
> 중심 수업을 계속할 건가요?"

"네, 그때 가 봐야 알겠지만, 지금 생각으로는 계속할 것 같아요. 아이들과의 관계도 좋고 수업 시간이 행복하거든요."

수업 시간이 전보다 나아졌고, 그것을 해나갈 힘도 어느 정도 생긴 것처럼 느껴졌다. 그래도 많은 시간이 지나 봐야 알 것이다. 그러나 이것이 사라지지 않고 오래도록 남을지, 학교의 담을 넘어 퍼져나갈 수 있는지는 두고 보아야 한다. 그 길은 무척 험난할 것 같다.

이번 수업 혁신은 지속되기를

어려움은 분명히 존재하지만, 우리가 경험했고, 또 하고 있는 수업 혁신이 존재한다. 그것은 아이들이 주체가 되어 배워가는 수업이었고, 수업 시간에 교사와 아이들이 모두 행복해지는 방법이었다. 과거에도 새로운 수업을 위한 노력이 있었고, 일부는 성과도 있었다. 그러나 그러한 노력과 성과로 우리나라 초·중·고등학교의 전체 수업이 어떤가를 보았을 때 충분한 것은 아니었다. 이런 상황에서 지금 다시 새로운 수업을 향한 노력이 시작되었고, 적어도 우리 학교에서는 어느 정도 성과를 거두었다. 마치 선악과를 따먹어서 그 전으로 돌아갈 수 없는 이브와 같이 이번 수업 혁신의 경험이 과거의 일방적인 교사 주도의 수업으로 돌아갈 수 없는 교사를 만들 수는 없을까? 이런 기대를 해 보지만 어려울 것이다. 그러나 어떤 식으로든 앞서 기술한 새로운 모습들이 완전히 없었던 일처럼 사라지지는 않기를 바란다.

삶과 교육을 바꾸는
맘에드림 출판사 교육 도서

나는 혁신학교에 간다

경태영 지음 / 값 14,000원

공교육을 바꾸겠다는 거대한 희망을 품고 시작된 '혁신학교'. 이 책은 일곱 개 혁신학교의 이야기를 담고 있다. 지금 우리 교육이 변화하는 생생한 현장의 모습과 아이들이 꿈을 키우고 행복하게 공부하는 희망의 터로 새롭게 자리매김하는 학교들을 이 책에서 만날 수 있다.

혁신학교란 무엇인가

김성천 지음 / 값 15,000원

교육 공동체가 만들어내는 우리 시대 혁신학교 들여다보기. 혁신학교 전반에 관한 이야기를 다루고 있는 책으로, 공교육 안에서 혁신학교가 생기게 된 역사에서부터 혁신학교의 핵심 가치, 이론적 토대, 원리와 원칙, 성공적인 혁신학교의 모습을 보이고 있는 단위 학교의 모습까지 담아냈다.

학부모가 알아야 할 혁신학교의 모든 것

김성천, 오재길 지음 / 값 15,000원

학부모들을 위한 혁신학교 지침서!
'혁신학교에서는 무엇을, 어떻게 가르치고 있는지, 교사 · 학생 · 학부모는 어떻게 만나서 대화하고 관계를 맺어가는지, 어떤 교육 목표를 지향하고 있는지 등 이 책은 대한민국 학부모들의 궁금증에 친절하게 답을 한다.

덕양중학교 혁신학교 도전기

김삼진 외 지음 / 값 14,500원

이 책의 1부는 지난 4년 동안 덕양중학교가 시도한 혁신과 도전, 성장을 사실과 경험에 기반한 스토리텔링 방식의 성장기로 전개하고 있다. 그리고 2부는 지역사회와 협력하여 펼치고 있는 교육 프로그램, 배움의 공동체 수업 등을 현장 사례 중심의 교육적 에세이 형태로 담고 있다.

학교 바꾸기 그 후 12년

권새봄 외 지음 / 값 14,500원

MBC PD 수첩에 방영되어 화제가 되었던 남한산초등학교. 아이들이 모두 행복하고, 얼굴 표정이 밝은 아이들. 학교 가는 것을 무엇보다 좋아하고, 방학을 싫어하는 아이들. 수업과 발표를 즐겼던 이 학교를 졸업한 아이들이 그 후 12년의 삶을 세상에 이야기한다.

교사와 학부모가 함께 읽는 주제 통합 수업

김정안 외 지음 / 값 15,000원

'서울형 혁신학교'로 지정된 7개 혁신학교들이 지난 1~2년 동안 운영한 주제 중심 통합 교육 과정과 수업 사례를 소개한 책이다. 이 학교들의 교육과정은 전국적으로 이루어지는 혁신학교들의 성과를 반영하였고, 자신의 지역사회의 실제 환경과 경험을 살려 실제 수업에 적용한 것이다.

혁신교육 미래를 말한다

서용선 외 지음 / 값 14,000원

혁신교육은 2009년 이후 공교육 되살리기의 새로운 희망이 되어왔다. 이러한 정책을 입안하고 추진하는 데 기여해왔던 6명의 교사 출신 연구자들이 혁신교육 발전에 필요한 정책 과제들을 모아 하나의 책으로 제시한다. 이 책은 교육철학, 교육과정, 교육행정과 학교 운영(거버넌스) 등에서 주요 이슈들을 정리하고 혁신교육의 성과와 과제가 무엇인가를 보여준다.

수업을 살리는 교육과정

서우철 외 지음 / 값 16,500원

최근 교육과정을 재구성하는 논의가 활발한 가운데, 이 책에서는 개별 교과목과 교과서의 형식에 얽매이지 않고 아이들의 발달을 고려하여 주제를 중심으로 교육과정을 재구성하여 통합적으로 운영하는 방법과 구체적인 실천 사례를 설명하고 있다. 이러한 과정은 같은 학년을 맡고 있는 교사들의 토론과 협력을 통해서 이루어진 것임을 이야기한다.

수업 딜레마

이규철 지음 / 값 14,000원

이 책을 관통하는 키워드는 '사람'이다. 저자의 노하우를 전수하는 것이 아니라, 수업 속에서 딜레마에 맞닥뜨려 고통받고 있는 선생님들의 고민을 담고, 신념을 담고, 그것을 이겨내기 위한 한 분 한 분의 마음을 담고 있다. 이런 고민 속에 이 책을 집어 든 나를 귀하게 여기며 다시 한 번 교사로 잘 살아보고 싶은 도전을 하게 한다.

좋은 엄마가 스마트폰을 이긴다

깨끗한미디어를위한교사운동 지음 / 값 13,500원

스마트폰에 대한 아이들의 집착은 대단하다. 스마트폰은 '재미있고 편리하다.' 그러나 스마트폰 때문에 아이들은 시간을 빼앗기고, 건강이 나빠지고, 대화가 사라지며, 공부와 휴식, 수면마저 방해를 받는다. 이 책은 이러한 사례들을 생생하게 소개하고 부모들에게 아이들의 스마트폰 사용에 어떻게 대응해야 하는지 대안을 제시한다.

엄선생의 학급운영 레시피

엄은남 지음 / 값 14,000원

34년 경력의 현직 교사가 쓴 생동감 넘치는 학급운영 지침서. 초등학교에서 아이들은 문자와 숫자를 익히는 것보다 학교와 교실에서 낯설고 모험적인 사건을 겪으면서 더 많은 것을 배운다. 이 책은 초등학교에서 교과서 지식보다 더 중요한 역할을 하는 학교생활과 학급문화를 만드는 데 담임교사의 역할을 다룬다. 교사와 아이들이 서로 존중하고 신뢰하는 관계를 어떻게 만들어야 하는지 구체적인 경험과 사례로 설명해준다.

진짜 공부

김지수 외 지음 / 값 15,000원

혁신학교가 추구하는 '진짜 공부'와 '진짜 스펙'이 무엇인지 보여주는, 졸업생들의 생동감 넘치는 경험담. 12명의 졸업생들은 학교에서 탐방, 글쓰기, 독서, 발표, 토론, 연구, 동아리, 학생회 활동을 통해 자신들이 생각하지도 못한 진짜 공부를 경험했음을 보여준다. 이 책을 통해 수능시험이 아니라 정말로 청소년 스스로 하고 싶을 즐기면서 성장하는 것이 우리 사회에 필요한 것임을 새삼 느낄 수 있다.

아이들이 가진 생각의 힘

데보라 마이어 지음 / 정훈 옮김 / 값 15,000원

미국 공교육 개혁의 전설적 인물 데보라 마이어가 전하는 교육 개혁에 대한 경이롭고도 신선한 제언. 이 책은 학교 혁신의 생생한 기록을 통해 우리가 학교에서 무엇을 왜 가르치고 배워야 하는지에 대한 근원적인 성찰을 담고 있다. 아이들이 지성적으로 생각하는 마음의 습관을 배우는 것이 얼마나 중요하고 그것을 위해 학교가 무엇을 해야 하는지를 일깨워준다.

어! 교육과정? 아하! 교육과정 재구성!

박현숙·이경숙 지음 / 값 16,500원

교육과정 재구성을 고민하는 교사를 위한 현장 지침서. 이 책은 저자들이 학교 현장에서 교육과정 재구성이라는 화두를 고민하고, 실행한 사례들이 담겨져 있다. 책의 내용은 주제 통합 수업, 교과 통합 수업, 범교과 주제 학습, 교과 체험 학습, 프로젝트 수업 등 학교 현장에서 적용해 큰 성과를 본 것들을 세밀하게 소개하면서 교육과정 재구성 작업의 노하우를 펼쳐 보인다.

행복한 나는 혁신학교 학부모입니다

서울형혁신학교학부모네트워크 지음 / 값 16,000원

이 책은 학부모가 자신의 눈높이에서 일러주는 아이들의 혁신학교 적응기일 뿐 아니라, 학부모 역시 학교를 통해 자신의 삶을 고양시켜가는 부모 성장기라는 점에서 대한민국의 모든 학부모에게 건네는 희망 보고서이기도 하다. 혁신학교가 궁금한 학부모들이 이 책을 통해 혁신학교 학부모로서의 체험을 미리 하는 데 부족함이 없을 것이다.

일반고 리모델링 혁신고가 정답이다

김인호, 오안근 지음 / 값 15,000원

교육 환경이 열악한 지역에 있던, 서울의 한 일반계 고등학교가 혁신학교로서 4년간 도전과 변화를 겪으면서 쌓은 진로, 진학의 비결을 우리 사회 모든 학생, 학부모, 교사, 시민 등에게 낱낱이 소개해주는 책. 이 책은 무엇보다 '혁신학교는 대학 입시에 도움이 안 된다.'는 세간의 편견을 말끔히 떨어 없앤다. 이 책에서 저자들은 '결과' 중심 교육과정을 '과정' 중심으로 바꾸고, 교내 대회와 동아리 활동, 봉사 활동을 장려함으로써 대학 진학이란 놀라운 결과가 어떻게 이루어질 수 있었는지 보여주고 있다.

우리가 신뢰하는 학교, 어떻게 만들 것인가?

데보라 마이어 지음 / 서용선 옮김 / 값 15,000원

이 책의 저자인 데보라 마이어는 보수와 진보를 막론하고 미국 공교육 개혁 분야에서 가장 신뢰받는 실천가이자 이론가로 평가받는다. 학교 안에서 '신뢰의 붕괴'를 오늘날 공교육이 직면한 가장 큰 도전으로 인식한다. 이 책의 원제 'In Schools We Trust'에서 나타나듯, 저자는 신뢰할 수 있는 공교육의 조건이 무엇인지 자신의 경험 속에서 제안하고, 탐색하고, 성찰한다.

교사, 어떻게 살아야 하는가

김성천 외 지음 / 값 15,000원

오랫동안 교육 현장에서 교육과 연구를 병행해온 저자 5인이 쓴 '신규 교사를 위한 이 시대의 교사론'. 이 책은 학교 구성원과의 관계 맺기부터 학교 현장에서 맞닥뜨리게 되는 여러 가지 문제들과 극복 방법, 교육 개혁에 어떻게 주체로 설 수 있는지, 어떤 과정을 통해 개인의 성장을 도모해야 하는지 등 신규 교사의 궁금점에 대해 두루 답하고 있다.

리셋, 교육과정 재구성

서울신은초등학교 교육과정 연구회 모임 지음 / 값 16,000원

서울형 혁신학교인 서울신은초등학교 교사들이 1학년부터 6학년까지 모든 학년의 교육과정을 재구성하고 실천한 경험을 모두 담았다. 이 책에 소개된 혁신학교 4년의 경험은 진정한 학습이란 몸과 마음을 통해 경험함으로써, 생각이나 감정을 다른 사람과 주고받음으로써, 과거 경험을 새로운 지식으로 다시 생각함으로써 실현된다는 점을 잘 보여주고 있다.

다섯 빛깔 교육이야기

이상님 지음 / 값 16,000원

충북 혁신학교(행복씨앗학교)인 청주 동화초등학교의 동화 작가 출신 선생님이 아이들과 함께 보낸 한해살이 이야기다. 이오덕 선생의 "아이들의 삶을 가꾸는 교육"을 고민하던 저자가 동화초 아이들을 만나면서 초등학생의 특성에 맞도록 활동 중심의 교육과정을 재구성하는 한편, 표현 위주의 교육을 위한 생활 글쓰기 교육을 실천하면서, 학교 교육을 아이들의 놀이와 생활, 삶과 연결시키고자 노력한 교단 일지를 바탕으로 구성되었다.

만들자, 학교협동조합

박주희 · 주수원 지음 / 값 14,500원

이 책은 학교협동조합이 무엇인지, 어떤 유형의 학교협동조합이
가능한지, 전국적으로 현재 학교협동조합의 추진 상황은 어떠한지
국내외 사례를 통해 소개하고 안내하는 한편, 학교협동조합을
운영하는 원리와 구체적인 교육방법을 상세하게 풀어놓고 있다.
저자들의 실천적 지침들을 따라가다 보면 학교협동조합은 더 이상
상상이 아니라 학교 구성원의 필요와 의지, 실천으로 극복할 수
있는 실현 가능한 미래라는 점을 알게 된다.

땀샘 최진수의 초등 수업 백과

최진수 지음 / 값 21,000원

초등학교에서 20여 년간 아이들을 가르쳐온 저자가 초등학교
수업에 대해서 기록하고 연구하고 실천하며 쌓아온 경험을
바탕으로 초등학생들과 수업을 함께하는 방법을 담고 있다.
아이들의 학습 동기, 아이들이 수업에 참여하는 방법, 칠판과
공책을 사용하는 방법, 모둠 활동, 교과별 수업, 조사와 발표
등 초등학교 교사가 아이들을 가르칠 때 알아야 할 가장
기본적이면서도 가장 중요한 모든 것을 다루고 있다.

혁신 교육 내비게이터 곽노현입니다

곽노현 편저 · 해제 / 값 17,000원

서울시 18대 교육감이자 첫 번째 진보 교육감으로서 혁신 교육을
펼쳤던 곽노현은, 우리 사회 전반을 아우르는 주요 교육 현안들을
이 책에서 포괄적으로 다루고 있다. 2014년 3월부터 1년간
방송된 교육 전문 팟캐스트 '나비 프로젝트' 인터뷰에 출연한
전문가들과 나눈 대화와 그에 대한 성찰적 후기를 담고 있다. 이
책은 그야말로 우리가 '지금 알아야 할 최소한의 교육 이야기'를
포괄하고 있다.

무엇이 학교 혁신을 지속가능하게 하는가

권성호, 김현철, 유병규 정진헌, 정훈 지음 / 값 14,500원

독일 '괴팅겐 통합학교', 미국 '센트럴파크이스트 중등학교', 한국
혁신학교의 사례들을 통해 성공적인 학교 혁신의 공통점을
찾아내고 그것을 지속가능하도록 만들기 위해서 필요한 것은
무엇인지를 보여준다. 독자들은 이 책에서 괴팅겐 통합학교의
볼프강 교장이 말한 것처럼 "좋은 학교"를 만들기 위한 학교
혁신에 세계적으로 보편적이라고 할 만한 공통점을 찾을 수 있다.

교과를 꽃 피게하는 독서 수업

시흥 혁신교육지구 중등 독서교육 연구회 지음 / 값 16,500원

이 책은 지난 5년 동안 진행된 혁신교육지구 사업의 일환으로 학교에서 고군분투하며 독서교육을 이끌어왔던 독서지도사들이 실천 경험을 엮어낸 것으로 청소년기 학생들에게 장래 진로, 사랑, 우정, 삶의 지혜를 찾는 데 도움을 주는 독서교육을 잘 보여주고 있다. 특히 이 책에 소개된 국어, 수학, 과학, 사회, 도덕, 미술, 역사 등 다양한 교과와 연계한 협력수업은 독서교육의 새로운 전망을 보여주는 결실이다.

혁신학교의 거의 모든 것

김성천, 서용선, 홍섭근 지음 / 값 15,000원

저자들은 이 책에서 혁신학교에 대한 100가지 질문에 답하면서 혁신학교의 역사, 배경, 현황, 평가와 전망을 구체적인 증거를 통해 설명하고 있다. 이 책에 서술된 혁신학교에 관한 100문 100답을 통하여 우리 사회에 필요한 교육은 무엇인지, 교사와 학생들이 더 즐겁게 가르치고 배우면서 성장할 수 있는 교육을 위해 필요한 것이 무엇인지, 그것을 위해서 우리 사회 시민 각자가 자신의 위치에서 무엇을 하면 좋은가를 더 깊이 생각해볼 기회를 얻을 것이다.

교실 속 비주얼씽킹

김해동 / 값 14,500원

이 책은 비주얼씽킹 기본기부터 시작하여 교과별 수업, 생활교육, 학급운영 등에 비주얼씽킹을 응용하는 방법을 설명하고 있다. 특히 교사들이 초등학교 1학년부터 고등학교 3학년까지 국어, 수학, 영어, 과학, 사회 등 모든 교과 수업에 비주얼씽킹을 활용할 수 있도록 수업 지도안을 상세하면서도 간결하게 제시하고 있다. 또한 독자들이 책 내용에 대해 더욱 풍부한 이미지와 자료를 접할 수 있도록 저자의 블로그로 연결되는 QR코드를 담고 있다.

교육과정-수업-평가 어떻게 혁신할 것인가

이형빈 지음 / 값 15,500원

이 책은 교육과정 사회학자 번스타인(Basil Bernstein)이 제시한 '재맥락화(recontextualized)'의 관점에 따라 저자가 장기간에 걸쳐 일반 학교 한 곳과 혁신학교 두 곳의 수업을 현장에서 면밀하게 관찰하고 심층 인터뷰와 설문조사를 통한 연구를 바탕으로 무기력과 불평등을 재생산하는 교실을 민주적이고 평등한 구조로 바꾸기 위해 교육과정-수업-평가를 어떻게 혁신해야 하는지 제안하는 내용을 담고 있다.

혁신학교 효과

한희정 지음 / 값 15,000원

이 책에서 혁신학교 효과를 살펴보기 위해서 저자는 혁신학교가 OECD DeSeCo 프로젝트에 제시된 '핵심 역량'을 가르치고 있는지, 학생·학부모·교사가 서로 배우는 교육 공동체를 이루고 있는지, 학생의 발달을 위한 다양한 교육과정을 운영하고 있는지, 교사의 자율성과 전문성을 강화하고 있는지, 자치적이고 민주적인 학교문화를 가지고 있는지, 지역사회와 협력하고 있는지를 다른 일반 학교와 비교하여 설명한다.

교실 속 생태 환경 이야기

김광철 지음 / 값 15,000원

아이들이 자연과 친해지고 즐길 수 있도록 교육하는 것은 쉬운 일이 아니다. 특히 도시 지역에서는 더욱 어렵다. 그래서 이 책은 도시 지역 학교에서도 쉽게 실천에 옮길 수 있는 다양한 생태·환경교육을 폭넓게 다루고 있다. 이 책에서 저자는 계절에 따라 할 수 있는 20가지 환경교육 프로그램을 제시하고, 그 방법, 순서, 재료 등을 상세히 설명해준다

이제는 깊이 읽기

양효준 지음 / 값 15,000원

교과서에는 수많은 예화와 발췌문이 들어가 있다. 이런 자료들은 교육부가 교육과정에서 요구하는 기준에 맞춰 어떤 이야기, 소설, 수필, 논픽션 등에서 일부만 가져온 토막글이다. 아이들은 교과서에 수록된 작품이나 이야기 전체를 읽지 못한 상태에서 단편적인 지문만 읽고 이해를 해야 하기 때문에 책을 읽으면서 생각하고 공감할 수 있는 기회와 흥미를 찾을 수 없게 된다. 이 책은 이러한 문제를 개선하기 위해서 한 권이라도 책 전체를 꾸준히 읽어가는 방법인 '깊이 읽기'를 대안으로 소개하고 있다.

인성의 기초가 되는 초등 인문학 수업

정철희 지음 / 값 15,500원

이 책은 아이들의 올바른 인성 교육을 위한 새로운 방법으로서 인문학 수업을 제시하고 있다. 이 책에서 설명되고 있는 인문학 수업은 교사가 신화, 문학, 영화, 그림, 역사적 인물의 일대기 등에서 이야기를 찾아 아이들에게 제시하고, 아이들이 그 이야기에 나오는 여러 문제와 인물 등에 대해 자신의 감정을 스스로 공책에 기록하고 일상의 경험과 비교하고 토의와 토론을 통해 자신의 생각을 발전시키는 수업이다.

수업, 놀이로 날개를 달다

박현숙, 이응희 지음 / 값 13,500원

이 책은 교육계에서 최근 가장 중요한 과제로 삼고 있는, OECD의 여덟 가지 핵심 역량(DeSeCo)에 따라 여러 놀이들을 분류해서 설명하고 있다. "놀이에 내재된 긴장의 요소는 사람의 심성, 용기, 지구력, 총명함, 공정함 등을 시험하는 수단이 되므로" 그것은 학생들의 역량을 키우는 수단이 된다. 이 책의 저자들은 수업이 놀이를 만났을 때 어떻게 핵심 역량이 강화되는지 이야기하고 있다.

더불어 읽기

한현미 지음 / 값 13,500원

이 책은 교사들이 학습공동체를 통해 교직의 전문성과 자율성을 새롭게 발견하며 성장하는 이야기를 다룬다. 우리 사회의 기존 교육 제도는 효율성이라는 명분으로 교사들을 통해 아이들에게 경쟁을 강요하면서 교사들 역시 서로 경쟁하도록 만드는 시스템을 가지고 있다. 이 책에서 저자는 이러한 비인격적인 제도와 환경 아래서 교사들이 교사로서 행복을 되찾기 위해서는 교사들끼리 서로 협력하며 같이 배우면서 아이들과 함께 성장할 수 있어야 한다고 말한다.

땀샘 최진수의 초등 글쓰기

최진수 지음 / 값 17,000원

글쓰기가 아이들에게 필요한 중요한 것이 되려면 먼저 솔직하게 써야 한다. 모르는 것은 '모른다', 잘못은 '잘못이다', 싫은 것은 '싫다', 좋은 것은 '좋다'고 솔직하게 드러낼 때 글쓰기는 아이가 성장하는 디딤돌이 될 수 있다. 그리고 이것은 가르치는 교사에게도 적용된다. 지도하는 사람과 지도받는 사람이 따로 있는 것이 아니라 함께 쓰고 함께 나누면서 서로 성장을 돕는 것이다.

성장과 발달을 돕는 초등 평가 혁신

김해경, 손유미, 신은희, 오정희,
이선애, 최혜영, 한희정, 홍순희 지음 / 값 15,500원

이 책은 교육적 대안을 마련하기 위해 혁신학교에서 지난 5~6년 동안 초등학생의 성장과 발달을 돕는 평가를 실천해온, 현장 교사 8명이 자신들의 지혜와 경험을 모아 놓은 최초의 결실을 담고 있다. 독자들은 이 책을 통해 평가는 시험이 아니며 교육과정과 수업의 연장으로서 아이들의 잠재력을 측정하고 적절한 조언을 제공한다는 원래의 목표를 되살리는 첫걸음을 찾을 수 있을 것이다.

수업 코칭

이규철 지음 / 값 15,500원

가르치는 일을 함으로써 학생들의 배움을 돕는 교사들에게 수업은
시간적으로도, 공간적으로도 학교에서 자신이 하는 일의 중심을
이룬다. 그래서 수업에 관한 고민은 교과를 가리지 않고 교사들에게
일반적으로 드러난다. 교사들은 공통의 문제로 씨름하게 된다.
최근에 그 공통의 문제를 교사들이 함께 풀어 나가자는 흐름이
곳곳에서 일어나고 있다. 이 책은 그중에서도 '수업 코칭'이라는
하나의 흐름을 다룬다.

교사들이 함께 성장하는 수업

서동석·남경운·박미경·서은지,
이경은·전경아·조윤성 지음 / 값 15,000원

이 책은 아이들의 배움에 중점을 둔 수업을 위해 구성한 교사
학습공동체로서, 서로 다른 여러 교과 교사들이 수업을 디자인하고
연구하는 '수업 모임'에 관해 다룬다. 수업 모임 교사들은 공동으로
교과 수업을 디자인하고, 참관하고, 발견한 내용을 공유하고
평가하는 피드백을 통해 수업을 개선해간다. 그리고 이러한
실천이 쌓여가면서 공개수업을 준비하는 방법과 절차는 더욱
명료해지고, 수업설계는 더욱 정교해진다.

땀샘 최진수의 초등 학급 운영

최진수 지음 / 값 19,000원

이 책의 저자는 학급운영의 출발은 아이들을 '가르치는 대상'에서
'존중받는 존재'로 바라보는 것에서 시작해야 한다고 이야기한다. 또한
아이들과 함께하면서 교사는 성장한다. 이러한 성장은 시간이 흐르고
경력이 쌓인다고 이뤄지는 것이 아니라 여러 가지 어려운 문제를 헤쳐
나가며 교사 스스로 자신을 되돌아보고 성찰할 때 비로소 아이들과
함께하는 올바른 학급운영이 이루어진다고 말한다.

당신의 교육과정-수업-평가를 응원합니다

천정은 지음 / 값 14,500원

이 책은 빛고을혁신학교인 신가중학교에서 펼쳐진, 학교교육
혁신 과정과 여전히 완성되지 않은 그 결과를 다루고 있다.
드라마 〈대장금〉에 나오는 '신비'의 메모가 보여준 것과 같이 교육
문제를 여전히 아리송한 것처럼 적고, 묻고, 적기를 반복하며
다가가는 것이다. 저자인 천정은 선생님은 이 책을 통해 자신의
수업이 앞으로도 교육의 본질에 더 가깝게 계속 혁신되기를
바라고 있다.

에코 산책 생태 교육

안만홍 지음 / 값 16,500원

오늘날 인류에게는 에너지와 자원을 대량으로 소비하는 생활양식이 보편화되어 있다. 이러한 생활양식은 자연을 파괴하고 수많은 환경 문제를 야기하고 있다. 이 책은 그러한 생태 교육을 위해 필요한 내용을 다루고 있다. 아이들이 지구 환경을 다시 복원하기 위해서 갖춰야 할 것은 관찰하고 기록하고 어떤 과학적 추론을 이끌어내는 능력이 아니라, 오감을 통해 스스로 자연을 느끼고, 자연의 소중함을 배우는 것이다.

I Love 학교협동조합

박선하 외 지음 / 값 13,000원

학교에 협동조합을 만드는 일에 참여했던 학생들의 협동조합 활동과 더불어 자신과 친구들이 어떻게 성장했는지를 이야기한다. 글쓴이 중에는 중학교 1학년 때부터 사회복지사라는 장래 희망을 가지고 학교협동조합에 참여한 학생도 있고, 고등학교 3학년 때 참여하기 시작한 학생도 있다. '뭔가 재밌을 것 같다'는 호기심을 가지고 시작한 학생이 있는가 하면, 어떤 학생은 자의 반 타의 반으로 학교협동조합에 참여했다.

얘들아, 하브루타로 수업하자!

이성일 지음 / 값 13,500원

최근에는 공부 방식이 외우는 것에서 생각하는 것으로, 수업 방식은 교사 위주의 강의 수업에서 학생 위주의 참여 수업으로 많은 변화가 이루어지고 있다. 이는 4차 산업혁명 시대를 살아가야 할 학생들을 위해서는 당연한 것이다. 학교 교실에서 실제로 질문하고, 토론하는 하브루타 참여 수업의 성과를 담은 이 책은 하브루타 수업을 통하여 점점 성장해가는 아이들의 모습을 보여준다.

내면 아이

이준원·김은정 지음 / 값 15,500원

그동안의 상담 사례를 모아 부모·교사의 마음속에 숨어 있는 완벽주의, 억압, 방치, 거절, 징벌, 충동성, 과잉보호 등의 '내면 아이'가 자녀/학생과의 관계에서 어떠한 영향력을 행사하는지, 어떻게 갈등을 일으키는지 볼 수 있게 한다. 그 뿌리를 찾아 근원부터 치유하는 방법들은 필자의 경험을 바탕으로 종합한 것이다. 또한 임상 경험을 아주 쉽게 소개하여 스스로 자신의 '내면 아이'를 만나고 치유할 수 있도록 하는 데 중점을 두었다.

핵심 역량을 키우는 수업 놀이

나승빈 지음 / 값 21,000원

이 책은 [월간 나승빈]으로 유명한 나승빈 선생님의 스타일이 융합된 놀이책이다. 놀이 백과사전이라고 불러도 될 만한 이 책은 교실에 갇혀 넘치는 에너지를 발산하지 못하는 아이들과, 단순한 재미를 뛰어넘어 배움이 있는 수업을 고민하는 선생님을 위한 것이다. 본문에서는 수업 속에서 실천이 가능한 다양한 놀이를 제시하고 있다. 각각의 놀이들을 수업과 어떻게 연계할 수 있으며, 수업 놀이를 통해 어떤 역량을 키울 수 있는지 이야기한다.

교실 속 비주얼 씽킹 (실전편)

김해동 · 김화정 · 김영진 · 최시강,
노해은 · 임진묵 · 공세환 지음 / 값 17,500원

전 편이 교과별 수업, 생활교육, 학급운영 등에 비주얼씽킹을 응용하는 방법을 이론적으로 설명했다면, 《교실 속 비주얼씽킹 실전편》은 실제 초 · 중 · 고 학생을 대상으로 수업을 진행한 교사들의 활동지를 담았다.

수업 고민, 비우고 담다

김명숙 · 송주희 · 이소영 지음 / 값 15,500원

이 책은 수업하기의 열정을 잃지 않고 수업 보기를 드라마 보는 것만큼 재미있어 하는 3명의 교사가 수업 연구에 대한 이론적 체계가 아닌, 현장에서의 진솔한 실천 과정을 순도 높게 녹여낸 책이다. 이 속에는 수업에서 실패를 두려워하지 않는, 발랄한 아이들과 함께한 자신의 교실을 용기 있게 들여다보며 묵묵히 실천적 연구자로 살아가는 선생님들의 고민과 성장이 담겨 있다.

뮤지컬 씨, 학교는 처음이시죠?

박찬수 · 김준성 지음 / 값 12,000원

각고의 노력으로 학교 뮤지컬을 개척한 경험과 노하우를 소개한 책. 뮤지컬은 학생들의 삶을 보다 풍요롭게 만듦으로써 학교교육 위기의 대안으로 크게 주목받고 있다. 현장에서 바로 적용하고 고민할 수 있는 현재진행형의 살아 있는 지식이 담겨 있다.

어서 와, 학부모회는 처음이지?

조용미 지음 / 값 15,000원

두 아이의 엄마인 저자가 다년간 학부모회 활동을 하면서 알게
된 노하우와 그간의 이야기들을 담은 책. 학부모회 활동을 처음
시작하는 이들이나, 이미 학부모회에서 활동 중이지만 학교라는
높은 벽에 부딪혀 방향성을 고민 중인 이들에게 권한다.

학교협동조합 A to Z

주수원·박주희 지음 / 값 11,500원

'학교협동조합'의 설립 및 운영과 관련해 학생, 학부모, 교사들이
궁금해할 만한 이야기들을 질문과 답변 형식으로 풀어냈다. 강의
와 상담을 통해 자주 접하는 질문들로 구성했으며, 학교협동조합
과 관련된 개념들을 좀 더 쉽고 빠르게 이해하는 데 중점을 두었
다.

색카드 놀이 수학

정경혜 지음 / 값 16,500원

몸짓과 색카드로 초등학교 1학년부터 6학년까지 배우는 수와 연산을
익힐 수 있도록 가르치는 방법을 다룬다. 즉, 색카드, 수 놀이, 수 맵,
몸짓 춤, 스토리텔링, 놀이가 결합되어 아이들이 다양한 감각을 통해
몸으로 수학의 개념과 원리를 터득하게 하는 것이다. 놀이처럼 수학을
익히면서 개념과 원리를 터득해 나갈 때 아이들은 단순히 수학 지식을
배우는 것이 아니라 그것을 실제로 사용할 수 있는 지혜를 배운다.

처음부터 다시 시작하는 수업

민수연 지음 / 값 13,500원

1년 동안 아이들과 교사가 함께 행복한 교실을 만들어 나간
기록들이 담겨 있다. 교육의 본질과 교사의 역할, 교육관과
인간 본성에 관한 철학적 고민부터 구체적 방법론, 아이들의
참여와 기쁨에 이르기까지 교육과 관련된 다양한 요소가
버무려져 마치 한 편의 드라마 같다.

교육을 교육답게 우리교육 다시 세우기
최승복 지음 / 값 16,000원

20여 년간 교육부 공무원으로 정책을 연구하고 입안해온 저자가 우리 사회가 당면한 교육 문제의 본질과 대안을 명확하게 정리한 책. 저자는 표준화된 교육과정과 평가에 따라 학생들에게 획일성과 경쟁만 강조해왔던 과거의 교육을 단호히 비판하고 학생 개개인에게 맞는 개별화 교육이 필요하다고 주장한다.

독자 여러분의 소중한 원고를 기다립니다

맘에드림 출판사는 독자 여러분의 소중한 원고를 기다리고 있습니다. 원고가 있으신 분은 momdreampub@naver.com으로 원고의 간단한 소개와 연락처를 보내주시면 빠른 시간에 검토해 연락을 드리겠습니다.